2020

国家统一法律职业资格考试系列用书

命题人讲义系列

命题人讲商法

桑　磊◎主编

马更新　刘卫锋◎编著

中国经济出版社
CHINA ECONOMIC PUBLISHING HOUSE

中国石化出版社
HTTP://WWW.SINOPEC-PRESS.COM

图书在版编目（CIP）数据

命题人讲．商法／桑磊主编．
—北京：中国经济出版社：中国石化出版社，2019.12
2020 国家统一法律职业资格考试系列用书
ISBN 978－7－5136－5051－9

Ⅰ．①命… Ⅱ．①桑… Ⅲ．①商法—中国—资格考试—自学参考资料
Ⅳ．①D92

中国版本图书馆 CIP 数据核字（2019）第 253365 号

策划编辑　崔姜薇
责任编辑　王建昌
责任印制　马小宾
封面设计　任燕飞装帧设计工作室

出版发行　中国经济出版社
印 刷 者　北京富泰印刷有限责任公司
经 销 者　各地新华书店
开　　本　787mm×1092mm　1/16
印　　张　17.5
字　　数　415 千字
版　　次　2020 年 1 月第 1 版
印　　次　2020 年 1 月第 1 次
定　　价　59.00 元
广告经营许可证　京西工商广字第 8179 号

中国经济出版社 **网址** www.economyph.com **社址** 北京市东城区安定门外大街 58 号 **邮编** 100011
本版图书如存在印装质量问题，请与本社销售中心联系调换（联系电话：010－57512564）

>> PREFACE 丛书前言

一

著名作家柳青在《创业史》中说过一段话："人生的道路虽然漫长，但紧要处常常只有几步，特别是当人年轻的时候。"

在我的人生里，这样的紧要处有两步：一次是22岁，一次是44岁。

这两步决定了我前半生乃至一生的命运。

22岁那年，我还在鲁西南的一个小县城工作，报名参加中国政法大学的进修学习。之后，经过五年的拼搏（两年进修，三年北漂自学），最终考取法大研究生，主编了《中国名校硕士谈考研》（后分为《风雨考研路》和《考研战略战术》两本），毕业后进入司法部考试中心工作。这是命运的一次大转折。

44岁这年，在工作十三年、经历了四个岗位，从主任科员、副处长到命题处长之后，我毅然辞职，致力于法考和法律教育工作，主编《法学第一课》，开通微信公众号"桑磊在线"，直到现在主编"桑磊法考"系列图书，开展法考网络培训。这又是一个大转折。

每个人终其一生，都有自己关键的几步，有命运的转折点。

也许你是一位法律专业学生，未来的理想是做一位法官、检察官或律师，也许你和曾经的我一样，正在自学的路上苦苦跋涉，希望能有改变命运的机会。也许你正在做一份自己并不喜欢的工作，而内心其实想成为法律人。也许你正在小地方挣扎，渴盼去大城市发展。

法考就是你通向未来、实现梦想的关键一步。

尽管，这个考试号称"天下第一考"，每年有数十万人在这个战场上拼杀，只有少数人成功地走出来。

尽管，你也许和我一样，智商并不超群，容貌并不出众，家世并不显赫，只是人群中普普通通的一员。

但是，不平凡的，是你的年轻，是你的梦想，是你那颗热血沸腾的心，是你的不甘于平凡。

在我主编的《风雨考研路》中有一篇文章，题目叫作"真正的失败是不去拼搏"。作者当年从一所二本院校以高分考上了厦大研究生，两年后又提前攻博，目前已是国家海洋局第三研究所研究员、硕士生导师、学科带头人，曾五次参加南北极科学考察。他在文章中写道：这一切的一切，都是由于"真正的失败是不去拼搏"这句话带给我的神奇力量。

其实那只是一个很短的小故事，但我至今清楚地记着里面那句非常感人的话："你努力过了吗？如果是的，那你就一定不会失败，因为真正的失败是不去拼搏。"这句精彩而鼓舞人的话从此永远地留在了我的生命中，并且开始改变我的一生。

在此，我也将这句话转送给亲爱的读者们，希望能够有益于你的人生。

二

自2018年首届法考开始，司法部至今已组织两年考试，尽管法考不再公布真题，但从网络上考生的各种回忆版本，仍能粗略窥见法考试题的特点。

我们认为，客观题考试具有以下四大特点：

一是考查范围扩大，覆盖面广，基础性考点增多，考查内容较为琐碎。

二是出现跨学科融合的客观题，如2019年有多道民商事融合试题。

三是紧密联系法律热点事件，取材贴近生活。

四是"重者恒重、新法必考"，但两者均在一定程度上有所削弱。

相对而言，主观题考试是法考改革的重点，其特点更加鲜明：

一是融合性突出，两次考试均出现多学科的交叉融合试题。

二是限缩性趋势明显，即主观题数量减少。

三是理论性显著增强。主观题考试考查考生运用法律知识解决实际问题的能力，在一定程度上，可以说就是考查理论深度。

四是开放性进一步得到体现。法考时期的开放性试题增多，允许有多个答案，只要言之有理、有理有据即可得分。

根据上述特点，2018年至2019年，我们组织了以资深命题人周光权老师为代表的前命题人团队，编写了"桑磊法考"系列图书，具体包括客观题的"命题人讲义系列"丛书（全八册）、"命题人讲真题"丛书（全八册）、"命题人400题"丛书（全三册），主观题的"命题人讲主观题"丛书（全七册）和《主观题十年真题精讲》《命题人30题》，分别对应客观题考试和主观题考试复习的各个阶段。目前，我们又陆续开始对上述图书进行精心修订，以供2020年考生复习备考。

（一）客观题考试

——基础阶段。对应本套"命题人讲义系列"丛书。我们通过严谨的历年各科试题数据分析，遵循"重点多写，一般少写，不考不写"的原则，确定讲义各部分的字数，做到详略得当。攻克了这些知识点，意味着你已经接近了法考要求的知识水平，进入了法考的核心地带。我们专门邀请各科作者做直播带读，他们深入浅出的讲解，会让有你有更透彻的理解，也许有时会有醍醐灌顶之感。读者可扫取本书封面二维码登录"桑磊法考"网站和"桑磊法考"公众号，免费观看视频。

——真题阶段。对应"命题人讲真题"丛书。我们的各科作者对近些年的真题以考点归类，进行了全面解析，其体例上的独特之处有三点：一是"命题和解题思路"，还原命题人的思路，深度分析解题思路，最大限度地让考生"知其所以然"。二是"难点解析"或"易混淆点解析"，对于部分试题的难点或易混淆点作出深入分析。三是"重点干扰项"，部分试题指明了重点干扰项，并作出详细分析。通过真题的反复训练，你会对各科的所有考点、命题规律了然于胸，实现由知识水平向应试水平的转变。“命题人讲真题”丛书将于2020年2月出版。

——模拟阶段。对应“命题人400题”丛书。我们的大部分作者深谙命题规律，他们命制出的模拟题，实际上达到了真题的水平，是最接近真题的模拟题。通过模拟训练，一方面查漏补缺，一方面迅速适应应试状态。“命题人400题”丛书将于2020年6月出版。

（二）主观题考试

——基础阶段。对应“命题人讲主观题”丛书。我们的作者凭借本身的经验，通过深入研究历年主观题，在书中为大家分析了本学科的命题规律和趋势，提炼了解题思路，详细阐述了主观题考点，并对近十年的典型主观题进行了深入剖析。最后，每科为大家提供了多道高质量的模拟试题，其中有两科甚至多科的融合试题。“命题人讲主观题”丛书将于2020年4月出版。

——真题阶段。对应《主观题十年真题精讲》。该书选取近十二年来的主观题真题，由前命题人团队各科作者全新解读。其中，依据网上的考生回忆版，对2018年和2019年的主观题真题进行了精心复原。各科作者深度还原了命题人思路，或点明命题素材，或挖掘命题特点，力争为考生打造独具特色的主观题“得分宝典”。《主观题十年真题精讲》将于2020年4月出版。

——模拟阶段。对应《命题人30题》。该书选材渠道权威、命题规范严谨。在三十多道模拟题中，有刑法和刑事诉讼法的融合，有商法和民法的碰撞，还有三大实体法的交织。这些多学科交叉的题目，可以更好地培养考生的主观题思维，为拿下主观题考试做好充足准备。《命题人30题》将于2020年5月出版。

三

2018年，是我们与广大考生携手前行的第一年。我们首次开办“客观题冲刺内参班”“主观题冲刺保过班”等网络课程，准确把握了命题趋势，尤其是成功预测了“枫桥经验”（法治理论）、“房屋强拆案例”（行政法）、“非法证据排除规则”（刑诉）等考点。

2019年，我们开办了客观题和主观题的全系列课程，涵盖了特训班、冲刺班、全程班、主客一体班等，帮助考生抓住重难点，直击命题点。特别是在主观题班，形成了自己独有的特色，包括“三支团队”“四个阶段”“两大法宝”。

——“三支团队”，即前命题人团队、前阅卷人团队、高分研究生阅卷团队相配合的师资队伍。

——“四个阶段”，即系统精讲阶段、专题突破阶段、应试训练阶段、冲刺阶段，构建了2019年所有机构中唯一完整的主观题培训体系。

——“两大法宝”，即前命题人团队命制的高质量模拟题、在前阅卷人团队指导下的作业批改。我们的模拟题接近真题的标准，其中一部分为多学科融合的试题。我们开发了机考模拟系统，每科均布置习题作业，按照考试标准进行模拟。作业批改由主要来自北大、人大、法大的高分研究生团队负责，对每道题不仅给出得分，而且有详细而中肯的评语，包括问题和建议两部分，受到了学员们的一致好评。

在2019年主观题冲刺保过班上，我们的绝大多数学科均命中了考点。对命题趋势和考点的准确把握，彰显出前命题人团队的高权威性和专业能力。

在2019年考试结束后，我们开展了大规模的问卷调查，广泛征求意见和建议，得到了学员们的热情反馈。在此基础上，2020年，我们将对软硬件、客服系统、教务安排等各方面进行较大的优化，以更好地服务于学员。

新的一年，我们与你携手同行！

桑　磊

（桑磊：丛书主编，“桑磊法考”创始人）

◎特别说明◎

鉴于本书出版时间紧迫以及2020年度民法、刑事诉讼法等科目内容可能会出现部分立法及司法解释最新调整的态势，桑磊法考特开通“命题人讲义系列图书全程服务通道”，即时动态发布本书各科目勘误信息、考试政策最新调整变化解读等重要资料，考生在使用本书过程中可以扫取下方二维码进行获取。

桑磊法考，为您提供“有责任、有效率”的法考教材！

命题人讲义系列图书
全程服务通道二维码

>> 商法 导言

老子曰："治大国者，如烹小鲜"。众所周知，"烹小鲜"的精髓在于"精工出细活"——优质的食材、适当的火候以及精湛的烹饪技巧乃是高超的烹饪不可或缺之要素。既然治国尚且如此，法考岂不同理？

推而广之，就法考备考而言，其"食材之优质"主要体现在具备扎实到位的知识储备，其"火候之适当"主要体现在熟稔历年商法学之命题特点，其"烹饪技巧之精湛"主要体现在灵活掌握复习方法及解题技巧。因此，如要烹饪出美味珍馐之"法考大餐"，在备战法考之前，我们必须对商法学历年的考试概况、命题人的命题特点以及应当采取什么样的复习方法和解题技巧这三个基本问题，具有准确清楚的认知。

一、商法考试概况——"莫听穿林打叶声，何妨吟啸且徐行"

世人皆言法考艰险，余独不以世人之言为然。《中庸》曰："博学之，审问之，慎思之，明辨之，笃行之。"故商法法考是否艰险，尚需备考诸君明辨考试概况而后判断之，切不可人云亦云，未临阵而先有畏敌之意也。

从近些年的试题可以看出，商法的考试内容涵盖了公司法、合伙企业法、个人独资企业法、外商投资企业法、企业破产法、票据法、证券法、保险法、海商法等九部分。其中，公司法和合伙企业法毫无疑问是商法法考中数一数二的重点部分，尤其以公司法为最；个人独资企业法与外商投资企业法自从2011年以来，其重要性不断淡化——无论是考查频率还是考查分值都大幅降低，几乎处于被命题人"遗弃"的状态；其他部门法除了每年总体分值占比稍显不足以外，几乎每年都会考查，只是具体考查分值因年而异。

商法的考试难度如何呢？总体而言，与刑法、刑事诉讼法以及行政法等公法相比较，商法属于考查难度相对适中的学科，是考生们"尽其力复习即能得高分"的高性价比学科。从历年的考查情况来看，能够体现命题人"脑洞大开"的偏题、难题、怪题出现频率较低。一般而言，民商结合考查或者考查商法法理的真题大多是商法中的难题，而直接考查法条具体内容的真题则基本上都是简单题或者中等难度的题目。

二、商法学命题特点——"水因地而制流，兵因敌而制胜"

纵使法考的商法学部分总体考查难度适中，但从历年真题考查情况来看，商法的真题命制越来越引人入胜、别出心裁，要想轻易拿分也并非易事。因此，熟稔命题人之出招套路，备考时做到有的放矢，如此方能克敌制胜。

特点1：重者恒重——重点知识点高度集中且出现频率高

基于我们对历年真题考查情况的统计分析，商法部分最突出的命题规律就是"重者恒重”，集中体现在重点知识点高度集中且出现频率较高。有目共睹的是，《公司法》的重要性不断提高，且在商法部分呈现“一家独大”的趋势，尤其是“公司的设立”“公司的股东”以及“有限责任公司”等节，几乎占据了商法法考的“半壁江山”。

就具体的知识点来说，考查频率前十的知识点分别是：

考查频次排名	知识点
1	有限责任公司的股权转让
2	有限责任公司的组织机构
3	股东的权利
4	合伙事务的执行规则
5	股东的概念
6	有限责任公司的设立条件
7	公司的解散
8	瑕疵出资的责任
9	股东的义务
10	保险人的代位求偿权

其中，“有限责任公司的股权转让”与“有限责任公司的组织机构”都当之无愧地堪称法考商法部分的“王牌知识点”，命题人几乎是不厌其烦地对其反复加以考查。

特点 2：逢新必考——新出台的法律及司法解释在商法考试中即时反映

商法学乃当下中国经世致用之显学，一切针对商法学的理论学习和职业资格考试都应当密切联系立法、司法以及执法的实际情况，用心服务于法律实务的现实需要，如此才能真正实现法律人“治学修身、经世济民”之宏愿。

就法考而言，历年商法部分所考查的内容可谓是紧跟立法动态，最新出台的法律、司法解释均无一例外地在当年或者次年的法考中得到不同程度的考查。

特点 3：民商结合——民法、商法“两大组合拳”双管齐下、共同出击

虽然我国民商事法律的编纂究竟是采取“民商合一”模式还是“民商分离”模式在学界仍然争吵不休，但是法考中商法部分的考查方式越来越偏向于“民商结合、综合考查”却是有目共睹、几成定论，尤其是涉及合同效力的判断、与第三人之间的关系、行为的性质认定等知识点。命题人常常匠心独具，在商法的案例分析题中采取这种“双拳出击”的考查方式与考生进行智力的博弈。

三、商法学备考建议——“君子生非异也，善假于物也”

“人难我难不畏难，人易我易不大意。”只要是选拔性的考试，无关难易，同学们都需要在战术层面上掌握科学有效的复习方法和解题技巧，如此方能在法考战场上“叱咤风云，我任意闯万众仰望……”

（一）策略性复习很必要

可以采取“三步走战略”：第一步，考试大纲是复习的基本导向。所以，考生需要认真研读当年商法考试大纲，明确考试范围，找到当年新增考点，从而做到“有的放矢”的复习；第二步，本书是复习的最佳助手。所以，考生应当用心且反复研读我们精心撰写的内容，尤其是其中重点理解和归纳汇总的部分，关注商法知识的体系性、系统性以及对比性，从而形成扎实到位的知识储备；第三步，历年真题是复习质量的试金石。所以，考生应当深入学习“桑磊法考图书”中的《命题人讲真题》丛书的商法卷，形成知识与真题的实时互动，提高复习效率。由于法考复习是一个记忆与遗忘相伴而行的过程，所以上述复习步骤需要考生根据自己可支配的时间适当进行循环往复。如此方能取得最佳的复习效果，正如卖油翁所言：“我亦无他，惟手熟尔！”

此外，考生复习时应当仔细阅读相关法条，尤其是最新出台的商法法律及司法解释，将其与本书进行对比性研读，以此达到“以理解促记忆、以记忆助理解”的良好效果。

（二）如此做题才高效

真题是检验大家“法考大餐”之烹饪水平的最佳试金石，也是我们摸清命题人“命题套路”（具体包括高频考点、考查角度、考查方式以及陷阱设计方法等）最有效的工具。解题技巧千言万语，不如动手精做一题！然而，题目到底该如何做才堪称高效？这个问题可以分解成以下三个小问题：

第一，做什么？由于司法部不再公布法考真题，最后五年的司考真题当然是必做的题目。此外，密切联系当年考试前沿问题、蕴含撰稿人心血与智慧的“桑磊法考”图书中的《命题人400题（全三册）》也是当之无愧的不二选择。

第二，怎么做？高效的做题方法必须坚持针对性与全面性两者相统一。所谓有针对性地做题，是指在第一轮复习时，考生在研读本书时要精做其中所选的相关真题，以此进行知识点的专项突破；而全面性地做题，是指在第二轮复习或者考前冲刺之时，考生可以模拟法考考试，在固定时间内做一整套完整的真题和我们命制的《命题人400题（全三册）》，以此检验自身知识体系的完整度或者保持自己对考试的灵敏度。

第三，做完以后怎么办？应当用心研读我们撰写的《命题人讲真题（全八册）》，尤其是其中的“命题与解题思路”“易混淆点解析”和“难点解析”等部分，均是对命题人“命题套路”的精彩解读，此乃提升考生做题能力的最佳帮手！当然，考生如能像本书这样，以适合自己理解记忆的方式，例如采用表格或者画图等形式，将易混淆知识点、重点知识点以及难点知识点进行系统化总结，建立自己的知识体系，那么其做题效率必将事半功倍！

总之，“任尔风吹浪打，我自岿然不动”！法考，不过人生一段普普通通之经历耳！只要大家紧跟我们的步伐，朝着同一个目标共同迈进，不抛弃、不放弃，缓缓图之，何愁法考之珍馐美馔不成？届时，愿与君共飨之！

马更新　刘卫锋

（马更新：本书编著者，前题库命题人；
刘卫锋：本书编著者，前题库命题人，前阅卷人）

CONTENTS 目录

商法知识点思维导图

- 商法
  - 公司法
    - 公司的特征与分类
    - 公司的设立
      - 组织机构
        - 股东会
        - 董事会
        - 监事会
      - 股东与股东权利
      - 董事、监事、高级管理人员
    - 公司的变更、分立、合并
    - 公司的收益分配
    - 公司的解散与清算
  - 合伙企业法
    - 普通合伙
      - 设立（条件、程序）
      - 运营（财产的管理、使用及 处分，合伙事务的执行）
    - 有限合伙（有限合伙人的权利和义务）
  - 个人独资企业法
  - 企业破产法
    - 破产清算（破产申请和受理、管理人、债务人财产、债权申报的范围）
    - 重整
    - 和解
  - 票据法
    - 票据的特征
    - 票据权利
      - 付款请求权
      - 追索权
    - 票据抗辩与补救
    - 票据分则（汇票、本票、支票）
  - 保险法→保险合同
    - 人身保险
    - 财产保险→保险人的代位求偿权

第一章　公司法概述

第一节　公司的概念和特征

重要法条及司法解释

《公司法》第2～4、6～8、10～13、20条。

命题分析

“公司的概念与特征”是研究公司法的起点，是公司法中最基本的内容，本知识点考查频率不高，但是在公司法的学习中十分重要，是理解公司法后面内容的基础。

从考查内容看，本知识点中公司法人人格否认制度是高频考点，常见的考查方式是让考生结合给定案例分析当事人是否存在适用公司法人人格否认制度的情形，从而判断当事人的责任承担问题。考生需要着重掌握的是公司股东的有限责任是公司制度的基石，公司法人人格否认制度的适用的前提是股东滥用有限责任，并应熟记实践中公司人格否认制度的实施范围。

从命题趋势分析，本知识点考查内容不会发生大的变动，考生要在理解公司的概念与特征的基础上重视公司法人人格否认制度，学会在案例分析中运用公司法人人格否认制度。

知识点精讲

一、公司的概念和特征

（一）公司概念

公司是一种企业组织形态，是依照法定的条件与程序设立的、以营利为目的的商事组织。根据我国公司法的规定，公司包括有限责任公司和股份有限公司两种类型。

（二）公司的特征

一般而言，公司具有三个基本法律特征：

公司具有法人资格	依据我国公司法的规定，公司法人资格的取得需要符合以下条件： （1）公司必须依法设立 ①公司的设立必须依据法定的程序办理相关的登记手续，领取公司法人营业执照； ②有的公司如商业银行、保险公司、证券公司等的设立还须经审批程序。

续表

公司具有法人资格	(2) 公司必须具备必要的财产 ①一定的财产是公司得以存在的物质基础。 ②公司的财产与股东个人财产相分离，这是公司财产的一个重要特征，它是公司能够独立承担民事责任进而取得法人资格的基础，也是股东只以出资额为限对公司债务承担责任的依据。 (3) 公司必须有自己的名称、组织机构和场所 ①公司的名称相当于自然人的姓名，可以自由选用，但必须标明公司的种类即有限责任公司或股份有限公司。 ②公司必须具有完备的组织机构。规范的内部治理结构是公司法人不同于很多其他法人组织的重要标志之一。 ③公司以其主要办事机构所在地为住所。 (4) 公司必须能够以自己的名义从事民商事活动并独立承担民事责任 ①公司的独立权利。原则上，公司与自然人一样拥有权利，但基于公司本身固有的性质和某些法律政策上的原因公司的权利受到一定限制。 ②公司的独立责任。公司必须在依法自主组织生产和经营的基础上自负盈亏，用其全部法人财产对公司债务独立承担责任。
公司是社团组织，具有社团性	(1) 公司通常由两个或两个以上的股东出资组成。 (2) 股份有限公司具有完全的社团性，其股东为2人以上。 (3) 有限责任公司同样体现了公司的社团性，只是法律允许存在例外情形，即一人有限责任公司和国有独资公司。
公司以营利为目的，具有营利性	(1) 公司以营利为目的是指设立公司的目的及公司的运作，都是为了谋求经济利益。 (2) 公司的营利性是公司区别于非营利法人组织的重要特征（公司的营利性是以取得利润并分配给股东为目的——《民法总则》第76条）。 (3) 公司的营利性实质上是股东设立公司目的的反映。

（三）公司的权利能力和行为能力

公司的权利能力	(1) 公司的权利能力于公司成立时产生，至公司终止时消失。 (2) 公司营业执照签发日期，为公司成立日期。 (3) 公司注销登记之日，即为公司权利能力丧失之时。 (4) 公司权利能力多属于特别的民事权利能力，往往受到公司法、公司章程以及公司自身性质的限制。
公司的行为能力	(1) 公司的行为能力与其权利能力具有一致性。 (2) 公司行为能力的实现方式： 对内：公司的股东会或股东大会、董事会和监事会组成法人机关，依照公司法规定的职权和程序相互配合又相互制衡，进行公司的意思表示； 对外：公司的对外行为由公司的法定代表人来实施，或者由法定代表人的授权代表来实施。

二、公司法人人格否认制度

概念	公司股东的有限责任是公司制度的基石，但如果公司股东滥用有限责任或恶意利用有限责任制度而损害公司债权人利益的，得否认其有限责任，而由股东承担无限责任。这在公司法理论和制度上称为“公司法人格否认”或“股东的直索责任”，英美法称为“刺破公司面纱”。

续表

实施范围	（1）公司资本显著不足； （2）公司人格高度混同； （3）股东对公司不正当支配、控制； （4）一人有限责任公司的股东不能证明公司财产独立于股东自己的财产等。
法律后果	公司股东滥用公司法人独立地位和股东有限责任，逃避债务，严重损害公司债权人利益的，应当对公司债务承担连带责任。

例1（真题） 关于有限责任公司和股份有限公司，下列哪些表述是正确的？

A. 有限责任公司体现更多的人合性，股份有限公司体现更多的资合性

B. 有限责任公司具有更多的强制性规范，股份有限公司通过公司章程享有更多的意思自治

C. 有限责任公司和股份有限公司的注册资本都可以在公司成立后分期缴纳，但发起设立的股份有限公司除外

D. 有限责任公司和股份有限公司的股东在例外情况下都有可能对公司债务承担连带责任

提示：股份有限公司股东人数较多，股份转让较为自由，且可以公开募集股份，因此体现了更多的资合性，选项A正确。为防止公司由于资本不足而损害债权人利益，各国法律都对资合性较强的股份有限公司的设立和运作设定了较多的强制性规范，而对于人合性较强的公司，如有限责任公司，赋予了其章程较多意思自治的空间，选项B错误。《公司法》第80条第1款规定：股份有限公司采取发起设立方式设立的，注册资本为在公司登记机关登记的全体发起人认购的股本总额。可知，发起设立的股份有限公司采取认缴制，至于是成立后分期缴纳，还是成立前一次缴纳，并无限制。选项C错误。《公司法》第20条第3款的规定：公司股东滥用公司法人独立地位和股东有限责任，逃避债务，严重损害公司债权人利益的，应当对公司债务承担连带责任。因此选项D正确。

第二节　公司的分类

重要法条及司法解释

《公司法》第2、3、14条。

《民法总则》第74条。

命题分析

“公司的分类”是公司法中最基础性的考点，知识点本身难度不大，但有一定的考查频率，属于重点知识点。“公司的分类”具体包括“公司的不同分类标准及其意义”“封闭公司与开放公司”“人合公司与资合公司”“本公司与分公司”以及“母公司与子公司”等，

其中，“母公司与子公司”“本公司与分公司”这两个知识点更是“重中之重”，属于命题人最偏爱的热门考点。

知识点精讲

一、公司的分类

（一）概述

1. **概念：** 公司的分类是指依照不同的标准对公司进行的不同的划分。

2. **我国公司法规定的公司类型：** 有限责任公司和股份有限公司。

3. **分类的必要性：** 依据不同的标准，可以将公司做不同的分类，而每一种分类均有其法律上之意义。虽然公司法未作规定的公司类型不具有立法和司法的意义，但是从学理上对其把握和理解有利于准确领会公司法的基本原理。

4. 注意：各种分类标准都有一定的相对性，而不是绝对的。

（二）具体的分类

依据不同的划分标准对公司进行的分类：

分类标准	具体类型
股东的责任范围（最主要的公司分类）	1. 无限责任公司：是指由两个以上的股东组成、全体股东对公司债务承担连带无限责任的公司。 2. 两合公司：是指部分无限责任股东和部分有限责任股东共同组成，前者对公司债务负连带无限责任，后者仅以出资额为限承担责任的公司。 3. 股份两合公司：是指由部分对公司债务负连带无限责任的股东和部分仅以其所持股份对公司债务承担有限责任的股东共同组建。 总结：我国公司法未对此三种公司作出规定，但不少西方国家的公司仍然存在此三类公司，尽管其数量只占少数。 4. 股份有限公司：由一定以上人数组成，公司全部资本分为等额股份，股东以其所持股份对公司承担责任，公司以其全部资产对公司债务承担责任的公司。 （1）优点：可以在社会上广泛筹资、股份可以自由转让、公司可以实行所有权和经营权分离的经营方式和分权制衡机制、股东有限责任等。 （2）适用：特别适合大型企业的经营，现今已经成为十分重要的公司形式。 （3）我国公司法的态度：我国公司法将其作为最基本的公司形式之一予以调整。 5. 有限责任公司：股东仅以其出资额为限对公司承担责任，公司以其全部资产对公司债务承担责任的公司。 （1）评价：有限责任公司在公司发展史出现得较晚，由于它较好地吸收了其他公司的优点并且克服其不足，所以此种类型的公司在世界各国得到了迅速发展。 （2）我国公司法的态度：我国公司法将其作为一种主要公司形式予以确认。
股东的责任范围（最主要的公司分类）	总结： 1. 责任形式：我国公司法上的公司股东都是承担有限责任的，公司以其财产独立承担责任。 2. 具体承担责任的方式： （1）有限责任公司股东：以其认缴的出资额为限； （2）股份有限责任股东：以其认购的股份为限。

续表

分类标准	具体类型
股份的转让方式（股份能否自由流通和转让）	1. 封闭式公司：又称“不公开公司”“不上市公司”“私公司”等，是指公司股本全部由设立公司的股东拥有，且其股份不能在证券市场上自由转让的公司。 2. 开放式公司：又称“公开公司”“上市公司”“公公司”等，是指可以按法定程序公开招股，股东人数通常无法定限制、公司的股份可以在证券市场公开自由转让的公司。 （1）此类公司事实上就是股份有限公司中的上市公司； （2）并非所有的股份有限公司都是上市公司，但是股份有限公司都具有开放性，都可以申请向社会公开发行股份和募集资金，而有限责任公司则不可通过此种方式募集资金。
	总结： 1. 我国公司法上的公司：有限责任公司属于封闭性公司，股份有限公司属于开放性公司； 2. 注意：股份有限公司中的非上市公司仍然具有封闭性，只有股份有限公司中的上市公司才是真正意义上的开放公司。
公司之间的关系（公司之间在财产上、人事上、责任承担上的相互关系）	本公司与分公司（参见本节相关阐述）
	母公司与子公司（参见本节相关阐述）
公司的信用基础（以公司的交易信用来源和责任承担依据为标准）	1. 人合公司：是指公司的经营活动以股东个人信用而非公司资本的多寡为基础的公司。 （1）无限责任公司是典型的人合公司； （2）人合公司的对外信用主要取决于股东个人的信用状况，故人合公司的股东之间通常存在特殊的人身信任或者人身依附关系。 2. 资合公司：是指公司的经营活动以公司的资本规模而非股东个人信用为基础的公司。 （1）股份有限公司是典型的资合公司； （2）由于资合公司的对外信用和债务清偿保障主要取决于公司的资本总额及其现有的财产状况，所以为了防止公司由于资本不足而损害公司债权人利益，法律对资合公司的设立和运作作了较严格的规定。 3. 人合兼资合：是指公司设立和经营同时依赖于股东个人信用和公司资本规模，从而兼有两种公司的特点。 两合公司、股份两合公司和有限责任公司均属此类公司。 总结：我国公司法上的公司，有限责任公司属于以人合为主但兼具资合性质的公司，股份有限公司中的上市公司是典型的资合公司。
公司的国籍（公司在哪一国登记注册并取得主体资格、受该国法律管辖）	1. 依此标准可以分为本国公司、外国公司、跨国公司。 2. 依照我国公司法的规定，允许外国公司在中国境内设立分支机构，从事生产经营活动，但是外国公司属于外国法人，其在中国境内设立的分支机构不具有中国法人资格，该分支机构在中国境内进行经营活动而产生的民事责任，由其所属外国公司承担。

补充性说明：股份公司与有限责任公司的比较

	有限责任公司	股份有限公司
相同点	（1）股东都是承担有限责任； （2）公司以其财产独立承担责任。	
不同点	股东以其认缴的出资额为限对公司承担责任。	股东以其认购的股份为限对公司承担责任

（三）典型公司的特征

典型的公司	主要特征
股份有限公司	（1）由一定以上人数组成； （2）公司全部资本分为等额股份； （3）股东以其所持股份对公司承担责任； （4）公司以其全部资产对公司债务承担责任。
有限责任公司	（1）股东仅以其出资额为限对公司承担责任； （2）公司以其全部资产对公司债务承担责任。
总公司	（1）依法设立，并管辖公司全部组织； （2）具有企业法人资格； （3）先于分公司而设立； （4）在公司内部管辖系统中处于领导支配地位。
分公司	（1）不具有经济上和法律上的独立地位（不具有独立的法人格）； （2）不能独立承担责任。
母公司	（1）拥有其他公司一定数额的股份； （2）根据协议能够支配、控制其他公司的人事、财务、业务等事项； （3）参与子公司的业务经营。
子公司	（1）一定数额的股份被另一公司实际控制或依照协议被另一公司实际控制、支配； （2）具有独立的法人人格； （3）拥有自己所有的财产； （4）有自己的公司名称、公司章程和董事会； （5）对外独立地开展业务和承担责任。

二、本公司与分公司

以公司之间的相互关系为标准，亦即以公司之间在财产上、人事上、责任承担上的相互关系为标准，可将公司分为总公司与分公司。

	本公司	分公司
概念	总公司又称“本公司”，是指依法设立并管辖公司全部组织的具有企业法人资格的总机构。	分公司是指在业务、资金、人事等方面受本公司管辖而不具有法人资格的分支机构。
特征	（1）设立时间：总公司通常先于分公司而设立。 （2）法律地位：在公司内部管辖系统中，处于领导支配地位。	（1）法律地位：分公司不具有企业法人资格，不具有法律上和经济上的独立地位，但是其具有独立的名义。 （2）责任承担：分支机构以自己的名义从事民事活动，产生的民事责任由法人承担；也可以先以该分支机构管理的财产承担，不足以承担的，由法人承担。（注意：《民法总则》第74条第2款新规定） （3）设立要求：公司可以设立分公司。设立分公司应当向公司登记机关申请登记，领取营业执照。

注意：分公司虽然不具有法人资格，但是可以作为民事诉讼的当事人，具有诉讼资格，也具有独立的缔约能力。

例 1（模拟题） 甲公司依法设立了乙分公司，并向公司登记机关办理了登记。现乙公司资金枯竭，无力承担其对债权人的清偿责任。关于分公司的法律地位及其责任承担，下列哪些说法是正确的？

A. 由甲公司承担乙公司的全部责任

B. 由甲公司与乙公司承担连带责任

C. 乙公司不具有独立的法人资格

D. 乙公司能够独立参加民事诉讼

提示：《民法总则》第 74 条第 2 款规定："分支机构以自己的名义从事民事活动，产生的民事责任由法人承担；也可以先以该分支机构管理的财产承担，不足以承担的，由法人承担。"由此可知，分公司不能清偿其债务时，由总公司承担，两者之间不存在连带清偿的关系。选项 A 正确，选项 B 错误。分公司没有独立财产，不能承担责任，其责任由总公司承担。分公司不具有独立的法人资格，但是可以成为民事诉讼的当事人。选项 C、D 正确。

三、母公司与子公司

以公司之间的相互关系为标准，亦即以公司之间在财产、人事、责任承担上的相互关系为标准，将公司分为母公司与子公司。

	母公司	子公司
概念	母公司是指拥有其他公司一定数额的股份或根据协议，能够控制、支配其他公司的人事、财务、业务等事项的公司。	子公司是指一定数额的股份被另一公司控制或依照协议被另一公司实际支配、控制的公司。
特征	母公司最基本的特征不在于是否持有子公司的股份，而在于是否参与子公司业务经营。	（1）法律地位：子公司具有独立法人资格； （2）独立性：拥有自己所有的财产，自己的公司名称、章程和董事会，对外独立开展业务和承担责任； （3）从属性：涉及公司利益的重大决策或重大人事安排，仍由母公司决定。

特别注意 1：母公司最突出的特征是参与子公司业务经营，而非持有子公司的股份。换而言之，即使 A 公司没有持有 B 公司的股份，如果其能通过协议在财务、人事、业务上支配控制 B 公司，那么 A 公司就是 B 公司的母公司。

特别注意 2：母公司对子公司的控制与支配，主要体现在对涉及子公司利益的重大决策以及重大人事安排等事项的影响力上；这种控制与支配并不意味着在公司名称、营业地、法定代表人、组织机构、组织形式以及经营范围等事项上，子公司必须得与母公司相同。

例2（真题） 甲公司欲单独出资设立一家子公司。甲公司的法律顾问就此向公司管理层提供了一份法律意见书，涉及子公司的设立、组织机构、经营管理、法律责任等方面的问题。请回答1—3题。

1. 关于子公司的设立问题，下列说法正确的是：

A. 子公司的名称中应当体现甲公司的名称字样

B. 子公司的营业地可不同于甲公司的营业地

C. 甲公司对子公司的注册资本必须在子公司成立时一次足额缴清

D. 子公司的组织形式只能是有限责任公司

提示：子公司拥有自己的名称，且不需体现母公司的名称字样，选项A错误；子公司有自己独立的组织机构，营业地可以不同于母公司的营业地，选项B正确；除了特殊类型的公司，一般公司资本实行认缴制而非实缴制，选项C错误；《公司法》第57条第2款规定："本法所称一人有限责任公司，是指只有一个自然人股东或者一个法人股东的有限责任公司。"由此可知，甲公司欲单独出资设立一家子公司，属于一人有限责任公司，所以子公司的组织形式只能是有限责任公司，选项D正确。

2. 关于子公司的组织机构与经营管理，下列说法正确的是：

A. 子公司不设董事会，可任命一名执行董事

B. 子公司可自己单独出资再设立一家全资子公司

C. 子公司的法定代表人应当由甲公司的法定代表人担任

D. 子公司的经营范围不能超过甲公司的经营范围

提示：子公司拥有自己独立的组织机构，可以根据自身情况在法律规定的范围内设置自己的组织机构。《公司法》第50条第1款规定："股东人数较少或者规模较小的有限责任公司，可以设一名执行董事，不设董事会。"选项A正确。

子公司具有独立的法人资格，有权单独出资设立公司，但要符合一人有限责任公司设立的规定。《公司法》第58条规定："一个自然人只能投资设立一个一人有限责任公司。该一人有限责任公司不能投资设立新的一人有限责任公司。"由此可知，法律并未禁止法人投资设立的一人有限责任公司投资设立新的一人有限责任公司。选项B正确。

《公司法》第13条规定："公司法定代表人依照公司章程的规定，由董事长、执行董事或者经理担任，并依法登记。"由此可知，子公司的法定代表人根据自身公司章程规定，由其董事长、执行董事或者经理担任，不要求只能由其母公司的法定代表人担任。选项C错误。

《公司法》第12条第1款规定："公司的经营范围由公司章程规定，并依法登记。"由此可知，子公司的经营范围不受母公司经营范围的限制。选项D错误。

3. 关于子公司的财产性质、法律地位、法律责任等问题，下列说法正确的是：

A. 子公司的财产所有权属于甲公司，但由子公司独立使用

B. 当子公司财产不足清偿债务时，甲公司仅对子公司的债务承担补充清偿责任

C. 子公司具有独立法人资格

D. 子公司进行诉讼活动时以自己的名义进行

提示：子公司是独立的法律主体，拥有自己所有的财产，由其独立使用，选项A错误。子公司与母公司是彼此独立的法人，各自独立对外承担责任，甲公司不需对子公司的债务承担补充清偿责任，选项B错误；子公司具有独立的法人资格，进行诉讼活动时以自己的名义进行，选项C、D正确。

四、子公司与分公司

母公司与子公司的关系、本公司与分公司的关系是历年考试的重点。除此之外，考生还需特别注意"子公司与分公司之间的区别"，这也是近年考试新的命题陷阱。现总结归纳如下：

	子公司	分公司
关系定位	彼此独立，母公司相当于子公司的控股股东。	从属关系，分公司相当于本公司的分支机构。
是否拥有独立财产	拥有。	不拥有。
是否具有独立名义	具有独立的名义。此外，还拥有自己的名称，不要求与母公司具有承继关系。	具有独立的名义（《民法总则》第74条第2款：分支机构以自己的名义从事民事活动……）。
经营能力	自主经营，自负盈亏。	在本公司的授权范围内进行经营。
设立是否需要申请登记	需要。	需要。
是否具有法人资格	具有。	不具有。
承担责任的方式	独立承担民事责任。	产生的民事责任由本公司承担；也可以先以该分支机构管理的财产承担，不足以承担的，由本公司承担（《民法总则》第74条第2款）。
担保的限制	母公司为子公司提供担保或投资，属于对外行为，根据章程授权董、股均可以决议。	
特别说明：分公司虽然不具有法人资格，但是可以作为民事诉讼的当事人，具有诉讼资格，也具有独立的缔约能力。		

例3（模拟题） 甲公司是依法设立的有限责任公司，现为拓展业务，欲设立分公司或子公司。关于分公司与子公司的法律地位，下列哪些说法是正确的？

A. 无论设立分公司还是子公司，都需依法办理登记

B. 子公司具有独立的缔约能力而分公司没有

C. 分公司与子公司均可独立参加诉讼

D. 分公司的全部责任需总公司承担，子公司的全部责任需母公司承担

提示：无论是设立分公司还是设立子公司，都需要向公司登记机关申请登记，领取营业执照，选项A正确；子公司和分公司都具有独立的缔约能力，均可以独立地参加诉讼，选项B错误，选项C正确；子公司具有独立的法人资格，对外独立承担责任；分公司的责任由本公司承担，也可以先以该分支机构管理的财产承担，不足以承担的，由本公司承担。选项D错误。

第二章　公司的设立

第一节　发起人

重要法条及司法解释

《公司法》第77～79、82、83、89、91、93、94条。

《最高人民法院关于适用〈中华人民共和国公司法〉若干问题的规定（三）》第1～6条。

命题分析

“公司的发起人”一节属于公司法部分的传统高频考点，本节主要涉及以下考点：发起人的概念、发起人的职责、发起人责任与公司责任的区分。其中，发起人责任与公司责任的区分是命题人最喜欢的考查切入点，考生应当对不同情形下，发起人和公司分别应当承担何种责任进行重点把握，再充分理解的基础上加以记忆。

知识点精讲

一、发起人的概念

（一）概念

1. 发起人是指为设立公司而签署公司章程、向公司认购出资或者股份并履行公司设立职责的人。

2. 发起人在公司设立中的相互关系属于合伙性质的关系（注意：民事合伙），其权利、义务、责任可以适用合伙的有关规定。

（二）范围

1. 自然人、法人、非法人组织等民商事主体均可以作为公司设立时的发起人。

2. 国家也可以作为公司的发起人，具体由国有资产监督管理部门作为出资者代表而履行发起人职责。

3. 自然人作为发起人时，法律并无行为能力的要求。换而言之，精神病、儿童均可以成为设立公司的发起人。

（三）要求

	人数要求	国籍要求	住所要求	签订协议的要求
有限责任公司	1~50 人	无国籍要求	无住所要求	发起人应当签订发起人协议，明确各自在公司设立过程中的权利和义务。
股份有限公司	2~200 人		半数以上的发起人在中国境内有住所	

二、发起人的职责

在设立公司的过程中，发起人的职责主要包括：

发起人的职责	签订出资协议
	订立公司章程
	确认出资方式，对以实物、知识产权、土地使用权出资的进行协议作价或者委托评估
	办理公司登记手续
	其他与公司设立相关的事务

命题人一般不会单独考查发起人的职责具体包括哪些内容，而是将发起人的职责与其失职时所应承担的责任结合起来进行综合考查。所以，考生需要注意体系性掌握之。

例 1（真题） 甲乙丙三人共同组建一有限责任公司。公司成立以后，甲将 20% 的股权中的 5% 转让给了第三人丁，丁通过受让股权成为公司股东。甲乙均按期足额缴纳出资，但发现由丙出资的机器设备的实际价值明显低于公司章程所确定的数额，对此哪些表述是错误的？

A. 由丙补缴差额，甲、乙和丁对其承担连带责任

B. 丙应当向甲、乙和丁承担违约责任

C. 由丙补交其差额，甲、乙对其承担连带责任

D. 丙应当向甲、乙承担违约责任

提示：《公司法》第 30 条规定："有限责任公司成立后，发现作为设立公司出资的非货币财产的实际价额显著低于公司章程所定价额的，应当由交付该出资的股东补足其差额；公司设立时的其他股东承担连带责任。"由此可知，非货币出资不实的责任：出资不实股东应当补缴差额，公司设立时的其他股东对此承担连带责任。所以，后加入的股东丁无须承担连带责任，甲、乙对其承担连带责任。因此，选项 A 错误，当选；选项 C 正确，不当选。

《公司法》第 28 条第 2 款规定："股东不按照前款规定缴纳出资的，除应当向公司足额缴纳外，还应当向已按期足额缴纳出资的股东承担违约责任。"由此可知，以非货币财产出资的股东，如不办理财产权的转移手续，应依据与其他股东之间的协议向其他股东承担违约责任；但是非货币财产出资不实的，不构成违约行为，当然也就无须向其他股东承担违约责任。所以，选项 B、D 错误，当选。

三、发起人责任与公司责任的区分

（一）概述

1. **性质**：公司设立是一个法律行为，公司成立是设立行为的后果。

2. **设立中公司**：

（1）概念：从公司设立开始到公司最终成立这一阶段，称为“设立中公司”（筹备组）；

（2）法律性质：“设立中公司”的性质为发起人之间的合伙，其权利、义务、责任可以适用合伙的有关规定。

3. **发起人责任的产生**：

无论公司设立成功还是设立失败，均有可能产生发起人责任；但是，只有在公司成立时才会存在发起人责任与公司责任的区分。

（二）发起人责任与公司责任

1. 公司设立失败时发起人的责任

公司设立失败时	发起人的责任
对外	全体发起人对设立公司产生的费用和债务承担连带清偿责任。 【注意】募集设立的股份有限公司，如设立失败，发起人应当向认股人返还股款并加算银行同期存款利息。
对内	1. 因部分发起人的过错导致公司未成立的： 无过错的发起人对外承担赔偿责任后，可以向有过错的发起人追偿； 2. 非因发起人的过错导致公司未成立的： （1）首先，按照发起人协议约定的责任承担比例分担责任； （2）其次，如无约定责任比例，按照约定的出资比例分担责任； （3）最后，如也未约定出资比例，发起人按照均等份额承担责任。

2. 发起人责任与公司责任的区分

情形	发起人责任	公司责任
发起人以自己的名义对外签订合同	【原则】由发起人承担责任。	【例外】符合下列情形之一的由公司承担责任： （1）公司最终成立，且对发起人所签订的合同予以确认； （2）公司已经实际享有合同权利； （3）公司已经实际履行合同义务。
发起人以设立中公司的名义对外签订合同	【例外】符合下列情形的由发起人承担责任： 公司有证据证明发起人利用设立中公司的名义为了自己的利益与相对人订立合同的，则公司可以抗辩；但此种抗辩不能对抗善意相对人。	【原则】公司成立后，由公司承担合同责任。

续表

<table>
<tr><th>情形</th><th>发起人责任</th><th>公司责任</th></tr>
<tr><td rowspan="2">发起人因履行公司设立职责而给第三人造成损害的</td><td>【例外】公司未成立的：由全体发起人对第三人承担连带赔偿责任。</td><td>【原则】公司成立后，由公司承担对第三人的赔偿责任。</td></tr>
<tr><td colspan="2">因部分发起人的过错给第三人造成损害的，公司或者无过错的发起人可以向有过错的发起人追偿。</td></tr>
<tr><td>发起人因自己的过失给公司的利益造成损害的</td><td colspan="2">应当对公司承担赔偿责任。</td></tr>
</table>

总结1：合同责任

1. 原则：以谁的名义签订，谁担责；

2. 例外：谁实际享有合同利益，谁也担责；

3. 例外之例外：当以设立中公司的名义对外签订合同，即使公司不享有合同利益，但是相对人为善意时，也由公司担责。

总结2：侵权责任——对第三人

原则：区分公司是否成立而有所区别。

（1）公司成立，公司担责；

（2）公司未成立，全体发起人连带担责；

（3）谁有过错，谁最终担责；无过错方（公司＋其他发起人）有权追偿。

总结3：侵权责任——对公司

过错发起人直接向公司承担赔偿责任。

例2（真题） 甲、乙、丙、丁拟设立一家商贸公司，就设立事宜分工负责，其中乙负责公司运营所需仓库。因公司尚未成立，丙为了方便签订合同，遂以自己的名义与戊签订仓库租赁合同。关于该租金债务及其责任，下列哪些表述是正确的？

A. 无论商贸公司是否成立，戊均可请求丙承担清偿责任

B. 商贸公司成立后，如其使用该仓库，戊可请求其承担清偿责任

C. 商贸公司成立后，戊即可请求商贸公司承担责任

D. 商贸公司成立后，戊即可请求丙与商贸公司承担连带清偿责任

提示：本题中该仓库租赁合同是以丙的名义签订的，原则上，不管该商贸公司是否成立，戊都有权请求丙承担清偿责任，选项A正确；例外时，如该商贸公司实际享有该合同利益，即使用该仓库，此时应当由该商贸公司承担清偿责任，选项B正确。由于该合同不是以商贸公司的名义签订的，要求该商贸公司承担清偿责任的前提是该公司认可合同、已经实际享有合同权利或者已经实际履行合同义务。否则，无权要求其承担责任，选项C错误。发起人与公司承担因设立公司而产生的合同责任，不存在连带清偿这样一种责任承担形式，选项D错误。

第二节 公司章程

重要法条及司法解释

《公司法》第11、12、25、43、81、181条。

命题分析

公司章程是公司自治的依据，属于公司法部分的基础考点。命题人主要考查的内容是公司章程的自治性边界，即公司治理过程中有哪些事项是可以由公司章程自由约定的，哪些事项是由公司法强制性规定而公司章程无权突破的。此外，公司章程的考点常常散见于其他各章之中，望考生注意总结、汇总，从而体系性把握之。

知识点精讲

一、公司章程的概念和特征

（一）公司章程的概念

1. 概念

公司章程是指公司所必备的，规定其名称、宗旨、资本、组织机构等对内对外事务的基本法律文件。公司章程作为规范公司组织和活动的基本规则，在公司存续期间具有重要的意义。

2. 地位

公司章程是公司设立时的必备条件之一（不得以公司设立的书面协议代替公司章程），公司设立时必须由全体股东或发起人订立公司章程，并且必须在公司设立登记时提交公司登记机关进行登记。

3. 与设立协议比较

	公司章程	设立协议
地位	所有公司的必备性文件。	对通常的有限责任公司而言，是任意性文件； 对股份公司和有限责任公司形态的外商投资企业而言，是设立环节必备的法律文件。
性质	要式法律文件，须遵循公司法的强制性规定制定。	非要式法律文件，仅需要遵循合同法的一般规则。
效力范围	对全体股东、公司以及公司组织机构均具有法律约束力。	只在发起人之间具有法律约束力。
效力期间	公司成立后及其存续期间，直至公司完全终止。	从设立行为开始到设立过程终止，公司成立即意味着设立协议因履行而终止。

（二）公司章程的特征

公司章程作为公司自治的依据，主要具有以下特征：

基本特征	具体体现
法定性	（1）公司章程的法律地位、主要内容及修改程序、效力都由法律强制规定，任何公司都不得违反。 （2）公司章程是公司设立的必备条件之一，无论是设立有限责任公司还是设立股份有限公司，都必须由全体股东或者发起人订立公司章程，并且必须在公司设立登记时提交公司登记机关进行登记。
真实性	公司章程记载的内容必须是客观存在的，与实际相符的事实。
自治性	（1）公司章程作为一种行为规范，不是由国家而是由公司自行制定，是公司股东意思表示一致的结果。 （2）公司章程是法律以外的行为规范，由公司自己来执行，无须国家强制力来保证实施。 （3）公司章程作为公司内部规章，其效力仅及于公司和相关当事人，而不具有普遍的约束力。
公开性	（1）公开性主要是对股份有限公司而言。（有限责任公司一般不作要求） （2）公司章程的内容不仅要对投资人公开，还要对包括债权人在内的一般社会公众公开。

例（真题）　方圆公司与富春机械厂均为国有企业，合资设立富圆公司，出资比例为30%与70%。关于富圆公司董事会的组成，下列哪些说法是正确的？

D. 方圆公司和富春机械厂可通过公司章程约定不按出资比例分红。

提示：《公司法》第34条规定："股东按照实缴的出资比例分取红利；公司新增资本时，股东有权优先按照实缴的出资比例认缴出资。但是，全体股东约定不按照出资比例分取红利或者不按照出资比例优先认缴出资的除外。"公司章程是由全体股东一致同意制定的，所以，全体股东可以通过公司章程的约定不按照出资比例分红。

需要注意的是，应对此类题目，考生必须明确公司章程自治性与公司法强制性的界限，以此明确哪些事项公司章程可以自行作出规定。

二、公司章程的订立与修改

（一）公司章程的订立

共同订立	（1）概念：由全体股东或发起人共同起草、协商制定公司章程，否则公司章程不得生效。 （2）适用：一般适用于有限责任公司与发起设立的股份公司。
部分订立	（1）概念：由股东或者发起人的部分成员负责起草、制定公司章程，而后再经其他股东或者发起人签字同意的制定方式。 （2）适用：一般适用于募集设立的股份有限公司。
（1）形式：公司章程必须采取书面形式。 （2）生效： ①须经全体股东同意并在章程上签名盖章，公司章程才能生效。 ②募集设立的股份公司，章程草案由发起人起草，经创立大会通过后生效。	

（二）公司章程的修改

1. 概念

公司章程的修改，又称"公司章程的变更"，是指已经生效的公司章程的修改。

2. 范围

原则上公司章程所记载的事项，不论是绝对记载事项还是任意记载事项，只要确属必要，均可变更。

3. 变更原则及程序

章程变更原则	章程变更程序
（1）不得损害股东利益； （2）不损害债权人利益； （3）不妨害公司法人一致性原则：即不得因公司章程的变更，而使一个公司法人转变为另一个公司法人。	第一步：由董事会提出修改公司章程的提议； 第二步：将修改公司章程的提议通知其他股东； 第三步：由股东会或者股东大会表决通过。
注意：公司章程变更后，公司董事会应向工商行政管理机关申请变更登记。但是，工商登记并非公司章程订立或者变更的生效要件，而是对抗要件。	

4. 修改要求

公司章程的变更属于股东会的法定职权，属于公司决议中的重大事项，须经股东会或者股东大会按照特别多数决表决通过。

	比例要求
有限责任公司	必须经代表2/3以上表决权的股东通过。
股份有限公司	必须经【出席会议的股东】所持表决权的2/3以上通过。

三、公司章程的内容

（一）概念

公司章程的内容是指公司章程所记载的事项。

（二）种类

1. 公司章程的具体内容可以因公司种类、公司经营范围、公司经营方式的不同而有所区别。总体而言，可以归纳为以下三类：

种类	绝对记载事项	相对记载事项	任意记载事项
概念	法律规定公司章程中必须记载的事项。	法律列举规定了某些事项，但这些事项是否记入入公司章程，全由章程制定者决定。	法律并无明文规定，但公司章程制定者认为需要协商记人公司章程，以便使公司能更好运转且不违反强行法之规定和公序良俗之原则的事项。
法律效力	（1）公司必须一一记载，没有权利作出自由选择； （2）如果缺少其中任何一项或者任何一项不合法，将导致整个章程无效。	（1）法律已有列举规定，但是否记载，公司有权作出自由选择； （2）非经载明于公司章程，不发生法律效力。	（1）法律未有明文规定，是否记载，公司有完全的自由； （2）不得违反强行法之规定和公序良俗原则，否则无效； （3）例如：公司之存续期限，股东会之表决程序，变更公司之事由，董监高之报酬等。

2. 公司章程的绝对记载事项：

	有限责任公司章程	股份有限公司章程
立法态度	（1）采取较为宽松的规则； （2）有限公司具有人合性和封闭性。	（1）采取较为严格的规则； （2）股份公司具有资合性和开放性。
法定内容	（1）公司名称和住所； （2）公司经营范围； （3）公司注册资本； （4）股东的姓名或者名称； （5）股东的出资方式、出资额和出资时间； （6）公司的机构及其产生办法、职权、议事规则； （7）公司法定代表人； （8）股东会会议认为需要规定的其他事项。 股东应当在公司章程上签名、盖章。	（1）公司名称和住所； （2）公司经营范围； （3）公司设立方式； （4）公司股份总数、每股金额和注册资本； （5）发起人的姓名或者名称、认购的股份数、出资方式和出资时间； （6）董事会的组成、职权和议事规则； （7）公司法定代表人； （8）监事会的组成、职权和议事规则； （9）公司利润分配办法； （10）公司的解散事由与清算办法； （11）公司的通知和公告办法； （12）股东大会会议认为需要规定的其他事项。
	说明：股份公司章程法定内容中画横线的部分：是股份公司章程区别于有限公司章程的相关事项。	

3. 公司主要法律文件必要记载事项的汇总：

法律文件	必要记载事项
营业执照	公司营业执照应当载明公司的名称、住所、注册资本、经营范围、法定代表人姓名等事项。 【主要是关于公司的基本情况】
股东名册	（1）有限责任公司应当置备股东名册，记载下列事项：①股东的姓名或者名称及住所；②股东的出资额；③出资证明书编号。 【主要是关于股东的基本情况】 （2）公司应当将股东的姓名或者名称向公司登记机关登记。
出资证明书	（1）有限责任公司成立后，应当向股东签发出资证明书。 （2）出资证明书应当载明下列事项：①公司名称；②公司成立日期；③公司注册资本；④股东的姓名或者名称、缴纳的出资额和出资日期；⑤出资证明书的编号和核发日期。
公司章程	参照上表“公司章程的绝对记载事项”的相关内容。

四、公司章程的效力

公司章程是公司设立的必备条件。公司章程对公司、股东、董事、监事、高级管理人员具有拘束力。换而言之，公司章程是公司内部自治性文件，仅仅在公司内部发生效力。

公司章程的效力	具体体现
对公司	公司自身的行为要受公司章程的约束，具体体现为： （1）公司应当依照公司章程规定的办法，产生权力机构、业务执行机构和经营意思决定机构、监督机构等公司组织机构，并按章程规定的权限范围行使职权； （2）公司应当使用章程上规定的名称、在公司章程规定的范围内从事经营活动； （3）公司依其章程对公司股东负有义务，股东的权利如果受到公司侵犯时，可对公司起诉。

续表

公司章程的效力	具体体现
对股东	公司章程由公司股东制定，并对股东具有约束力。 （1）股东范围：不仅约束起草、制定公司章程的股东，而且对后来加入公司的股东也具有约束力。 （2）主要表现：股东依章程规定享有权利和承担义务。例如，股东有权出席股东会、行使表决权、查阅有关公开资料、获取股息红利等，同时负有缴纳所认缴出资的义务及公司章程上规定的其他义务。
对董事、监事、高级管理人员	（1）公司的董事、监事、高级管理人员应当遵守公司章程，依照法律和公司章程的规定行使职权。 （2）董事、监事、高管理人员之行为超出公司章程对其赋予的职权范围，应当就自己的行为对公司负责。即出于保护善意第三人的目的，该行为应当被认定为有效，但公司可以对其进行内部追偿。

五、公司章程的自治范围：公司章程与公司法规范之间的关系

（一）公司章程对公司法规范的细化和补充

1. 所谓“公司章程对公司法规范的细化”，是指针对某个问题，公司法已经有了相关规定作为规范的依据，但是由于法律规定过于概括，允许公司章程对其细化以增加其可操作性。

2. 所谓“公司章程对公司法规范的补充”，是指针对某个问题，公司法也已经有了相关规定作为规范的依据，但是由于法律规定不够全面，允许公司章程对其补充以使之全面、不留规范空白。

公司章程对公司法规范的细化和补充

【三类公司】 有限责任公司＋股份有限公司＋国有独资公司	监事会中职工代表的具体比例（细化）： （1）有限责任公司＋股份有限责任公司：监事会应当包括股东代表和适当比例的公司职工代表，其中职工代表的比例不得低于1/3，具体比例由公司章程规定。 （2）国有独资公司：监事会成员不得少于5人，其中职工代表的比例不得低于1/3，具体比例由公司章程规定。
【两类公司】 有限责任公司 ＋ 股份有限公司	1. 公司的法定代表人的人选（细化）：公司法定代表人依照公司章程的规定，由董事长、执行董事或者经理（注意：没有监事）担任，并依法登记。 2. 公司转投资及对外担保的程序规定（细化）： （1）公司向其他企业投资或者为他人提供担保，依照公司章程的规定，由董事会或者股东会、股东大会决议； （2）公司章程对投资或者担保的总额及单项投资或者担保的数额有限额规定的，不得超过规定的限额 3. 会计师事务所的聘用及解聘（细化）：公司聘用、解聘承办公司审计业务的会计师事务所，依照公司章程的规定，由股东会、股东大会或者董事会决定。 4. 董事的任职期限（细化）：董事任期由公司章程规定，但每届任期不得超过三年。董事任期届满，连选可以连任。 5. 公司的注册资本及出资程序（细化）：公司章程对公司注册资本及出资程序可以自行规定。 【例外】对于募集设立的股份有限公司和特殊类型的公司（银行、证券公司和保险公司）仍要求实缴注册资本，且仍保留注册资本最低限额，不可由公司章程自行规定。 6. 股东会的职权（补充）：公司章程可以规定股东会的其他职权；。

续表

【两类公司】 有限责任公司 + 股份有限公司	7. 董事会的职权（补充）：公司章程可以规定董事会的其他职权； 8. 监事会或监事的职权（补充）：公司章程可以规定监事会、不设监事会的公司监事的其他职权； 9. 监事会的议事方式和表决程序（补充）：监事会的议事方式和表决程序，除《公司法》有规定的外，由公司章程规定。
有限责任公司	1. 股东会定期会议的召开（细化）：股东会会议分为定期会议和临时会议，定期会议应当依照公司章程的规定按时召开。 2. 执行董事的职权（细化）：执行董事的职权由公司章程规定。 3. 董事长、副董事长的产生办法（细化）：董事长、副董事长的产生办法由公司章程规定。 4. 财务会计报告的报送期限（细化）：有限责任公司应当依照公司章程规定的期限将财务会计报告送交各股东。 5. 股东会的议事方式和表决程序（补充）：股东会的议事方式和表决程序，除《公司法》有规定的外，由公司章程规定。 6. 董事会的议事方式和表决程序（补充）：董事会的议事方式和表决程序，除《公司法》有规定的外，由公司章程规定。
股份有限公司	1. 股东大会重要事项的决议（细化）：《公司法》和公司章程规定公司转让、受让重大资产或者对外提供担保等事项必须经股东大会作出决议的，董事会应当及时召集股东大会会议，由股东大会就上述事项进行表决。 2. 股东大会的累积投票制（细化）：股东大会选举董事、监事，可以依照公司章程的规定或者股东大会的决议，实行累积投票制。 3. 临时股东大会的召开（补充）：公司章程可以规定"应当在两个月内召开临时股东大会"的其他情形。 4. 董、监、高转让其股份（补充）：公司章程可以对公司董事、监事、高级管理人员转让其所持有的本公司股份作出其他限制性规定。

（二）公司章程对公司法默认规范的排除

1. 所谓"公司章程对公司法默认规范的排除"，是指针对某个问题，公司法已经有相关的规定作为规范的依据，但是公司可以根据自身实际情况以公司章程的形式对其作出不同的规定，以排除公司法默认规范的适用。

2. 此处的"默认规范"，是指针对某个问题，当公司章程没有另外规定时，默认适用该规范来解决问题。

有限责任公司	1. 召开股东会会议的通知时间：召开股东会会议，应当于会议召开十五日前通知全体股东；但是，公司章程另有规定或者全体股东另有约定的除外。 2. 股东会会议中表决权的行使规则：股东会会议由股东按照出资比例行使表决权；但是，公司章程另有规定的除外。 3. 股权转让：公司章程对股权转让另有规定的，从其规定。 4. 自然人股东资格的继承：自然人股东死亡后，其合法继承人可以继承股东资格；但是，公司章程另有规定的除外。

续表

两类公司 （有限责任公司 + 股份有限公司）	1. 公司经理职权：公司章程对经理职权另有规定的，从其规定。 2. 公司的利润分配方式：公司弥补亏损和提取公积金后所余税后利润的分配： （1）有限责任公司股东按照实缴的出资比例分取红利；公司新增资本时，股东有权优先按照实缴的出资比例认缴出资。但是，全体股东约定不按照出资比例分取红利或者不按照出资比例优先认缴出资的除外； （2）股份有限公司按照股东持有的股份比例分配，但股份有限公司章程规定不按持股比例分配的除外。

第三节　公司的资本

重要法条及司法解释

《公司法》第7、25、26、34、35、43、74、80、81、91、103、127、142、166、177、200条。

《最高人民法院关于适用〈中华人民共和国公司法〉若干问题的规定（三）》第13条。

命题分析

"公司的资本"是近年来公司法中的重量级知识点。从考查内容来看，公司的资本主要包括注册资本认缴制、公司资本原则、公司资产与公司资本以及公司增资、减资的相关规定。其中，我国公司资本制度由实缴制到认缴制的转变是考试热点，公司资本三原则与具体的资本制度之间的联系是难点。对本考点的学习建议是从抽象的公司资本原则出发来理解具体的公司资本制度，在原则与制度之间来回穿梭，加强对前者的理解，对后者的记忆。

知识点精讲

一、公司资本

公司资本，也称为"股本"，它在公司法上的含义是指由公司章程确定并载明的、全体股东的出资总额。对公司而言，公司资本是其赖以存在及正常运营的物质基础；对股东而言，公司资本是其出资及相关权益的重要体现。公司资本的具体形态有以下几种：

（一）注册资本

概念	即狭义上的公司资本，是指公司在设立时筹集的、由章程载明的、经公司登记机关登记注册的资本。
种类	1. 有限责任公司的注册资本：在公司登记机关登记的全体股东认缴的出资额； 2. 股份有限公司的注册资本： （1）发起设立：在公司登记机关登记的全体股东认购的股本总额； （2）募集设立：在公司登记机关登记的实收资本总额。

（二）认缴资本

概念	又称“发行资本”，是指公司实际上已向股东发行的股本总额。
与注册资本的关系	1. 认缴资本可能等于注册资本： （1）在实行法定资本制的国家，公司章程所确定的资本应一次全部认足，因此，认缴资本一般等于注册资本。 （2）但是，认足不等于缴足。股东在全部认足资本后，可以分期缴纳股款。 2. 认缴资本可能小于注册资本： 在实行授权资本制的国家，一般不要求注册资本都能得到发行，所以认缴资本小于注册资本。

（三）实缴资本

概念	又称“实收资本”，是指公司成立时公司实际收到并经依法登记的股东的出资总额，它是公司现实拥有的资本总额。
与注册资本的关系	1. 我国现行公司法的注册资本制度已经从实缴制改为认缴制，公司的注册资本等于公司成立时全体股东的认缴资本总额； 2. 在认缴制下，由于股东认购股份以后，可能一次全部缴清，也可能在一定期限内分期缴纳，因此公司成立时的实缴资本可能等于或者小于注册资本。
是否需要登记	1. 有限责任公司和发起设立的股份有限公司： （1）其全体股东的认缴资本（即注册资本）需要在公司登记机关进行工商登记； （2）其全体股东的实缴资本不需要在公司登记机关等进行工商登记。 2. 募集设立的股份有限公司： （1）其实缴资本就是其注册资本，实行严格的法定资本制，不允许认缴出资； （2）其实缴资本（即注册资本）需要在公司登记机关进行工商登记。

（四）认购资本

认购资本是指出资人同意缴付的出资总额。

二、公司资本“三原则”

公司资本原则是指由公司法确立的，在公司设立、营运以及管理的整个过程中为确保公司资本的真实、安全而必须遵循的法律原则。传统公司法所确认的三项资本原则最为重要，即资本确定原则、资本维持原则以及资本不变原则。

（一）资本确定原则（对发起人出资信用的要求）

概念	公司设立时应在章程中载明公司资本总额，并由发起人认足或者募足，否则公司不能成立。
目的	为了有效保证公司资本真实性，防止公司设立中的欺诈行为，有效维护交易安全和债权人利益。
现状	（1）现在很少有国家严守此项原则； （2）我国近些年同样不再严守此项原则： 我国现行公司法已经针对有限责任公司取消注册资本实缴制的法定验资程序。
体现	（1）《公司法》第 25 条： 有限责任公司章程应当载明下列事项：（三）公司注册资本； （2）《公司法》第 81 条： 股份有限公司章程应当载明下列事项：（四）公司股份总数、每股金额和注册资本。

（二）资本维持原则（对经营者资本保值的要求）

概念	又称“资本充实原则”，是指公司在其存续过程中，应当经常保持与其资本额相当的财产。
目的	1. 防止公司资产与公司资本严重脱节，保证公司资产具有实际债权担保的可靠价值，维护交易相对人的利益； 2. 确保公司自身业务活动的正常开展。
现状	我国公司法依然贯彻了该原则的要义，规定了若干强制性规范以确保公司拥有充足的财产。
体现	1. 防止公司资本实质性减少： （1）《公司法》第35、91、200条：发起人或者股东不得退股，不得抽回出资或者股本； （2）《公司法》第127条：股票发行价格不得低于股票面值； （3）《公司法》第166条第1－3款：公司应按照规定提取和使用法定公积金； （4）《公司法》第74条、第142条第1－3款：公司原则上不得回购本公司股份； （5）《公司法》第142条第4款：公司不得接受本公司的股票作为抵押权标的。 2. 防止公司滥分盈利： 《公司法》第166条第4款：亏损或者无利润不得分配股利。

（三）资本不变原则（对公司资本稳定的要求）

概念	公司资本总额一旦确定，非经法定程序，不得任意变动。
目的	资本不变原则是资本维持原则的必然要求，是为了尽可能维系公司资本的稳定性。
现状	我国公司法主要对公司资本的减少作出了严格的限制。
体现	（1）《公司法》第177条第1款：须编制资产负债表和财产清单； （2）《公司法》第43条第2款、第103条第2款：须经股东（大）会作出决议； （3）《公司法》第177条第2款：须于减资决议后的法定期间内向债权人发出通知并且公告； （4）《公司法》第177条第2款：债权人有权在法定期间内要求公司清偿债务或者提供相应的担保； （5）《公司法》第179条第2款：须向公司登记机关办理变更登记。

三、我国现行公司资本制度

为了降低公司设立的门槛，减少对公司治理的外在干预，增加公司内部治理的自治性，我国2013年的《公司法》修订将我国公司资本制度由实缴制修改为认缴制。

（一）认缴资本制VS实缴资本制

	认缴资本制	实缴资本制
概念	公司的注册资本为在公司登记机关登记的全体股东认缴的出资额或认购的股份： （1）有限责任公司的注册资本为在公司登记机关登记的全体股东认缴的出资额； （2）发起设立的股份有限公司的注册资本为在公司登记机关登记的全体股东认购的股本总额。	（1）法律、行政法规以及国务院决定对有限责任公司注册资本实缴、注册资本最低限额另有规定的，从其规定。 （2）此处“另有规定”主要指的是募集设立的股份有限公司、证券公司、保险公司以及银行等； （3）募集设立的股份有限公司的注册资本为在公司登记机关登记的实收资本总额。

续表

	认缴资本制	实缴资本制
要求	"四无要求"： （1）无法定验资的要求； （2）无法定最低注册资本的要求； （3）无法定出资期限的要求； （4）无法定货币出资比例要求。（例如：1 元钱也可以设立有限责任公司。） 【注意】以上内容均由股东通过公司章程予以自治，法律不作强制性规定。	"三要"： （1）要实缴到位：要求公司设立时，全部注册资本必须实缴到位； （2）要法定验资：股东的出资必须要经过法定的验资程序； （3）要有最低注册资本的限制：银行、保险、证券等特殊类型的公司仍有最低注册资本的要求。
说明	（1）注册资本均须在公司登记机关进行工商登记； （2）注册资本的生效及变动（增资、减资）以工商登记为准。	

（二）对"股东实际出资尚未缴纳完毕"的性质认定

1. 在"实缴制"下，公司成立时，全部注册资本必须实缴到位。也就是说，如果股东的实际出资未缴纳完毕，则可以认定该股东未完全履行出资义务，相应地，股东所享有的股权是存在权利瑕疵的股权；若股东以此股权对外出资，则其股权出资存在权利瑕疵。

2. 在"认缴制"下，公司注册资本为在公司登记机关登记的全部股东认缴的出资额，股东可以通过公司章程自主约定认缴的出资额、出资方式以及实际出资缴纳期限。也就是说，只要全体股东认缴了公司的全部注册资本并且约定了实际出资的缴纳期限，公司即可成立。即使实际出资未缴纳完毕，该股东仍然合法享有该公司的股权。只要该股东在实际出资缴纳期限届满之前履行了出资义务，则不构成对出资义务的违反，其享有的股权并不是存在权利瑕疵的股权。相应地，该股东以此股权对外出资，其股权出资行为也不存在权利瑕疵。

（三）认缴出资、实缴出资与认购股份的法律效果①

	法律效果
认缴出资（有限公司）	（1）出资人将负担出资义务，即按期足额缴纳公司章程所规定的其所认缴的出资额，未履行或者未全面履行出资义务的股东在一定条件下须对公司的债务承担补充清偿的责任； （2）出资人认足章程规定的出资后，才能向公司登记机关申请公司登记； （3）公司成立后，应当向出资人签发出资证明书，设置股东名册，出资人正式成为股东，可以依据股东名册行使股东权利；但是，部分股东权利只能按照实缴出资比例行使，例如利润分配请求权、新购优先购买权、剩余财产分配请求权； （4）公司解散之时，公司因股东未缴纳出资而享有的对股东之债权应当列为清算财产。
认购股份（发起设立的股份公司）	（1）发起人应按照章程规定缴纳出资，未履行或者未全面履行出资义务的股东在一定条件下须对公司的债务承担补充清偿的责任； （2）发起人认足章程规定的出资后，应当选举董事会和监事会，由董事会申请设立登记； （3）公司成立后，应当设置股东名册等，发起人正式成为股东； （4）发起人缴足认购之股份前，不得向他人募集股份； （5）公司解散时，股东尚未缴纳的出资应当列入清算财产。

① 王军著：《中国公司法》，高等教育出版社 2015 年 6 月版，第 109—110 页。

续表

	法律效果
实缴出资（募集设立的股份公司、特殊类型的公司）	（1）原属股东的货币转归公司所有，原属股东的非货币财产的财产权转至公司； （2）股东获得股份之后，可依据其持股比例获得股息收益，也可以通过转让股份将其变现。

四、公司的资本与公司资产

（一）公司资本

1. 公司资本：也称为“股本”，是指由公司章程确定并载明的、全体股东的出资总额。

2. 公司资本三原则的产生：根据传统的公司法理论，公司的信用主要取决于公司成立时的注册资本。所以，为了保护善意第三人的利益和交易安全，增强公司的信用，形成了公司资本三原则。

3. 公司资本三原则面临的挑战：

（1）产生原因：商业的发展和信用制度的变化，导致公司的信用并不主要取决于公司成立时的注册资本，而是取决于公司现有的资产状况以及市场信用。

（2）具体表现：相关的变革已经发生或将要发生，例如法定最低注册资本的取消，授权资本制的产生和运用。

（3）严格的公司资本三原则的弊端：

①限制了民商事主体进入市场的资格和机会，设置过于苛刻的市场准入门槛而阻碍了人们的投资积极性，进而不利于社会经济的发展；

②增加了公司运营中的资金成本，导致资本闲置，进而加大了公司经营的总体成本；

③增资程序复杂，限制了公司的增资渠道；

④误导人们对公司信誉、履约能力、资信等方面的判断，使之以为注册资本数额大的公司就是信誉好的公司，进而使人们忽视了对公司资产的客观考量和判断，并且使得虚假出资、抽逃出资的行为发生。

（二）公司资产

1. 公司资产：又称“公司实有财产”，是指公司实际拥有的全部法人财产，包括有形财产与无形财产。

2. 资产来源：资产 = 负债 + 所有者权益。这就意味着公司资产主要包括股东或发起人的出资、向债权人借款或负债形成的财产以及公司经营过程中增加的财产（包括资产收益和经营收益）。由此可知，公司资本只是公司资产的一部分，公司资本小于公司资产。

3. 公司以其实际拥有的全部资产（而非公司注册资本）对其债务负责，所以公司资产才是公司对外承担财产责任的实际担保。因此，公司的信用是以公司资产为基础，而非以公司资本为基础。这也是资产信用取代资本信用的理论背景。

如公司成立时的注册资本为100万元，现有资产为300万元，则公司需以300万元的全部资产对债权人承担债务清偿责任；反之，如公司的注册资本为300万元，现有资产仅100万元，公司也只能以此100万元对债权人承担债务清偿责任。由此可知，公司的信用特别是公司的偿债能力其实与公司成立时的注册资本关系甚微，因为公司是以其全部资产而非注册资本对外承担债务清偿责任。

五、增加资本与减少资本

（一）公司的增资

概念	公司的增资，是指公司为了增强实力、扩大经营以及调整股东结构等，依照法定的条件和程序增加公司的资本总额。
法定程序	1. 由董事会制定增资方案； 2. 由股东（大）会作出增资决议，并对公司章程进行相应的修改： （1）有限责任公司：必须经代表2/3以上表决权的股东通过； （2）股份有限公司：必须经出席会议的股东所持表决权的2/3以上通过。 3. 依法办理增资登记手续，由公司登记机关换发营业执照： 办理登记后才发生注册资本增加的效力。
股东出资	1. 公司新增资本时，股东有权优先按照实缴的出资比例认缴出资。但是，全体股东约定不按照出资比例优先认缴出资的除外。 2. 有限责任公司增加注册资本时，股东认缴新增资本的出资，依照本法设立有限责任公司缴纳出资的有关规定执行。 具体内容参见“有限责任公司的设立条件（出资方式、出资程序）”。 3. 股份有限公司为增加注册资本发行新股时，股东认购新股，依照本法设立股份有限公司缴纳股款的有关规定执行。
股东的责任	公司增加注册资本时，瑕疵出资股东的责任参见“瑕疵出资的法律责任”。

扩展说明：设立股份有限责任公司的出资规则

1. 采取发起设立的方式

（1）发起人的出资方式

①发起人可以用货币出资，也可以用实物、知识产权、土地使用权等可以用货币估价并可以依法转让的非货币财产作价出资；但是，法律、行政法规规定不得作为出资的财产除外。

②对作为出资的非货币财产应当评估作价，核实财产，不得高估或者低估作价。法律、行政法规对评估作价有规定的，从其规定。

（2）发起人的出资程序

①发起人应当书面认足公司章程规定其认购的股份，并按照公司章程规定缴纳出资。

A. 发起人以货币出资的，应当将货币出资足额存入股份有限公司在银行开设的账户；

B. 以非货币财产出资的，应当依法办理其财产权的转移手续。

②发起人认足公司章程规定的出资后，应当选举董事会和监事会，由董事会向公司登记机关报送公司章程以及法律、行政法规规定的其他文件，申请设立登记。

(3) 发起人的出资责任

①出资违约的责任：

A. 股份有限公司成立后，发起人未按照公司章程的规定缴足出资的，应当补缴；其他发起人承担连带责任；

B. 发起人不依照公司章程的规定缴纳出资的，应当按照发起人协议承担违约责任。

②出资不实的责任：股份有限公司成立后，发现作为设立公司出资的非货币财产的实际价额显著低于公司章程所定价额的，应当由交付该出资的发起人补足其差额；其他发起人承担连带责任。

2. 采取募集设立的方式

(1) 以募集设立方式设立股份有限公司的，发起人认购的股份不得少于公司股份总数的35%；但是，法律、行政法规另有规定的，从其规定。

(2) 发起人向社会公开募集股份，必须公告招股说明书，并制作认股书。认股人按照所认购股数缴纳股款。

(二) 公司的减资

概念	公司的减资，又称为“减资”，是指公司基于某种情况或者需要，依照法定条件和程序，减少公司的资本总额。
法定程序	1. 由董事会制定减资方案。 2. 由股东（大）会作出减资决议，并对公司章程进行相应的修改： (1) 有限责任公司：必须经代表2/3以上表决权的股东通过； (2) 股份有限公司：必须经出席会议的股东所持表决权的2/3以上通过。 3. 必须编制资产负债表及财产清单。 4. 通知债权人和对外进行公告：公司应当自作出减少注册资本决议之日起10日内通知债权人，并于30日内在报纸上公告。 5. 债权人要求清偿或者担保：债权人自接到通知书之日起30日内，未接到通知书的自公告之日起45日内，有权要求公司清偿债务或者提供相应的担保。 6. 依法办理减资登记手续，由公司登记机关换发营业执照：办理登记后才发生注册资本减少的效力。

易错点判断：(1) 一元钱也可以设立有限责任公司。

(2) 公司章程规定：股东认缴的出资需在设立时缴足，股东须按章程规定缴纳。

(3) 公司注册资本增加时，股东有权按照认缴的出资比例认缴。

(4) 公司新增资本时，股东应当按实缴出资比例认缴出资。

(5) 注册资本是公司章程和营业执照的必要记载事项，发生增加或减少时，应当相应地修改公司章程并变更登记、换发营业执照。

(6) 公司设立时，股东可以对认缴的出资分期缴纳，但增资时不能分期缴纳。

答案：(1) 正确；(2) 正确；(3) 错误；(4) 错误；(5) 正确；(6) 错误。

第四节　抽逃出资的认定

重要法条及司法解释

《公司法》第35、200条。

《最高人民法院关于适用〈中华人民共和国公司法〉若干问题的规定（三）》第12、14、16、17、19条。

命题分析

"抽逃出资的认定"一节属于基础考点，但有一定的考查频率，考生对此切不可大意，仍应熟练掌握。该知识点主要包括"抽逃出资的认定情形""抽逃出资的责任"等内容。除了掌握基本内容之外，考生还应当准确理解并记忆"抽逃出资与相关概念的区别"。此外，从考查内容上来看，本节知识点常与股东瑕疵出资责任结合考查，还望考生能够全面掌握之。

知识点精讲

一、抽逃出资的概述

（一）抽逃出资的概念

1. 概念：抽逃出资是指公司成立之后，股东非经法定程序，从公司抽回相当于已缴纳出资数额的财产，同时继续持有公司股份。①

2. 进一步解读：

（1）发生时间：在公司成立以后。

（2）本质：未经法定程序将出资抽回的欺诈性违法行为。

（二）抽逃出资的认定

公司成立后，相关股东具有下列行为之一且损害公司权益的（实质标准），可以认定该股东的行为构成抽逃出资：

（1）制作虚假财务会计报表虚增利润进行分配；

（2）通过虚构债权债务关系将其出资转出；

（3）利用关联交易将出资转出；

（4）其他未经法定程序将出资抽回的行为。

① 赵旭东主编：《公司法学》，高等教育出版社2015年4月第四版，第200页。

注意：（1）认定股东抽逃出资的请求主体：公司、股东或者公司债权人。

（2）关联关系：是指公司控股股东、实际控制人、董事、监事、高级管理人员与其直接或者间接控制的企业之间的关系，以及可能导致公司利益转移的其他关系。但是，国家控股的企业之间不仅仅因为同受国家控股而具有关联关系。

（3）就抽逃出资的认定而言，2014年修正的《最高人民法院关于适用〈中华人民共和国公司法〉若干问题的规定（三）》取消了"将出资款项转入公司账户验资后又转出"这一情形。

（4）如第三人代垫资金协助发起人设立公司，代垫出资人无须和抽逃出资的股东承担连带责任（2011年《最高人民法院关于适用〈中华人民共和国公司法〉若干问题的规定（三）》第15条规定"代垫出资人与抽逃出资的股东承担连带责任"的规定已经取消）。

例1（真题） 张三、李四、王五成立天问投资咨询有限公司，张三、李四各以现金50万元出资，王五以价值20万元的办公设备出资。张三任公司董事长，李四任公司总经理。公司成立后，股东的下列哪些行为可构成股东抽逃出资的行为？

A. 张三与自己所代表的公司签订一份虚假购货合同，以支付货款的名义，由天问公司支付给自己50万元

B. 李四以公司总经理身份，与自己所控制的另一公司签订设备购置合同，将15万元的设备款虚报成65万元，并已由天问公司实际转账支付

C. 王五擅自将天问公司若干贵重设备拿回家

D. 3人决议制作虚假财务会计报表虚增利润，并进行分配

提示：《最高人民法院关于适用〈中华人民共和国公司法〉若干问题的规定（三）》第12条规定："公司成立后，公司、股东或者公司债权人以相关股东的行为符合下列情形之一且损害公司权益为由，请求认定该股东抽逃出资的，人民法院应予支持：（一）制作虚假财务会计报表虚增利润进行分配；（二）通过虚构债权债务关系将其出资转出；（三）利用关联交易将出资转出；（四）其他未经法定程序将出资抽回的行为。"本题中，选项A中张三的行为属于抽逃出资行为中"通过虚构债权债务关系将其出资转出"的情形，选项A正确；选项B中李四的行为属于抽逃出资行为中"利用关联交易将出资转出"的情形，选项B正确；选项C中王五的行为属于非法侵占公司财产的侵权行为，甚至可以构成职务侵占罪，不构成抽逃出资的行为，此时贵重设备仍然属于公司所有，选项C错误；选项D中三人的行为属于抽逃出资行为中"制作虚假财务会计报表虚增利润进行分配"的情形，选项D正确。

（三）抽逃出资与相关概念的区别

1. 抽逃出资与出资瑕疵

两者关系	严格意义上讲，抽逃出资不属于瑕疵出资。
抽逃出资	强调在公司成立之后股东未经法定程序将出资抽回。
出资瑕疵	强调股东的出资行为本身不符合法律或者公司章程的规定，具有一定的瑕疵，例如出资违约、出资不实等。

2. 抽逃出资与股东借款[①]

	抽逃出资	股东借款
定义	公司成立之后，股东非经法定程序，从公司抽回相当于已缴纳出资数额的财产，同时继续持有公司股份。	股东向公司借款的行为，股东为债务人，公司为债权人。
股东与公司之间是否存在真实的债权债务关系	不存在。	存在。
是否损害公司及利益相关者权益	造成公司财产相应减少，从而损害公司及利益相关者的权益。	公司因此对股东享有相关的相应的借款债权，公司财产总额并未减少，并未损害公司及利益相关者的权益。
公司财务会计记载及报表处理	公司财务会计账簿及报表等不作欠款账务处理。	公司财务会计账簿及报表等将股东借款作为应收账款处理。
法律后果和责任承担	抽逃出资的股东以及协助抽逃出资的相关主体应当对公司、其他股东乃至公司债权人承担相应的民事责任，情节严重时还需承担刑事责任。	仅需对公司承担相应的民事责任，如借款中存在违反有关金融管理、财务管理的规定，应承担相应的行政责任。

例2（真题） 2007年2月，甲、乙、丙、丁、戊五人共同出资设立北陵贸易有限责任公司（简称“北陵公司”）……公司成立后一个月，丁提出急需资金，向公司借款100万元，公司为此召开临时股东会议，作出决议如下：同意借给丁100万元，借期六个月，每月利息一万元。丁向公司出具了借条。虽至今丁一直未归还借款，但每月均付给公司利息一万元。

问题：丁向公司借款100万元的行为是否构成抽逃注册资金？为什么？

提示：不构成抽逃注册资金。经股东会决议，签订了借款合同，形成丁对公司的债务。判断股东行为是否构成抽逃出资行为的步骤：第一步，紧扣定义。抽逃出资是指公司成立之后，股东非经法定程序，从公司抽回相当于已缴纳出资数额的财产，同时继续持有公司股份。显然，丁向公司借款100万元属于正常的借款行为，并非未经法定程序抽回已缴纳出资的财产；第二步，根据司法解释明确规定的抽逃出资类型来进一步界定。丁与公司之间签订了借款合同，且经过个股东会决议，形成了真实的债权债务关系，不属于“通过虚构债权债务关系将其出资转出”这一情形。因此，丁向公司借款100万元的行为不构成抽逃注册资金。

① 赵旭东主编：《公司法学》，高等教育出版社2015年4月第四版，第200—201页。

例3（真题） 高才、李一、曾平各出资40万元，拟设立“鄂汉食品有限公司”。高才手头只有30万元的现金，就让朋友艾瑟为其垫付10万元，并许诺一旦公司成立，就将该10万元从公司中抽回偿还给艾瑟。

公司成立后，高才以公司名义，与艾瑟签订一份买卖合同，约定公司向艾瑟购买10万元的食材。合同订立后第2天，高才就指示公司财务转账付款，而实际上艾瑟从未经营过食材，也未打算履行该合同。对此，下列表述正确的是：

A. 高才与艾瑟间垫付出资的约定，属于抽逃出资行为，应为无效

B. 该食材买卖合同属于恶意串通行为，应为无效

C. 高才通过该食材买卖合同而转移10万元的行为构成抽逃出资行为

D. 在公司不能偿还债务时，公司债权人可以在10万元的本息范围内，要求高才承担补充赔偿责任

提示：《最高人民法院关于适用〈中华人民共和国公司法〉若干问题的规定（三）》第12条规定：“公司成立后，公司、股东或者公司债权人以相关股东的行为符合下列情形之一且损害公司权益为由，请求认定该股东抽逃出资的，人民法院应予支持：（一）制作虚假财务会计报表虚增利润进行分配；（二）通过虚构债权债务关系将其出资转出；（三）利用关联交易将出资转出；（四）其他未经法定程序将出资抽回的行为。”由此可知，高才与艾瑟之间垫付出资的约定并不属于抽逃出资的行为，但是，高才通过该食材买卖合同而转移10万元的行为，显然属于“通过虚构债权债务关系将其出资转出”，构成抽逃出资行为。选项A错误，选项C正确。

《合同法》第52条第（二）项规定：“有下列情况之一的，合同无效：……（二）恶意串通，损害国家、集体或者第三人利益的……”显然，该食材买卖合同属于高才与艾瑟恶意串通损害公司利益的情形，合同应为无效。选项B正确。

《最高人民法院关于适用〈中华人民共和国公司法〉若干问题的规定（三）》第13条第2款规定“公司债权人请求未履行或者未全面履行出资义务的股东在未出资本息范围内对公司债务不能清偿的部分承担补充赔偿责任的，人民法院应予支持；未履行或者未全面履行出资义务的股东已经承担上述责任，其他债权人提出相同请求的，人民法院不予支持。”显然，高才抽逃出资的行为属于未全面履行出资义务的情形。选项D正确。

二、抽逃出资的法律责任

（一）抽逃出资的法律责任

抽逃出资的法律责任

对公司或其他股东	1. 抽逃出资股东的责任： （1）公司或者其他股东可以请求其向公司返还出资本息； （2）【注意】抽逃出资的股东无须对其他发起人承担出资违约责任。 2. 协助抽逃出资的相关主体的责任： 公司或者其他股东可以请求协助抽逃出资的其他股东、董事、高级管理人员或者实际控制人对此承担连带责任。

续表

对公司债权人	1. 抽逃出资股东的责任： （1）公司债权人可以请求抽逃出资的股东在抽逃出资本息范围内对公司债务不能清偿的部分承担补充赔偿责任； （2）抽逃出资的股东已经承担上述责任，其他债权人无权提出相同请求。 2. 协助抽逃出资的相关主体的责任： 公司债权人可以请求协助抽逃出资的其他股东、董事、高级管理人员或者实际控制人对此承担连带责任。
注意：抽逃出资的股东不得以诉讼时效为由抗辩其对公司、其他股东以及公司债权人的相应责任。	

（二）抽逃出资的其他不利影响

1. 因股东违反出资义务而限制其自益权

股东未履行或者未全面履行出资义务或者抽逃出资，公司有权根据公司章程或者股东会决议对其利润分配请求权、新股优先认购权、剩余财产分配请求权等股东权利作出相应的合理限制。

（1）法定情形：①股东未履行出资义务；②股东未全面履行出资义务；③股东抽逃出资。

（2）限制依据：①公司章程；②股东会决议。

（3）限制内容：股东的利润分配请求权、新股优先认购权、剩余财产分配请求权等股东权利（主要是自益权）。

（4）注意：①此处是“限制”，而非“剥夺”；②限制应当合理，与股东违反出资义务的程度相适应。

2. 因股东严重违反出资义务而解除其股东资格

有限责任公司的股东未履行出资义务或者抽逃全部出资，经公司催告缴纳或者返还，其在合理期间内仍未缴纳或者返还出资，公司有权以股东会决议解除该股东的股东资格。

（1）法定情形：①仅限于有限责任公司的股东；②仅限于股东未履行出资义务和抽逃全部出资。

（2）前置程序：须经公司催告缴纳或者返还，其在合理期间内仍未缴纳或者返还出资。

（3）解除形式：以股东会决议的形式解除其股东资格。

（4）解除后果：①公司决议解除其股东资格的，人民法院在判决时应当释明，公司应当及时办理法定减资程序或者由其他股东或者第三人缴纳相应的出资；②在办理法定减资程序或者其他股东或者第三人缴纳相应的出资之前，公司债权人有权请求相关当事人承担相应责任。

第五节　瑕疵出资的法律责任

重要法条及司法解释

《公司法》第21、27、28、30、93条。

《最高人民法院关于适用〈中华人民共和国公司法〉若干问题的规定（三）》第6、9、13、15～19条。

命题分析

“瑕疵出资的法律责任”属于高频考点，颇受命题人青睐。针对本知识点，考生应当分别掌握瑕疵出资的类型，即出资违约、出资不实、增资瑕疵（并结合“抽逃出资”一并掌握），还应准确区分并记忆各瑕疵出资类型所引起的对不同责任主体需承担的法律责任类型，同时，对“瑕疵出资的处理”这一知识点，考生也不可小觑。

知识点精讲

不同类型的股东瑕疵出资行为，其引起的法律责任自然不同。严格地说，我国《公司法》中瑕疵出资的行为主要包括出资违约、出资不实以及增资时的出资瑕疵三种情形，而抽逃出资不属于瑕疵出资的行为范畴。所以，关于抽逃出资的法律责任，参见“抽逃出资”的专章阐述，本文在此不再赘述。本文重点阐述出资违约、出资不实以及增资时的出资瑕疵三种瑕疵出资行为的法律责任。

一、瑕疵出资的类型

（一）出资违约

1. 出资违约的概述

定义	发起人或者股东未履行或者未全面履行出资义务，即股东未按期足额缴纳公司章程中规定的各自所认缴的出资额。
类型	1. 货币出资违约：未按期将货币出资足额存入有限责任公司在银行开设的账户； 2. 非货币出资违约：未依法办理其财产权的转移手续： （1）动产出资违约：未完成交付； （2）不动产出资违约：未办理过户登记。

2. 出资违约的法律责任

对其他股东	股东出资违约，可以认定股东未履行或者未全面履行出资义务： （1）其他股东有权请求该瑕疵出资的股东向公司依法全面履行出资义务； （2）该瑕疵出资的股东应当向已按期足额出资的股东承担违约责任。
对公司	股东出资违约，可以认定股东在公司设立时未履行或者未全面履行出资义务： （1）公司有权请求该瑕疵出资的股东向公司依法全面履行出资义务； （2）该瑕疵出资的股东应当向公司足额缴纳出资； （3）公司的发起人对此应当与该瑕疵出资的股东承担连带责任； **注意**：此处承担连带责任的仅限于公司发起人，不包括公司成立后新加入的股东。 （4）公司的发起人承担责任后，可以向该瑕疵出资的股东追偿。
对债权人	股东出资违约，可以认定股东未履行或者未全面履行出资义务的： （1）公司债权人有权请求该瑕疵出资的股东在未出资本息范围内对公司债务不能清偿的部分承担补充赔偿责任； （2）该瑕疵出资的股东已经承担上述责任，其他债权人不得提出相同请求； （3）公司的发起人对此与该瑕疵出资股东对债权人承担连带责任； **注意**：此处承担连带责任的仅限于公司发起人，不包括公司成立后新加入的股东。 （4）公司的发起人承担责任后，可以向该瑕疵出资的股东追偿。

例1（真题） 2007年2月，甲、乙、丙、丁、戊五人共同出资设立北陵贸易有限责任公司（简称“北陵公司”）。公司章程规定：……丙以私有房屋出资……至2010年9月，丙的房屋仍未过户登记到公司名下，但事实上一直由公司占有和使用。

问题：在房屋已经由公司占有和使用的情况下，丙是否需要承担违约责任？

提示：丙应当承担违约责任。《公司法》第28条规定：“股东应当按期足额缴纳公司章程中规定的各自所认缴的出资额……以非货币财产出资的，应当依法办理其财产权的转移手续。股东不按照前款规定缴纳出资的，除应当向公司足额缴纳外，还应当向已按期足额缴纳出资的股东承担违约责任。”本题中虽然房屋已经交由公司占有和使用，但是丙一直未依法办理过户手续、转移财产所有权，所以可以认定丙违反了出资义务，应当承担违约责任。

例2（真题） 甲、乙、丙成立一家科贸有限公司，约定公司注册资本100万元，甲、乙、丙各按20%、30%、50%的比例出资。甲、乙缴足了出资，丙仅实缴30万元。公司章程对于红利分配没有特别约定。当年年底公司进行分红。下列哪一说法是正确的？

D. 丙有权按50%的比例分红，但应当承担未足额出资的违约责任

提示：选项D错在丙的分红比例。在公司章程对利润分配无特别约定时，股东按照实缴的出资比例分取红利。丙的实缴出资比例为30/80＝37.5%。所以，丙有权按照37.5%分取红利。《公司法》第28条规定：“股东应当按期足额缴纳公司章程中规定的各自所认缴的出资额。股东以货币出资的，应当将货币出资足额存入有限责任公司在银行开设的账户……股东不按照前款规定缴纳出资的，除应当向公司足额缴纳外，还应当向已按期足额缴纳出资的股东承担违约责任。”本题中丙未按期足额缴纳出资，可以认定其违反了出资义务，应当承担未足额缴纳出资的违约责任。

（二）出资不实

1. 出资不实的概述

定义	作为设立公司出资的非货币财产的实际价额显著低于公司章程所定价额。
认定	出资人以非货币财产出资，未依法评估作价，公司、其他股东或者公司债权人请求认定出资人未履行出资义务的： （1）人民法院应当委托具有合法资格的评估机构对该财产评估作价。 （2）评估确定的价额显著低于公司章程所定价额的，人民法院应当认定出资人未依法全面履行出资义务。
例外	非货币出资：因客观因素导致贬值不构成出资不实。 （1）出资人以符合法定条件的非货币财产出资后，因市场变化或者其他客观因素导致出资财产贬值，公司、其他股东或者公司债权人无权请求该出资人承担补足出资责任的； （2）但是，当事人另有约定的除外。即此种情形，如当事人另有约定，公司、其他股东或者公司债权人有权请求该出资人承担补足出资责任。

2. 出资不实的法律责任

对其他股东	股东出资不实的，可以认定该股东未依法全面履行出资义务： （1）其他股东有权请求该出资不实的股东向公司依法全面履行出资义务； （2）该出资不实的股东无须对其他股东承担违约责任。
对公司	股东出资不实的，可以认定该股东未依法全面履行出资义务： （1）公司有权请求该出资不实的股东向公司依法全面履行出资义务； （2）应当由交付该出资的股东向公司补足其差额； （3）公司设立时的其他股东对此承担连带责任； **注意：**此处承担连带责任的仅限于公司设立时的其他股东，不包括公司成立后新加入的股东。 （4）公司设立时的其他股东承担责任后，可以向交付该出资的股东追偿。
对债权人	股东出资不实的，可以认定该股东未依法全面履行出资义务： （1）公司债权人有权请求该出资不实的股东在未出资本息范围内对公司债务不能清偿的部分承担补充赔偿责任； （2）该出资不实的股东已经承担上述责任，其他债权人不得提出相同请求； （3）公司的发起人对此与该出资不实的股东对债权人承担连带责任； **注意：**此处承担连带责任的仅限于公司发起人，不包括公司成立后新加入的股东。 （4）公司的发起人承担责任后，可以向该出资不实的股东追偿。 （5）中介机构对债权人的责任：承担资产评估、验资或者验证的机构因其出具的评估结果、验资或者验证证明不实，给公司债权人造成损失的，除能够证明自己没有过错的外，在其评估或者证明不实的金额范围内承担赔偿责任。

例3（真题） 甲、乙、丙三人共同组建一有限责任公司。公司成立后，甲将其20%股权中的5%转让给第三人丁，丁通过受让股权成为公司股东。甲、乙均按期足额缴纳出资，但发现由丙出资的机器设备的实际价值明显低于公司章程所确定的数额。对此，下列哪些表述是错误的？

A. 由丙补交其差额，甲、乙和丁对其承担连带责任

B. 丙应当向甲、乙和丁承担违约责任

C. 由丙补交其差额，甲、乙对其承担连带责任

D. 丙应当向甲、乙承担违约责任

提示：《公司法》第30条规定："有限责任公司成立后，发现作为设立公司出资的非货币财产的实际价额显著低于公司章程所定价额的，应当由交付该出资的股东补足其差额；公司设立时的其他股东承担连带责任。"本题中丙出资的机器设备的实际价值明显低于公司章程所确定的价额，由此可以认定丙的行为构成出资不实。在出资不实的情形下，对其他股东而言，该出资不实的股东无须承担违约责任。选项B、D错误，当选。对公司而言，该出资不实的股东应当补足其差额，同时公司设立时的其他股东（甲、乙）对此承担连带责任。选项C正确，不当选；公司成立后加入公司的股东（丁）不需对此承担连带责任，选项A错误，当选。

（三）增资时的出资瑕疵

1. 概念

增资时的出资瑕疵是指股东未按照增资协议履行其出资义务。具体而言，即在公司成立后，股东在增资时未履行或者未全面履行出资义务。

2. 法律责任

对其他股东	股东增资瑕疵的，可以认定股东在增资时未履行或者未全面履行出资义务： （1）其他股东有权请求该增资瑕疵的股东向公司依法全面履行出资义务； （2）该增资瑕疵的股东无须对其他股东承担违约责任。
对公司	股东增资瑕疵的，可以认定股东在增资时未履行或者未全面履行出资义务： （1）公司有权请求该增资瑕疵的股东向公司依法全面履行出资义务； （2）该增资瑕疵股东应当向公司补足其出资； （3）未尽忠实义务和勤勉义务而使出资未缴足的董事、高级管理人员应当向公司承担相应的责任； （4）董事、高级管理人员承担责任后，可以向该增资瑕疵股东追偿。
对债权人	股东增资瑕疵的，可以认定股东在增资时未履行或者未全面履行出资义务： （1）该增资瑕疵股东应当在未出资本息范围内对公司债务不能清偿的部分向公司债权人承担补充赔偿责任； （2）该增资瑕疵的股东已经承担上述责任，其他债权人不得提出相同请求； （3）未尽忠实义务和勤勉义务而使出资未缴足的董事、高级管理人员应当向公司债权人承担相应的责任； （4）董事、高级管理人员承担责任后，可以向该增资瑕疵股东追偿。
注意：当公司增资时，某一股东瑕疵增资，其他股东无须对公司、债权人承担连带责任。	

例如，某公司成立一年后，决定增加注册资本100万元，并约定增资的股东必须在1年内缴足出资。甲认购新增资本30万，但1年内仅实缴10万。乙作为董事长在此期间未采取任何措施。①对此，我们可以认定甲属于增资瑕疵股东，公司可以要求其补足20万的剩余出资；②公司有权请求未尽到勤勉义务而使出资未缴足的乙承担相应的责任，乙承担责任后有权向甲追偿；③公司债权人有权请求甲在未出资本息范围内对公司债务不能清偿的部分承担补充赔偿责任，如甲已经承担上述责任，其他债权人无权提出相同的请求；④公司债权人有权请求未尽到勤勉义务而使出资未缴足的乙承担相应的责任，乙承担责任后有权向甲追偿；⑤公司的其他股东无须与甲一起对公司、债权人承担连带责任。

扩展说明：名义股东与实际股东关于出资瑕疵的责任

（1）名义股东担责：公司债权人有权以登记于公司登记机关的股东未履行出资义务为由，请求其对公司债务不能清偿的部分在未出资本息范围内承担补充赔偿责任，股东不得以其仅为名义股东而非实际出资人为由进行抗辩；

（2）名义股东可追偿：名义股东依法承担赔偿责任后，有权向实际出资人追偿。

二、对瑕疵出资的处理

（一）因股东违反出资义务而限制其自益权

股东未履行或者未全面履行出资义务或者抽逃出资，公司有权根据公司章程或者股东会决议对其利润分配请求权、新股优先认购权、剩余财产分配请求权等股东权利作出相应的合理限制。

1. 法定情形：①股东未履行出资义务；②股东未全面履行出资义务；③股东抽逃出资。

2. 限制依据：①公司章程；②股东会决议。

3. 限制内容：股东的利润分配请求权、新股优先认购权、剩余财产分配请求权等股东权利（主要是自益权）。

> **注意：**①此处是“限制”，而非“剥夺”；②限制应当合理，与股东违反出资义务的程度相适应。

（二）因股东严重违反出资义务而剥夺其股东资格

有限责任公司的股东未履行出资义务或者抽逃全部出资，经公司催告缴纳或者返还，其在合理期间内仍未缴纳或者返还出资，公司有权以股东会决议解除该股东的股东资格。

1. 法定情形：①仅限于有限责任公司的股东；②仅限于股东未履行出资义务和抽逃全部出资。

2. 前置程序：须经公司催告缴纳或者返还，其在合理期间内仍未缴纳或者返还出资。

3. 解除形式：以股东会决议的形式解除其股东资格。

4. 解除后果：①公司决议解除其股东资格的，人民法院在判决时应当释明，公司应当及时办理法定减资程序或者由其他股东或者第三人缴纳相应的出资；②在办理法定减资程序或者其他股东或者第三人缴纳相应的出资之前，公司债权人有权请求相关当事人承担相应责任。

（三）关于另行募集股份

股份有限公司的认股人未按期缴纳所认股份的股款，经公司发起人催缴后在合理期间内仍未缴纳，公司发起人对该股份另行募集的，人民法院应当认定该募集行为有效。认股人延期缴纳股款给公司造成损失，公司有权请求该认股人承担赔偿责任。

1. 法定情形

（1）限于股份有限公司的认股人；

（2）该认股人未按期缴纳所认股份的股款，经公司发起人催缴后在合理期间内仍未缴纳股款；

2. 公司发起人有权对该股份另行募集

（1）另行募集的股份仅限于该认股人所认购的股份；

（2）该另行募集行为有效。

3. 认股人承担赔偿责任

认股人延期缴纳股款给公司造成损失，该认股人应当向公司承担赔偿责任。

（四）关于瑕疵股权的转让

定义	有限责任公司的股东未履行或者未全面履行出资义务即转让股权。
责任分担	1. 对公司的救济：公司有权请求该股东（转让人）、知情的受让人（对此知道或者应当知道）对此承担连带责任。 2. 对公司债权人的救济： （1）公司债权人有权请求该股东（转让人）在未出资本息范围内对公司债务不能清偿的部分承担补充赔偿责任。 （2）该股东（转让人）已经承担上述责任，其他债权人不得提出相同请求； （3）公司债权人有权请求知情受让人（对此知道或者应当知道）对此承担连带责任。

续表

责任分担	3. 对受让人的救济： （1）原则上：受让人根据上述规定承担责任后，有权向该未履行或者未全面履行出资义务的股东追偿； （2）例外：瑕疵股权的转让人与受让人对此另有约定的除外。
	总结：公司、债权人要求受让人承担连带责任的前提是该受让人知情——对有限责任公司的股东转让瑕疵股权知道或者应当知道。

（五）不能适用诉讼时效进行抗辩

1. 公司股东未履行或者未全面履行出资义务或者抽逃出资，公司或者其他股东请求其向公司全面履行出资义务或者返还出资，被告股东不得以诉讼时效为由进行抗辩。

2. 公司债权人的债权未过诉讼时效期间，其可以请求未履行或者未全面履行出资义务或者抽逃出资的股东承担赔偿责任，被告股东不得以出资义务或者返还出资义务超过诉讼时效期间为由进行抗辩。

总结：股东的出资义务与返还出资义务不受诉讼时效期间的限制。

本章小结

（本章虽未涉及抽逃出资，但为方便考生理解记忆，此处仍一并汇总说明）

瑕疵类型法律责任	对发起人	对公司	对债权人（限于公司债务不能清偿的部分）
出资违约	违约责任	（1）该股东：补足； （2）发起人：连带＋追偿。	（1）该股东：补充赔偿（未出资本息范围内＋一次责任）； （2）发起人：连带＋追偿。
出资不实	无违约责任	（1）该股东：补足； （2）发起人：连带＋追偿。	（1）该股东：补充赔偿（未出资本息范围内＋一次责任）； （2）发起人：连带＋追偿； （3）中介机构：过错推定责任。
抽逃出资		（1）该股东：返还； （2）协助抽逃出资者：连带。	（1）该股东：补充赔偿（抽逃出资本息范围内＋一次责任）； （2）协助抽逃出资者：连带。
增资时的出资瑕疵		（1）该股东：补足； （2）过错董高：相应责任＋追偿。	（1）该股东：补充赔偿（未出资本息范围内）； （2）过错董高：相应责任＋追偿。

本表使用说明：判断瑕疵出资责任的步骤：

（1）判断哪种瑕疵出资类型（出资违约＋出资不实＋抽逃出资＋增资瑕疵）；

（2）判断瑕疵出资的责任主体（瑕疵出资股东＋相关责任主体）；

（3）判断请求承担责任的权利主体（对谁承担责任）。

根据上述表格一一对应即可。

第三章　公司的股东与股东权利

第一节　股东的概念

重要法条及司法解释

《公司法》第28、32、73、75条。

《最高人民法院关于适用〈中华人民共和国公司法〉若干问题的规定（三）》第17、21、22条。

命题分析

“股东的概念”是商法部分的“重量级”知识点。从考查内容来看，“股东的概念”包括“自然人股东”“法人股东”“国家股东”和“股东资格的取得与确认”四个部分。其中，“股东资格的取得与确认”这一知识点最受命题人垂爱，属于重中之重的内容，望考生予以足够的重视。

对本知识点的学习建议是重点理解和掌握“股东资格的两种取得方式及具体规则”和“三种法律文件对股东资格确认的法律意义的不同”这两大块内容。

知识点精讲

一、股东资格的取得与确认

鉴于历年真题关于“股东资格的取得与确认”的考查情况仅仅局限在有限责任公司范围之内，并且有限责任公司与股份有限公司在股东资格的认定上相差无几。因此，本节只重点探讨有限责任公司股东资格的取得与确认。至于股份有限公司，考生只需要根据下面“有限责任公司股东资格的取得与确认”举一反三、简单理解即可。

（一）股东资格的概述

1. 股东的概念

股东是指以向公司出资、持有公司股份、享有股东权利和承担股东义务的人。股东是对公司法上的出资人的特别称谓。

2. 股东的资格限制

（1）无组织形式的限制：股东可以是自然人、法人、非法人组织，还可以是国家。国家作为股东时需要明确代表国家行使股东权的具体组织，如国有资产监督管理机构；

（2）无行为能力的要求：理论上可以是限制行为能力人或者无行为能力人，此时，由其法定代理人代理其行使股东权利；

> **注意：**无民事行为能力人或者限制民事行为能力人不得担任公司董事、监事以及高级管理人员。

（3）无国籍的限制：股东可以是本国人，也可以是外国人；

（4）无住所地的限制：股东一般无住所地的限制；但是，设立股份有限公司，须有半数以上的发起人在中国境内有住所。

3. 股东资格的法定证明文件

（1）股东身份或者股东资格的法定证明文件是公司的股东名册；

（2）公司登记机关置备的相关文件并非股东资格的法定证明文件，更非唯一文件；但是，如未经公司登记机关登记，股东资格不具有对抗第三人的效力。

例 1（真题） 关于股东的表述，下列哪一选项是正确的？

A. 股东应当具有完全民事行为能力

C. 非法人组织不能成为公司的股东

D. 外国自然人不能成为我国公司的股东

提示：股东无行为能力的要求，无行为能力人和限制行为能力人可以作为股东。此时，由其法定代理人代理其行使股东权利，选项 A 错误，不当选。股东无组织形式的限制，非法人组织可以成为公司的股东，选项 B 错误，不当选。股东无国籍的限制，外国人自然人可以成为我国公司的股东，选项 D 错误，不当选。

（二）股东资格取得的条件

1. 股东资格取得的方式

根据股东资格取得的依据可以分为原始取得与继受取得。

（1）所谓“股东资格的原始取得”，是指在公司成立时认缴公司首次发行的资本或者股份或者在公司增资时认缴公司的资本或者股份而成为公司股东的；

（2）所谓“股东资格的继受取得”，是指因股权转让、继承或者公司合并等方式取得公司的出资或者股份而成为公司股东的。

2. 股东资格取得的条件

	实质要件	形式要件
原始取得时	投资人向公司出资或者认缴出资。	
继受取得时	继受取得公司的出资或者股份。	（1）记载于股东名册（对内）； （2）在公司登记机关办理登记（对外）。

（三）股东资格的确认

不同的法律文件对股东资格的确认具有不同的法律意义。具体而言，股东名册、出资证明书以及工商登记对股东资格确认的法律意义如下表所示：

	股东名册	出资证明书	工商登记
效力	1. 法定置备义务：有限责任公司应当置备股东名册。 2. 性质：股东名册是股东身份或者股东资格的法定证明文件。 3. 意义： （1）在公司内部：可以以此确定股东身份； （2）股东可以据此向公司主张行使股东权利。（对内）	1. 法定签发义务：有限责任公司成立后，应当向股东签发出资证明书。 2. 性质：股东出资的证明文书，属于证权证书（不可变现流通）。 3. 意义： （1）具有证明股东履行出资义务的效力。 （2）持有出资证明书不等于取得股东资格； （3）丧失持有，也不等于同时丧失股东资格。	1. 法定登记义务：公司应当将股东的姓名或者名称向公司登记机关登记；登记事项发生变更的，应当办理变更登记。 2. 性质：股权取得和变动的重要公示文件。 3. 意义： （1）非股权取得和变动的生效要件，而是对抗要件。 （2）未经登记或者变更登记的，不得对抗第三人。（对外 + 无"善意"之要求）
记载事项	1. 股东的姓名或者名称及住所； 2. 股东的出资额； 3. 出资证明书编号。 **注意**：仅限股东情况，不涉及公司的任何情况。	1. 公司名称； 2. 公司成立日期； 3. 公司注册资本； 4. 股东的姓名或者名称、缴纳的出资额和出资日期； 5. 出资证明书的编号和核发日期。	（全体）股东的姓名或者名称。
签发时间	股东认缴出资后，方可记载于股东名册。	有限责任公司成立后且股东实缴一定出资后，方可向其签发出资证明书。	全体股东认足出资后，方可申请设立登记。
数量	每个公司只有一份股东名册。	实缴一定出资的每个股东都拥有一份。	关于股东的姓名或者名称的工商登记，每个公司也只能有一份。

扩展说明 1：股东名册 VS 出资证明书

（1）当股东名册与出资证明书关于股东名单的记载发生冲突的：以股东名册为准，主要原因在于股东名册是股东资格或身份的法定证明文件。

（2）出资证明书≠股东资格的取得。具体而言，既不能以不具有出资证明书而否定股东资格，也不能仅以拥有出资证明书而认定当事人具有股东资格。

①理解：股权转让后，未注销原股东的出资证明书，当然不能以原股东持有出资证明书认定其股东资格；

②理解：股东已经认缴出资并记载于股东名册，在实缴出资之前虽然并无出资证明书，但并不能因此而否定其股东资格。

扩展说明2：股东名册 VS 工商登记

（1）当工商登记与股东名册关于股东名单的记载发生冲突的：对公司内部而言，以股东名册为准；对公司外部的第三人而言，则以工商登记为准。

（2）工商登记是股权取得和变动的重要公示文件，并非股权取得和变动的生效要件，而是对抗要件。如果已经记载于股东名册，但未向登记机关进行工商登记或者变更登记的，并不能据此否定股东资格。换而言之，未进行工商登记的，仍具备股东资格，只是不能对抗第三人。

例2（真题）　甲、乙、丙拟共同出资50万元设立一有限公司。公司成立后，在其设置的股东名册中记载了甲乙丙3人的姓名与出资额等事项，但在办理公司登记时遗漏了丙，使得公司登记的文件中股东只有甲、乙2人。下列哪一说法是正确的？

A. 丙不能取得股东资格

C. 丙取得股东资格，但不能对抗第三人

提示：本题考查的是股东名册与工商登记关于股东名单的记载发生冲突时，如何确定股东资格的问题。股东资格自将股东记载于股东名册时取得，在公司登记机关进行登记不是股东资格取得的生效要件，仅仅是对抗要件。即未经登记，不能对抗第三人。所以，自被记载于股东名册之时，丙即取得股东资格，选项A错误；办理工商登记遗漏了丙，即丙的股东资格未经登记，不得对抗第三人，选项C正确。

扩展说明3：公司章程 VS 股东名册

（1）当公司章程和股东名册关于股东名单的记载发生冲突的：以股东名册记载为准。

（2）两者比较：

	股东名册	公司章程
法律性质	股东资格或身份的法定证明文件。	公司内部的自治性宪章。
主要用途	证明股东身份或者股东资格。	规范公司内部组织关系和经营行为，保证公司治理规范化、有序化。
结论：根据上述比较可知，当认定股东资格而两者发生冲突时，应当以股东名册为准。		

扩展说明4：如何判断当事人与公司之间是投资关系，还是借贷关系

公司现实经营中经常发生当事人在公司盈利时“欲入股”并曾获得分红、参与管理，但是公司亏损时却又主张自己当初的投资属于借款的情况，那么对此我们应当如何认定呢？

首先，我们不能机械性地套用《最高人民法院关于适用〈中华人民共和国公司法〉若干问题的规定（三）》第23条的规定①，即不能将“记载于股东名册并办理公司登记机关登记”作为判断两者之间关系的唯一标准。因为“认定某一投资人是否具有股东资格”与“认定两者之间是投资法律关系还是借款法律关系”并不是同一个问题，两者属于不同语境下的问题。

其次，正确的解题思路应该是从当事人交付现金时的真实意思表示、是否参与公司的日常经营以及分红等方面综合认定。如果不涉及股东名册的问题，则可认定为实际出资人或者实际股东即可。换而言之，即使未被记载入股东名册，也未进行工商登记，也不能否定其实际出资人或者实际股东的身份而将其视为借款人来对待。

例如，甲欲入股乙有限责任公司，其以现金100万元向公司出资，未被载入股东名册，也未办理工商登记，但甲从乙公司分取了相应的红利，也参与了公司管理。甲与乙公司之间的关系判断思路如下：①虽然甲没有被记载为股东，也未办理工商登记，但是他是出于自己的真实意思表示出资成为股东，且参与了分红及公司经营，这些行为均非债权人可为，可以认定其为实际出资人，与公司之间是投资关系而非借贷关系；②同时，正是由于甲未被记载于股东名册，因此只能认为甲是实际出资人或者实际股东。

扩展说明5：股东资格确认之诉

（1）举证责任的分配：当事人之间对是否已履行出资义务发生争议，原告提供对股东履行出资义务产生合理怀疑证据的，被告股东应当就其已履行出资义务承担举证责任。

（2）当事人的确定：当事人向人民法院起诉请求确认其股东资格的，应当以公司为被告，与案件争议股权有利害关系的人作为第三人参加诉讼。

二、股东资格的继承

股东资格继承的规则及其引申

限制	股东资格的继承仅限于有限责任公司的自然人股东。
规则	1. 原则：自然人股东死亡或者被宣告死亡后，其合法继承人可以继承股东资格； 2. 例外：公司章程对此种情形另有规定的，则从其规定。例如，公司章程可以规定死亡股东的继承人不能自动取得股东资格而须有其他股东一定比例的同意，或者规定继承人在符合何种条件时方能继承股东资格等。

① 《最高人民法院关于适用〈中华人民共和国公司法〉若干问题的规定（三）》第23条规定：“当事人依法履行出资义务或者依法继受取得股权后，公司未根据公司法第31条、第32条的规定签发出资证明书、记载于股东名册并办理公司登记机关登记，当事人请求公司履行上述义务的，人民法院应予支持。”

续表

问题 1	董事长的职位能否继承？ 不能继承，具体理由如下： 1. 从其产生来看 （1）有限责任公司：董事长、副董事长的产生办法由公司章程规定； （2）股份有限公司：董事长和副董事长由董事会以全体董事的过半数选举产生。 2. 从其任职资格来看 《公司法》第 146 条规定了严格的任职资格要求，董事长必须符合。 3. 从其职能定位来看 董事长是董事会的主要负责人，董事会负责公司的日常经营决策。
问题 2	如公司章程对此未另有规定，继承人拒绝继承的该如何处理？ （1）公司章程对此未另有规定的，继承人可以依法继承股东资格； （2）继承人拒绝继承股东资格的，应当通过协商或者评估的方式确定该股东的股权价格，由其他股东受让该股权或者由公司收购该股权，继承人取得相应的股权转让款。
问题 3	如公司章程对此未另有规定，多个继承人都想继承的该如何处理？ 多个继承人都愿意继承股东资格的，则由该数个继承人通过协商确定各自继承股权的份额。

例 3（真题） 某有限责任公司的自然人股东戊死亡后，戊 13 岁的儿子能否继承戊的股东资格而成为公司的股东？为什么？

提示： 可以继承。因为该公司章程未规定股东资格不得继承，且公司法未要求股东为完全行为能力人。判断股东资格能否继承的具体思路如下：第一步：看公司章程是否禁止继承，如公司章程禁止继承，则不得继承；第二步：如公司章程未禁止继承，自然人股东的合法继承人可以依法直接继承。此外，股东无民事行为能力的限制。所以，戊的未成年儿子可以继承其股东资格。

三、股东资格的剥夺

（一）剥夺股东资格条件

剥夺股东资格的具体条件

实体条件	1. 条件：股东未履行出资义务或者抽逃全部出资。 2. 说明： （1）此处条件的实质是公司的资本中没有出资人的一分钱的出资； （2）注意体会“未履行出资义务”与“未完全履行出资义务”的区别； （3）抽逃出资的，要求“全部抽逃”。抽逃部分出资的，不得剥夺其股东资格。
程序条件	1. 条件：（须两个条件同时满足） （1）须经催告仍不履行：经公司催告缴纳或者返还，其在合理期间内仍未缴纳或者返还出资。 （2）须以股东会决议形式解除：公司应当以股东会决议解除该股东的股东资格。 2. 关于“合理期限”的说明： 对此，《公司法》未作明确的规定；实践中多由公司章程予以规定；公司章程未作出规定的，则由法官自由裁量。
注意： 以公司决议形式解除某股东的股东资格，仅限于有限责任公司。	

（二）股东资格剥夺的法律后果

1. 人民法院在判决时应当释明，公司应当及时办理法定减资程序或者由其他股东或者第三人缴纳相应的出资。

2. 在办理法定减资程序或者其他股东或者第三人缴纳相应的出资之前，公司债权人有权请求相关当事人承担相应责任的，人民法院应予支持。

本节总结

股东资格的取得	实质条件＋形式条件（须得同时具备） （1）实质条件：向公司出资或者认缴出资； （2）形式条件：记载于股东名册（对内）或者在公司登记机关登记为股东（对外）。
股东资格的确认	1. 股东名册记载和出资证明书记载的内容发生冲突： 应以股东名册记载为准。 2. 股东名册的记载与工商登记的记载内容发生冲突： （1）在公司内部，以股东名册为准； （2）在公司外部，则以工商登记为准。 3. 股东名册记载和公司章程记载的内容发生冲突： 应以股东名册记载为准。
股东资格的继承	1. 原则：自然人股东死亡后，其合法继承人可以继承股东资格； 2. 例外：公司章程对此种情形另有规定的，则从其规定。
股东资格的剥夺	实体条件＋程序要求（须得同时具备） 1. 实体条件：未履行出资义务或者抽逃全部出资； 2. 程序要求：经公司催告缴纳或者返还，在合理期限内仍未缴纳或者返还出资，并且由股东会作出决议。

第二节　名义股东与实际股东

重要法条及司法解释

《最高人民法院关于适用〈中华人民共和国公司法〉若干问题的规定（三）》第24～26、28、52条。

《物权法》第106条。

命题分析

“名义股东与实际股东”是公司法中相对重要的知识点。从考查内容来看，它包括代持股协议的效力、隐名投资法律关系分析以及股东资格的变更等。其中，“隐名投资的法律关系分析”是颇受命题人青睐的知识点。

总的来说，“名义股东与实际股东”属于商法中具有高性价比的重点知识点——内容不多，难度不大，所考分值却不菲。正因如此，考生切不可马虎大意，务必重点掌握之。

知识点精讲

一、两类股东的概念

股东	概念
名义股东	1. 又称为"显名股东"，是指登记于股东名册及公司登记机关的登记文件，但事实上并没有真实向公司出资、并且也不会向公司出资的人。 2. 从形式上而言，名义股东是公司的股东： （1）名义股东需要承担一定的股东义务； （2）名义股东承担股东义务的原因在于保护善意的交易第三人的信赖利益。
实际股东	又称为"隐名股东"，是指向公司履行了出资义务、并且实际享有股东权利但其姓名或者名称并未记载于公司股东名册及公司登记机关的登记文件的人。
注意：名义股东与实际股东之间的法律关系，主要从合同法的角度予以规制。	

二、代持股协议

概念	所谓"代持股协议"，又称"持股协议"或者"代持协议"，是指由有限责任公司的实际出资人与名义出资人订立的，约定由实际出资人出资并享有投资权益，以名义出资人为名义股东的协议。
效力	1. 原则：代持股协议是有效的合同，签署该协议不违反公司法的强制性规定。 2. 例外：存在下列情形之一的，代持股协议无效： （1）一方以欺诈、胁迫的手段订立合同，损害国家利益； （2）恶意串通，损害国家、集体或者第三人利益； （3）以合法形式掩盖非法目的； （4）损害社会公共利益； （5）违反法律、行政法规的强制性规定。 3. **说明：**代持股协议的效力具有相对性，仅仅约束协议双方的当事人。

三、隐名投资的法律关系分析

（一）股东资格的确定

基本原则	采取外观主义原则：以名义股东为公司的股东，行使股东权利。
具体原因	（1）名义股东是记载于股东名册及公司登记机关的登记文件之上的人； （2）代持股协议具有相对性，其关于股东资格归属的约定不具有公示性； （3）保护交易第三人信赖利益，维护交易安全的需要。
说明	"以名义股东为公司股东、行使股东权利"与"当事人通过代持股协议约定投资权益归实际股东所有"并不冲突，前后两者均合法有效。

例1（真题） 高才、李一、曾平各出资40万元，拟设立"鄂汉食品有限公司"。高才手头只有30万元的现金，就让朋友艾瑟为其垫付10万元，并许诺一旦公司成立，就将该10万元从公司中抽回偿还给艾瑟。而李一与其妻闻菲正在闹离婚，为避免可能的纠纷，遂与其弟李三商定，由李三出面与高、曾设立公司，但出资与相应的投资权益均归李一。

公司于2012年5月成立，在公司登记机关登记的股东为高才、李三、曾平，高才为董事长兼法定代表人，曾平为总经理。

关于李一与李三的约定以及股东资格，下列表述正确的是：

A. 二人间的约定有效

B. 对公司来说，李三具有股东资格

提示：《最高人民法院关于适用〈中华人民共和国公司法〉若干问题的规定（三）》第24条第1款规定：“有限责任公司的实际出资人与名义出资人订立合同，约定由实际出资人出资并享有投资权益，以名义出资人为名义股东，实际出资人与名义股东对该合同效力发生争议的，如无合同法第52条规定的情形，人民法院应当认定该合同有效。”本题中李一与李三之间的约定属于代持股协议，该协议如无《合同法》52条规定的情形时，原则上是有效的，选项A正确。本题中李三是在公司登记机关登记的人，所以，对公司来说，李三具有股东资格，选项B正确。

（二）名义股东与实际股东的关系

总原则	名义股东与实际股东之间的关系由代持股协议调整，双方根据代持股协议享有权利，承担义务。
股东资格的确认	名义股东是公司的股东，代表实际股东行使股东权利，承担股东义务。
投资权益的归属	（1）投资权益归属实际股东所有：实际出资人有权以其实际履行了出资义务为由向名义股东主张权利； （2）名义股东不得以形式要件进行抗辩：名义股东不得以公司股东名册记载、公司登记机关登记为由否认实际出资人的权利。

（三）名义股东与公司的关系

总原则	名义股东是公司法意义上的股东，其与公司之间的关系适用《公司法》的具体规定。
名义股东依法向公司主张股东权利	（1）名义股东依法享有资产收益、参与重大决策和选择管理者等权利。 （2）上述“享有资产收益”是针对公司而言的，而投资收益的最终一般归实际出资人所有。
名义股东依法向公司承担股东义务	（1）名义股东依法向公司承担出资义务、参加股东会的义务、不干涉公司正常经营的义务以及不得滥用股东权利的义务等； （2）名义股东不得以其并非公司实际出资人为由拒绝向公司承担其股东义务。

（四）实际股东与公司的关系

实际股东与公司的关系	总原则：实际股东不是公司法意义上的公司股东。
	实际股东不得直接对公司主张股东权利： （1）向公司主张权利的关键性要件之一是该股东被记载于股东名册； （2）实际股东享有投资权益是针对名义股东而言，并非可以直接向公司主张资产收益。

续表

<table>
<tr><td rowspan="2">实际股东与公司的关系</td><td>公司不得直接要求实际股东承担股东义务：
（1）实际股东不是公司法意义上的股东，对公司不直接承担股东义务；
（2）公司只能直接要求名义股东承担股东的义务。</td></tr>
<tr><td>实际股东如欲“显名化”须得履行法定手续：
（1）原因：此乃保护有限责任公司人合性的需要；
（2）法定手续：
①实际出资人不得以其实际履行出资义务为由，要求公司变更自己为股东；
②实际出资人未经公司其他股东半数以上同意，无权请求公司变更股东、签发出资证明书、记载于股东名册、记载于公司章程并办理公司登记机关登记。
（3）关于“其他股东半数以上同意”的说明：
①此处“其他股东”不包括代其持股的名义股东；
②此处“半数以上”采取的是“人头决”，而非“资本决”。</td></tr>
</table>

例 2（真题） 高才、李一、曾平各出资 40 万元，拟设立“鄂汉食品有限公司”。高才手头只有 30 万元的现金，就让朋友艾瑟为其垫付 10 万元，并许诺一旦公司成立，就将该 10 万元从公司中抽回偿还给艾瑟。而李一与其妻闻菲正在闹离婚，为避免可能的纠纷，遂与其弟李三商定，由李三出面与高、曾设立公司，但出资与相应的投资权益均归李一。公司于 2012 年 5 月成立，在公司登记机关登记的股东为高才、李三、曾平，高才为董事长兼法定代表人，曾平为总经理。

关于李一与李三的约定以及股东资格，下列表述正确的是：

D. 李一可以实际履行出资义务为由，要求公司变更自己为股东

提示：《最高人民法院关于适用〈中华人民共和国公司法〉若干问题的规定（三）》第 24 条第 3 款规定：“实际出资人未经公司其他股东半数以上同意，请求公司变更股东、签发出资证明书、记载于股东名册、记载于公司章程并办理公司登记机关登记的，人民法院不予支持。”由此可知，李一想要成为公司股东，必须依法履行法定手续——经公司其他股东半数以上的同意，而不能直接要求公司变更，选项 D 错误。

（五）名义股东与善意第三人的关系

名义股东处分股权行为的效力
（1）名义股东处分股权的行为性质：有权处分，具体理由如下： ①从公司法意义上看，名义股东是公司的股东，自然有权处分其股权。 ②该股权登记于名义股东的名下，对于第三人而言，名义股东是该股权的合法持有者。 （2）名义股东订立合同的效力：有效合同。 名义股东因处分股权而签订的合同，例如股权转让、股权质押合同，只要不存在《合同法》第 52 条规定的法定无效事由，均是有效合同。 （3）受让人能够取得股权的关键：受让人符合“善意取得”的条件。 ①受让人受让该股权时是善意的。 【善意的认定】受让人不知道转让人为名义股东、其背后尚有实际股东之事实。 ②以合理的价格转让。 ③转让的股权已经依照法律规定向公司登记机关办理变更登记。

续表

对实际出资人的救济
（1）如股权的受让人为善意： 此时，受让人善意取得股权，如名义股东处分股权造成实际出资人损失的，实际出资人有权请求名义股东承担赔偿责任。 （2）如股权的受让人为恶意： 此时，实际出资人有权主张该股权转让行为无效，受让人不能取得股权。
名义股东处分股权与“一股二卖”的比较
（1）概念 ①名义股东处分股权：名义股东以转让、质押或者其他方式将登记于其名下的股权进行处分的行为； ②一股二卖：股权转让后尚未向公司登记机关办理变更登记，原股东以转让、质押或者其他方式将仍登记于其名下的股权进行处分的行为。 （2）股权处分行为的效力 两种股权处分行为的效力均是参照物权法第106条的规定处理，具体规则参照上表“名义股东处分股权行为的效力认定”。 （3）责任承担 ①名义股东处分股权：名义股东处分股权造成实际出资人损失的，实际出资人有权请求名义股东承担赔偿责任； ②一股二卖： 原股东处分股权造成（第一次）受让股东损失的。 A. 原股东的责任：受让股东有权请求原股东承担赔偿责任。 B. 相关过错主体的责任：对于未及时办理变更登记有过错的董事、高级管理人员或者实际控制人应当向受让股东承担相应责任。 C. 受让股东有过错的：受让股东对于未及时办理变更登记也有过错的，可以适当减轻上述董事、高级管理人员或者实际控制人的责任。

（六）名义股东与债权人的关系

对债权人的责任	名义股东应当承担出资违约或者出资不实的赔偿责任： （1）公司债权人有权以登记于公司登记机关的股东未履行出资义务为由，请求其对公司债务不能清偿的部分在未出资本息范围内承担补充赔偿责任； （2）名义股东不得以其仅为名义股东而非实际出资人为由对债权人进行抗辩。
对名义股东的救济	名义股东向债权人承担赔偿责任后，有权向实际出资人追偿。
特别说明	（1）对外而言：由于第三人只能根据公司登记机关公示的文件判断股东资格，所以，名义股东是公司股东，对债权人承担责任； （2）对内而言：名义股东只是代实际股东持有股权，而实际股东才是出资义务的真实、最终的承担者，所以，出资责任最终应当由实际股东承担。

例3（真题） 高才、李一、曾平各出资40万元，拟设立“鄂汉食品有限公司”。高才手头只有30万元的现金，就让朋友艾瑟为其垫付10万元，并许诺一旦公司成立，就将该10万元从公司中抽回偿还给艾瑟。而李一与其妻闻菲正在闹离婚，为避免可能的纠纷，遂与其弟李三商定，由李三出面与高、曾设立公司，但出资与相应的投资权益均归李一。公司于2012年5月成立，在公司登记机关登记的股东为高才、李三、曾平，高才为董事长兼法定代表人，曾平为总经理。

2012 年 7 月，李三买房缺钱，遂在征得其他股东同意后将其名下的公司股权以 42 万元的价格，出卖给王二，并在公司登记机关办理了变更登记等手续。下列表述正确的是：

A. 李三的股权转让行为属于无权处分行为

B. 李三与王二之间的股权买卖合同为有效合同

C. 王二可以取得该股权

D. 就因股权转让所导致的李一投资权益损失，李一可以要求李三承担赔偿责任

提示： 由于名义股东是公司股东，且其处分的股权是登记在其名下的，所以，其股权转让行为是有权处分行为，而不是无权处分，只是参照适用《物权法》无权处分善意取得的相关规定，选项 A 错误。名义股东因处分股权而签订的合同，例如股权转让、股权质押合同，只要不存在《合同法》第 52 条规定的法定无效事由，均是有效合同，选项 B 正确。受让人王二取得股权的行为符合善意取得的要件，所以王二可以取得股权，选项 C 正确。名义股东处分股权造成实际出资人损失的，实际出资人有权请求名义股东承担赔偿责任，选项 D 正确。

四、与冒名股东的比较

1. 名义股东 VS 冒名股东

	名义股东	冒名股东
概念	又称为“显名股东”，是指登记于股东名册及公司登记机关的登记文件，但事实上并没有真实向公司出资、并且也不会向公司出资的人。	冒用他人名义出资并将该他人作为股东在公司登记机关登记的，冒名登记行为人即是所谓的“冒名股东”。
产生	基于其与实际股东之间的代持股协议而产生。	基于冒名股东的冒名行为而产生。

2. 冒名股东的责任

（1）冒名人承担责任：冒用他人名义出资并将该他人作为股东在公司登记机关登记的，冒名登记行为人应当承担相应责任；

（2）被冒名人不承担责任：公司、其他股东或者公司债权人无权以未履行出资义务为由，请求被冒名登记为股东的承担补足出资责任或者对公司债务不能清偿部分的赔偿责任。

本章小结

1. 处理名义股东与实际股东之间的关系，需要把握这样两条主线：

（1）名义股东是公司形式上、法律上的股东，可以直接向公司主张股东权利，应当直接向公司承担股东义务；同时，直接与公司、公司债权人以及其他外部第三人发生法律关系；其处分股权的行为并不是无权处分，但是需要参照适用善意取得制度。

（2）实际股东并不是公司法意义上的公司股东，其只是依据代持股协议向名义股东主张权利，与公司并没有直接的法律关系；但是，由于其实际出资并享有投资收益，所以是出资责任的最终承担者。

2. 名义股东与实际股东关系示意图：

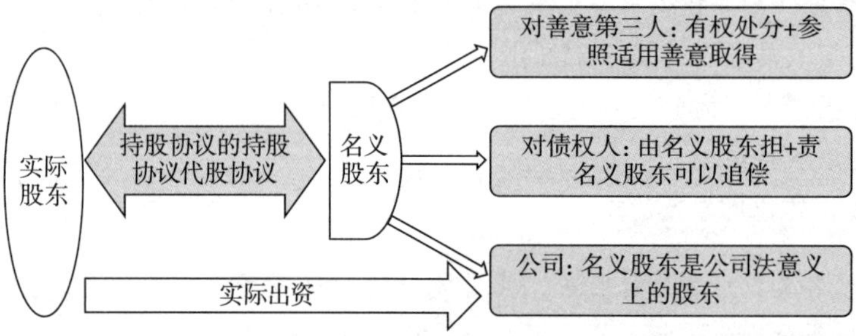

第三节 股东的权利

重要法条及司法解释

《公司法》第4、33、97、34条。

《最高人民法院关于适用〈中华人民共和国公司法〉若干问题的规定（四)》第7~15条。

《最高人民法院关于适用〈中华人民共和国公司法〉若干问题的规定（五)》第4条。

命题分析

“股东的权利”一节考查频率较大，考生应当重点掌握。

该考点主要包括“股东权利的特征”“股东权利的原则”“股东权利的类型”“股东权利的内容”这四部分内容，其中“股东权利的内容”是考查的重中之重。此外，《最高人民法院关于适用〈中华人民共和国公司法〉若干问题的规定（四)》对股东的知情权和利润分配请求权作出了大量的补充性规定，在近年考试中，该知识点预计考查的概率和力度都会大大增加。同时，就“股东权利的内容”这一部分而言，其具体内容常散见于公司法的各个章节，望考生注意体系性把握之。

知识点精讲

一、股东权利的特征

所谓“股东权”，是指公司股东依据法律和公司章程享有的自益权和共益权的总称。出资人通过出资，获得股东的资格，依据法律和公司章程的相关规定，享有股东权利。股东权利具有下列特征：

（一）股东权利内容具有综合性

股东权利并非单纯的一种权利，而是法律和公司章程所规定的各项权利的综合。公司法理论将其分为自益权和共益权：前者一般属于财产性权利，例如利润分配请求权、剩余财产分配权、股份转让权等；后者一般为非财产性权利，例如表决权、知情权（查阅权）、召开临时股东会请求权等。

（二）股东权利是股东通过出资所形成的权利

享有股东权利的前提是具有股东的资格，出资人以其所有的财产作为对价，通过履行出资义务，换取股东资格，进而享有股东的权利。

（三）股东权是一种社员权

股东，是公司中的股东，是公司法人的成员，所取得的权利（社员权）在公司内行使。

1. 社员权是一种独立类型的权利，其实质是团体中的成员依其在团体中的地位而产生的具有利益内容的权限，包括财产权和管理参与权。

2. 社员权不仅具有法律资格之外观，而且具有法律权利之实质，其本质属性乃是新型之私法权利，而这种权利是与法律主体的财产权、人身权、知识产权相并列的权利类型。

二、股东权利的原则

（一）股东的有限责任原则

1. 地位："股东的有限责任原则"既是股东权利的原则，也是公司最显著的特点，与其他的组织形式加以区分。

2. 概念：该原则是指股东除按照认缴的股份缴足出资款外，对于公司之债务或公司债权人不负任何其他责任，或曰股东仅以出资额为限对公司承担责任。

> **注意：**此处的"出资额"对于有限责任公司而言，指的是股东认缴的出资额，而非股东实缴的出资额。例如，甲有限责任公司的股东A认缴出资额为50万元，仅实缴了30万元，在公司到期不能偿还债权人乙30万元债务的情况下，乙有权要求A在20万元的范围内对公司债务不能清偿的部分承担补充赔偿责任。

（二）股东权利平等原则

"股东权利平等原则"，是指任一股东的所享有之权利与负担之义务均属平等而无差别待遇或歧视，即所谓"同股同权"。换而言之，股东每一单位出资比例或者每一单位股份所代表的权利平等。如股东均有权出席股东（大）会，股东均有权对公司经营提出建议和质询。

> **注意：**股东权平等事实上是指按照股份数额的比例而言平等，并非按照股东人数的划一平等。由于股东实际出资比例或者股份比例的不同，不同的股东，其行使权利的影响力存在差异。例如，甲股份有限公司，股东A持有股份的比例为30%，而股东B仅为10%，选项A、B均可以参加股东大会行使表决权，但是选项A、B的表决权比重不同。这种差别是由表决权规则决定的，而非由股权差别决定。

三、股东权利的类型

按照不同的标准，股东的权利可以作出不同的分类。

股东权利的类型

分类标准	权利类型
权利行使目的	1. 自益权 自益权指股东专为自己利益行使的权利。包括： （1）发给股票或其他股权证明请求权； （2）股份转让权； （3）股息和红利分配请求权； （4）公司剩余财产分配请求权； （5）优先认购权。
权利行使目的	2. 共益权 共益权指股东为自己利益同时也为公司利益而行使的权利。包括： （1）出席股东会并表决权； （2）请求召集股东临时会或自行召集权； （3）对公司财务的监督检查权和查阅权； （4）请求法院宣告股东会决议无效权； （5）对公司经营的建议和质询权。
权利主体	1. 普通股股东权 普通股股东权指一般股东享有的权利。 2. 特别股股东权 特别股股东权指专属于特别股股东享有的权利。该权利的范围、行使顺序、数额、优惠待遇限制等一般由公司章程规定，我国公司法对此未作规定。
权利性质	1. 固有权 固有权指根据公司法规定不得以章程或股东会决议予以剥夺的权利。一般多是特别权与共益权，比如出席股东会的权利、对公司经营提出建议和质询的权利。 2. 非固有权 非固有权指可以章程或股东会决议予以剥夺的权利。自益权多属此类，但非绝对。
权利行使方式	1. 单独股东权 单独股东权指股东一人可单独行使的权利。如表决权、利润分配请求权、股东代表诉讼权等。 2. 少数股东权 少数股东权指需达一定股份数额方能行使的权利。比如股东会的召集与主持权，持有表决权10%比例以上股东才能行使。

四、股东权利的内容

根据公司法的规定，公司股东依法享有资产收益、参与重大决策和选择管理者等权利。股东权利涉及内容广泛，分散于公司法的各部分，以下做简单的归纳总结。

（一）与股东（大）会有关的权利

1. 出席或委托代理人出席股东（大）会并行使表决权

出席或委托代理人出席股东（大）会并行使表决权，这是股东的固有权利。但是在某些情形下，比如对内担保（公司向其股东或实际控制人提供担保）时，利害关系股东的表决权将会被排除。

2. 临时股东（大）会召开的提议请求权

当公司有重大情形出现，需要股东会作出决议时，而定期股东会无法及时召开作出决议的，代表十分之一以上表决权的股东、三分之一以上的董事，监事会或者不设监事会的公司的监事可以提请召开临时股东会。

3. 股东（大）会的自行召集与主持权

当公司中有召集与主持股东（大）会职责的组织机构不能或者不履行其职责时，符合法定条件的股东可以自行召集与主持股东（大）会。

4. 选举权与被选举权

股东可以通过股东（大）会依法行使其权利，选举和更换公司的非职工代表的董事和监事；同时，公司的股东只要符合公司法关于董事、监事的任职资格，也可以被依法选举为董事和监事。

5. 临时提案权

股份有限公司中，单独或者合计持有公司百分之三以上股份的股东，可以在股东大会召开十日前提出临时提案并书面提交董事会；董事会应当在收到提案后二日内通知其他股东，并将该临时提案提交股东大会审议。临时提案的内容应当属于股东大会职权范围，并有明确议题和具体决议事项。

股东与股东（大）会有关的权利归纳

	有限责任公司	股份有限公司
出席或委托代理人出席股东（大）会并行使表决权	√	√
临时股东（大）会召开的提议请求权	代表 1/10 以上表决权的股东。	单独或者合计持有公司 10% 以上股份的股东。
股东（大）会的自行召集与主持权	前提条件： 董事会（执行董事）不能履行或者不履行职责，监事会也不履行的。	前提条件： 董事会不能履行或者不履行职责，监事会也不履行的。
	召集与主持的股东： 代表 1/10 以上表决权的股东。	召集与主持的股东： 连续 90 日以上单独或者合计持有公司 10% 以上股份的股东。
选举权与被选举权	√	√
临时提案权	×	（1）股东资格要求： 单独或者合计持有公司 3% 以上股份的股东。 （2）临时提案的程序要求： 在股东大会召开 10 日前提出临时提案并书面提交董事会，董事会应当在收到提案后 2 日内通知其他股东，并将该临时提案提交股东大会审议。 （3）临时提案的内容要求： 临时提案的内容应当属于股东大会职权范围，并有明确议题和具体决议事项。

（二）直接与股份（股权）相关的权利

1. 发给股票或其他股权证明请求权：股东请求发给股票或其他股权证明，且将其股东名称在公司相关文件和工商管理部门证明文件上登记。

（1）股东在完成出资，公司成立后，应发给股东股票或者出资证明书。

（2）公司应该将股东登记在可以证明其股东身份的相关文件上，并及时进行工商登记。例如，有限责任公司应该将股东的名称登记在"股东名册"上，并进行工商登记。

（3）公司不履行上述责任或者履行不符合法律规定时，股东可以公司为被告，提起股东资格确认之诉，确认其股东资格，要求公司履行上述义务。

2. 股权（股份）的处分权：股东作为股权（股份）的享有者，有权对其所持有的股权（股份）作出处分，比如转让、赠送、质押、用作出资等。股权转让在本书的"有限责任公司的股权转让"一章中有专门阐述，股权出资在本书的"股东的义务（股东的出资义务）"一章中会有相应的探讨，所以，此处均不予以讨论。

股权质权的设立

出质股权的种类	质权设立的时间
以证券登记结算机构登记的股权出质的	质权自证券登记结算机构办理出质登记时设立
以其他股权出质的	质权自工商行政管理部门办理出质登记时设立

3. 优先认购新股权：有限责任公司新增资本时，股东有权优先按照实缴的出资比例认缴出资。但是，全体股东约定不按照出资比例优先认缴出资的除外。

（三）知情权

股东有权请求查阅公司的档案材料，以求对公司的情况有基本的了解。我国公司法对于有限责任公司股东和股份有限公司股东规定了不同的知情权行使的方式和范围。

1. 知情权行使的方式和范围

关于股东知情权相关规定的汇总

	有限公司股东	股份公司股东
会计账簿	有权查阅、无权复制	未作规定
公司章程、股东会会议记录、董事会和监事会决议以及财务会计报告	有权查阅、有权复制	有权查阅、无权复制
股东名册	未作规定	有权查阅、无权复制
公司债券存根	未作规定	有权查阅、无权复制
总结说明1：有限公司股东的知情权 （1）未明确就股东名册和公司债券存根作出规定； （2）明确作出规定的文件中，无权复制的仅仅只有会计账簿，其他文件均可复制； （3）明确作出规定的文件中，全部都可以查阅，只是涉及会计账簿需提出书面请求。		
总结性说明2：股份公司股东的知情权 未明确就会计账簿作出规定； （2）明确作出规定的文件，无权复制； （3）明确作出规定的文件，可以查阅。		

扩展说明 1：判断股东知情权的步骤

股东知情权是股东权利的难点，命题者常常以“不同公司的股东是否有权查阅、复制不同种类的公司材料”的形式进行考查，考生稍有不慎就会判断错误。针对此类难题，考生不妨采取如下应对方案：就法律明确作出规定的内容而言，首先，判断公司资料的性质，针对会计账簿，任何人无权复制；针对非会计账簿的其他资料，任何人均有权查阅。其次，判断股东所属公司的性质，针对有限公司股东，仅仅无权复制会计账簿，其他资料均可复制；针对股份公司股东，无权复制任何资料；最后，以公司的人合性为切入点，将公司资料的性质与公司的性质结合在一起进行综合判断。

扩展说明 2：有限合伙企业与普通合伙企业合伙人的知情权

类型	知情权内容
普通合伙人	1. 为了解合伙企业的经营状况和财务状况，有权查阅合伙企业会计账簿等财务资料； 2. 合伙人均享有上述知情权，不区分合伙事务执行人和非执行人而有所差别对待。
有限合伙人	有权查阅有限合伙企业财务会计账簿等财务资料，但仅限于涉及自身利益的前提下。

2. 知情权是固有权：不得被实质性剥夺

公司章程、股东之间的协议不得实质性剥夺股东依据公司法第 33 条、第 97 条规定查阅或者复制公司文件材料的权利。

例如，甲有限责任公司的股东订立协议，为了不妨碍公司未来五年的高效率经营，对股东的知情权作出限制，各股东在未来五年内暂时不得查询相关公司文件材料。甲公司此时就是以“限制”之名，行“剥夺”之实，该协议是无效的。考生不得不防此种情形。

3. 股东知情权之诉

（1）原告的资格要求

①原则：原告起诉时，须具有股东资格，否则将驳回起诉。

②例外：原告有初步证据证明在持股期间其合法权益受到损害的，有权请求依法查阅或者复制其持股期间的公司特定文件材料的。此时，起诉时没有股东资格也可。

（2）会计账簿查阅之诉

①原告：有限责任公司的股东。

②诉前程序：

A. 股东要求查阅公司会计账簿的，应当向公司提出书面请求，说明目的。

B. 公司有合理根据认为股东查阅会计账簿有不正当目的，可能损害公司合法利益的，可以拒绝提供查阅，并应当自股东提出书面请求之日起 15 日内书面答复股东并说明理由。

③查阅会计账簿之“不当目的”的认定。

根据《最高人民法院关于适用〈中华人民共和国公司法〉若干问题的规定（四)》的规定，下列情形认定为股东具有“不正当目的”。

第一，股东自营或者为他人经营与公司主营业务有实质性竞争关系业务的，但公司章程另有规定或者全体股东另有约定的除外；

第二，股东为了向他人通报有关信息查阅公司会计账簿，可能损害公司合法利益的；

第三，股东在向公司提出查阅请求之日前的三年内，曾通过查阅公司会计账簿，向他人通报有关信息损害公司合法利益的；

第四，股东有不正当目的的其他情形。

例如，A、B、C 于 2013 年共同出资设立了甲有限责任公司，后 A 于 2015 年 8 月将其股权转让于 D。2015 年 12 月，A 认为公司董事长 B 在 2014 年时有不正当行为，损害了其权利，遂于 2015 年 12 月向公司要求查阅和复制公司的公司章程、股东会会议记录、董事会会议决议、监事会会议决议、财务会计报告以及会计账簿，被公司拒绝。后 A 向法院提起诉讼。①有限责任公司股东知情权行使时，只能要求查阅公司账簿，而不能复制，所以 A 不得要求复制公司账簿。②A 想要查阅会计账簿的应该提出书面请求。③起诉时，A 已经不是甲公司的股东，因此，不是适格的原告，但是如果 A 有初步证据证明在 2013 年至 2015 年 8 月期间，其合法权益受到损害的，请求依法查阅或者复制这一段时间内公司特定文件材料的，则此时 A 是适格原告。④如果 A 行使其知情权有不正当目的，例如为了向他人通报有关信息，可能损害公司合法权益的，公司有权拒绝 A 的请求。

④判决要求。原告胜诉的，应当在判决中明确查阅或者复制公司特定文件材料的时间、地点和特定文件材料的名录。

⑤中介机构执业人员的协助。股东依据人民法院生效判决查阅公司文件材料的，在该股东在场的情况下，可以由会计师、律师等依法或者依据执业行为规范负有保密义务的中介机构执业人员辅助进行。

（3）行使知情权后股东及相关辅助人员的保密义务

①股东的保密义务：股东行使知情权后泄露公司商业秘密导致公司合法利益受到损害的，公司有权请求该股东赔偿相关损失。

②相关辅助人员的保密义务：辅助股东查阅公司文件材料的会计师、律师等泄露公司商业秘密导致公司合法利益受到损害的，公司有权请求其赔偿相关损失。

（4）董事和高管对相关材料的制作和保存义务

公司董事、高级管理人员等未依法履行职责，导致公司未依法制作或者保存《公司法》第 33 条、第 97 条规定的公司文件材料，给股东造成损失，股东有权请求负有相应责任的公司董事、高级管理人员承担民事赔偿责任。

注意：关于董事、高管等制作和保存相关文件的义务，不同公司中相关文件的范围是不同的，须注意一一对应。

<table>
<tr><th>公司</th><th>前提</th><th>导致公司未制作或保存的文件范围</th><th>损害结果</th><th>救济</th></tr>
<tr><td>有限责任公司</td><td rowspan="2">公司董事、高级管理人员等未依法履行职责。</td><td>《公司法》第 33 条规定的文件：
（1）专有的文件：会计账簿。
（2）共有的文件：公司章程、股东会会议记录、董事会会议决议、监事会会议决议、财务会计报告。</td><td rowspan="2">给股东造成损失。</td><td rowspan="2">股东有权请求负有相应责任的公司董事、高级管理人员承担民事赔偿责任。</td></tr>
<tr><td>股份有限公司</td><td>《公司法》第 97 条规定的文件：
（1）专有文件：股东名册、公司债券存根。
（2）共有文件：公司章程、股东大会会议记录、董事会会议决议、监事会会议决议、财务会计报告。</td></tr>
</table>

（四）建议和质询权

股东作为公司的所有者，有权对公司的经营提出建议和质询。

（五）利润分配请求权（股息红利分配请求权）

股东作为公司的所有者，有权按照出资比例或者股份比例请求分配公司经营所得。有限责任公司应当按照股东实缴的出资比例分配利润，但是全体股东另有约定的除外。《最高人民法院关于适用〈中华人民共和国公司法〉若干问题的规定（四）》的出台，明确了股东可以请求人民法院强制进行利润分配，其规定如下：

1. 原告：

（1）原告：请求公司分配利润的股东。

（2）共同原告：一审法庭辩论终结前，其他股东基于同一分配方案请求分配利润并申请参加诉讼的，应当列为共同原告。

2. 被告：公司。

3. 原告胜诉的条件（需要同时满足）：

（1）股东应提交载明具体分配方案的股东会或者股东大会的有效决议。

（2）公司拒绝分配利润且其关于无法执行决议的抗辩理由不成立。

4. 原告败诉的情形：

（1）原则。股东未提交载明具体分配方案的股东会或者股东大会决议，请求公司分配利润的，人民法院应当驳回其诉讼请求。

（2）例外。违反法律规定滥用股东权利导致公司不分配利润，给其他股东造成损失的除外。

股东成功行使利润分配请求权两种情形

<table>
<tr><th></th><th></th><th>原告（股东）</th><th>被告（公司）</th></tr>
<tr><td rowspan="2">原告胜诉</td><td>情形一</td><td>股东应提交载明具体分配方案的股东会或者股东大会的有效决议。</td><td>公司无法执行决议的抗辩理由不成立。</td></tr>
<tr><td>情形二</td><td>无要求。</td><td>滥用股东权利导致公司不分配利润，给其他股东造成损失。</td></tr>
</table>

例如，A、B、C三人于2013年共同出资设立甲有限责任公司，A担任董事长。一直到2017年，甲公司从未分配任何利润，B认为是A的原因，遂将A作为被告，提起利润分配之诉。①被告应为公司，而不是A。②B应提交载明具体分配方案的股东会或者股东大会的有效决议；但是，如果B能够证明A或C滥用股东权利导致公司不分配利润，给B造成损失的，可以不提交载明具体分配方案的股东会或者股东大会的有效决议。③一审法庭辩论终结前，若C基于同一分配方案请求分配利润并申请参加诉讼的，应当列为共同原告。

扩展说明：（1）利润分配完成时限的原则

分配利润的股东会或者股东大会决议作出后，公司应当在决议载明的时间内完成利润分配。决议没有载明时间的，以公司章程规定的为准。决议、章程中均未规定时间或者时间超过一年的，公司应当自决议作出之日起一年内完成利润分配。

（2）决议中载明的利润分配时间超过公司章程规定时间的救济

若决议中载明的利润分配时间超过了章程的规定，属于公司决议内容违反章程规定，符合决议可撤销情形，股东有权依法起诉撤销决议中关于分配时间的部分。分配时间被撤销后，则应当依照章程的规定进行分配。

例1（真题） 甲、乙、丙成立一家科贸有限公司，约定公司注册资本100万元，甲、乙、丙各按20%、30%、50%的比例出资。甲、乙缴足了出资，丙仅实缴30万元。公司章程对于红利分配没有特别约定。当年年底公司进行分红。下列哪一说法是正确的？

A. 丙只能按30%的比例分红

B. 应按实缴注册资本80万元，由甲、乙、丙按各自的实际出资比例分红

C. 由于丙违反出资义务，其他股东可通过决议取消其当年分红资格

提示：在公司章程未另外约定时，股东按照实缴的出资比例分配利润，选项B正确。甲乙丙三人的实缴比例是以80万元为基数计算的，所以丙的实缴比例应该是37.5%，选项A错误。丙违反出资义务，需要承担其对甲、乙的违约责任，但是可以按照实缴的出资比例分配利润，其他股东不可以通过决议取消其当年分红资格，选项C错误。

例2（真题） 甲、乙、丙拟共同出资50万元设立一有限公司。公司成立后，在其设置的股东名册中记载了甲乙丙3人的姓名与出资额等事项，但在办理公司登记时遗漏了丙，使得公司登记的文件中股东只有甲乙2人。下列哪一说法是正确的？

B. 丙取得股东资格，但不能参与当年的分红

D. 丙不能取得股东资格，但可以参与当年的分红

提示：记载于股东名册上的股东，可以依据股东名册主张行使股东权利。所以，丙可以依据股东名册参与的当年的分红，选项B错误。股东资格自将股东记载于股东名册时取得，在公司登记机关进行登记不是股东资格取得的要件，但是未经登记不具有对抗效力，即登记是股东权的对抗要件，不是生效要件，选项D错误。

注意1：（1）有限责任公司的利润分配以股东的实缴出资比例为分配比例，但是全体股东可以另外约定。

（2）资本认缴制下，股东可以一次或者多次缴纳出资，只要按公司章程的规定即可。

（3）股东未履行或者未全面履行出资义务或者抽逃出资的，公司可以根据公司章程或者股东会决议对其利润分配请求权、新股优先认购权、剩余财产分配请求权等股东权利作出相应的合理限制。

注意2：当股东未履行出资义务或者抽逃全部出资时，根据上文，该股东在其出资到位之前不享有利润分配请求权等权利，这即是上文所说的“合理限制”。但是，这并不意味着公司可以剥夺其上述权利。“剥夺”是永久性、终局性的。

（六）剩余财产分配请求权

公司向其全体债权人清偿债务后，仍有剩余财产，股东可以以其股权份额或者股份份额要求分配该剩余财产，这也是股东作为公司所有者的表现。

扩展说明1：违反出资义务对（两类公司）股东权利的限制

违反出资义务的形式	对股东权利的限制
未履行出资义务	公司可以根据公司章程或者股东会决议对其利润分配请求权、新股优先认购权、剩余财产分配请求权等股东权利作出相应的合理限制。
未全面履行出资义务	
抽逃出资	

扩展说明2：违反出资义务对（有限责任公司）股东资格的影响

违反出资义务的形式	公司的催告程序	对股东资格的影响
未履行出资义务	经公司催告缴纳或者返还，其在合理期间内仍未缴纳或者返还出资。	公司以股东会决议解除该股东的股东资格。
抽逃全部出资		

（七）股东的异议回购请求权

当股东（大）会作出特定决议时，对该决议持异议的股东可以要求公司以合理的价格回购其股权（股票）。这是股东，尤其是小股东保护自己合法权益、摆脱大股东的控制和侵害以及退出公司的途径之一。有限责任公司与股份有限公司的股东行使异议回购请求权的情形不同。

有限责任公司与股份有限公司的股东行使的异议回购请求权的情形比对

	有限责任公司	股份有限公司
前提条件	对股东（大）会以下决议持异议	
异议事项	(1) 公司连续五年不向股东分配利润，而公司该五年连续盈利，并且符合本法规定的分配利润条件的； (2) 公司合并、分立、转让主要财产的； (3) 公司章程规定的营业期限届满或者章程规定的其他解散事由出现，股东会会议通过决议修改章程使公司存续的。	股东因对股东大会作出的公司合并、分立决议持异议，要求公司收购其股份的（注意：无转让主要财产的情形）。
程序要求	自股东会会议决议通过之日起60日内，股东与公司不能达成股权收购协议的，股东可以自股东会会议决议通过之日起90日内向人民法院提起诉讼。	应当在6个月内转让或者注销（注意：无提起诉讼）。

（八）诉讼权

股东享有诉权，当自己的利益或者公司的利益受到不法侵害时，股东可以向人民法院提起诉讼，以维护自己或者公司的合法权益。根据上述权利介绍可知，不同权利被侵害时，股东所行使的具体诉权是不同的。以股东提起诉讼的目的为标准，即股东提起诉讼是为保护自己的利益还是保护公司的利益，可以将股东提起的诉讼分为直接诉讼和代表诉讼。

1. 直接诉讼

当股东个人的利益遭到公司或者董事、高管的不法侵害时，股东可以公司或者董事、高级管理人员为被告，提起诉讼。已于上述各权利处予以讲解的情形，此处将不再赘述。仅在此重点强调以下两种诉讼：

①公司决议效力瑕疵之诉

当公司股东（大）会、董事会决议的内容和程序违反了法律规定或者公司章程的规定，股东可以提起公司决议效力瑕疵之诉。后文将详细讲述。

②司法强制解散公司之诉

公司经营管理发生严重困难，继续存续会使股东利益受到重大损失，通过其他途径不能解决的，持有公司全部股东表决权10%以上的股东，可以请求人民法院解散公司。后文将详细讲述。

2. 股东代表之诉

股东代表诉讼，又称为“派生诉讼”“股东代位诉讼”，是指当公司的合法权益受到不法侵害而公司却怠于起诉时，公司的股东以自己的名义起诉，所获赔偿归于公司的一种诉讼制度。后文将详细讲述。

第四节 股东的义务

重要法条及司法解释

《公司法》第20、21、27、28、35、216条。

《最高人民法院关于适用〈中华人民共和国公司法〉若干问题的规定（三）》第12、19条。

《最高人民法院关于适用〈中华人民共和国公司法〉若干问题的规定（五）》第1条。

命题分析

“股东的义务”几乎每年必考，考生应当重点掌握。从考查内容来看，股东的义务包括股东的一般义务、控股股东的特别义务、公司实际控制人及其义务三部分。其中，股东一般义务中的出资义务是重中之重，且命题人比较喜欢将其与股东出资的方式、出资的规则以及瑕疵出资的责任结合考查。故而，望考生注意把握各个重点知识点的联系，锻炼自己融会贯通的学习能力。

知识点精讲

权利和义务总是相伴而行的，股东享有权利，自然也要承担义务。所谓“股东的义务”，是指作为公司股东，应当根据出资协议、公司章程和法律、行政法规的规定，履行的相应义务。因不同义务的主体不同，股东义务可以为全体股东的共同义务、控股股东的特别义务以及公司实际控制人的义务。

一、全体股东的共同义务

所谓“全体股东的共同义务”，是指公司全体股东都必须履行的义务，不区分其持股比例的多少和对公司控制力的大小而有所差别。具体而言，这些义务主要包括：

（一）出资义务

本节主要从义务本身出发，概括性阐述股东出资义务的基本内容。“出资方式”和“出资程序”请参见“有限责任公司的设立条件”的专节内容；股东违反出资义务而产生的责任请参见“瑕疵出资责任”的专节内容；“抽逃出资”请参见“抽逃出资”的专节内容。因此，以上三点内容本章均不再赘述，仅仅探讨股东出资义务本身。

概念	出资义务是指股东应当根据出资协议和公司章程的规定，履行向公司出资的义务。这是股东最主要的义务。
内容	（1）积极义务：股东应当按期足额缴纳公司章程中规定的各自所认缴的出资额。 ①以货币出资的：应当将货币出资足额存入有限责任公司在银行开设的账户； ②以非货币财产出资的：应当依法办理其财产权的转移手续，使公司取得出资物的合法权利并能够有效行使该权利。 （2）消极义务：股东不得抽逃出资。 ①概念：抽逃出资是指向公司出资后又以各种名义或者手段将出资从公司转移。 ②认定： ·制作虚假财务会计报表虚增利润进行分配； ·通过虚构债权债务关系将其出资转出； ·利用关联交易将出资转出； ·其他未经法定程序将出资抽回的行为。

续表

履行方式	根据出资协议或者公司章程的具体约定，按照如下方式履行出资义务： （1）约定为出资一次缴纳的，股东应当一次性足额缴纳出资； （2）约定为出资分期缴纳的，股东应当按照约定的期限按时缴纳出资； （3）股东逾期缴纳出资的，应当向已履行出资义务的股东承担违约责任； （4）对于已缴纳给公司的出资财产，股东不能抽回。
不受诉讼时效期间的限制	具体而言，股东违反出资义务（未履行出资义务、未全面履行出资义务或者抽逃出资），不得以诉讼时效为由进行以下抗辩： （1）不得以此为由抗辩公司或者其他股东要求其向公司履行出资义务或者返还出资的请求； （2）不得以此为由抗辩公司债权人要求其在未出资本息范围内对公司债务不能清偿的部分承担补充赔偿责任的请求。
违反出资义务的法律后果	（1）股东应当承担相应责任：违反出资义务的股东应当承担瑕疵出资和抽逃出资的相应责任。 （2）公司可以限制股东的权利： ①股东未履行或者未全面履行出资义务或者抽逃出资，公司有权根据公司章程或者股东会决议对其利润分配请求权、新股优先认购权、剩余财产分配请求权等股东权利作出相应的合理限制； ②此处是“限制”而非“剥夺”，且限制须是“相应的、合理的”。 （3）公司可以解除股东的资格： ①有限责任公司的股东未履行出资义务或者抽逃全部出资，经公司催告缴纳或者返还，其在合理期间内仍未缴纳或者返还出资，公司可以以股东会决议解除该股东的股东资格； ②股份有限公司的认股人未按期缴纳所认股份的股款，经公司发起人催缴后在合理期间内仍未缴纳，公司发起人可以另行募集该股份，实际上也产生了使原股东失权的效果。

例 1（真题） 甲、乙、丙成立一家科贸有限公司，约定公司注册资本 100 万元，甲、乙、丙各按 20%、30%、50% 的比例出资。甲、乙缴足了出资，丙仅实缴 30 万元。公司章程对于红利分配没有特别约定。当年年底公司进行分红。下列哪一说法是正确的？

C. 由于丙违反出资义务，其他股东可通过决议取消其当年分红资格

提示：除非全体股东另有约定，股东有权按照实缴的出资比例分取红利。对于未完全履行出资义务的股东，公司只可以根据公司章程或者股东会决议对其分红权作出相应的合理限制，而不是完全取消其分红资格。选项 C 错误。

（二）参加股东会会议的义务

1. 性质：参加股东会会议既是股东的权利，同时也是股东的一项义务。

2. 要求：股东应当按照公司机构通知的时间、地点参加股东会会议，不能亲自参加时可以委托其他股东出席股东会会议并行使表决权。

（三）不干涉公司正常经营的义务

1. 积极义务：股东依据公司章程规定的关于股东会或股东大会的权限以及公司法规定的股东权利行使权利，应当尊重公司董事会和监事会依据公司法和公司章程各自履行自己的职责；

2. 消极义务：股东不得干涉董事会、经理的正常经营管理活动，不得干涉监事会的正常工作。

（四）特定情形下的表决权禁行义务

股东特定情形下的表决权禁行义务，即利害关系股东的表决权回避义务。具体而言，包括以下要点：

（1）公司为公司股东或者实际控制人提供担保的，必须经股东会或者股东大会决议。

（2）被提供担保的股东或者受被提供担保的实际控制人支配的股东，不得参加关于该事项的股东会或者股东大会决议的表决。

（3）关于上述担保事项的表决由出席会议的其他股东所持表决权的过半数通过。

（五）不得滥用股东权利的义务

1. 义务内容

（1）积极义务：公司股东应当遵守法律、行政法规和公司章程，依法行使股东权利。

（2）消极义务：

①不得滥用股东权利损害公司或者其他股东的利益；

②不得滥用公司法人独立地位和股东有限责任损害公司债权人的利益。

2. 违反后果

（1）公司股东滥用股东权利给公司或者其他股东造成损失的，应当依法承担赔偿责任。

（2）公司股东滥用公司法人独立地位和股东有限责任，逃避债务，严重损害公司债权人利益的，应当对公司债务承担连带责任。

二、控股股东、实际控制人的特别义务

控股股东与实际控制人基于其控股地位或者实际控制地位，往往对公司决议拥有较大的影响力和支配力，并可以以此控制公司的重大决策、左右公司的正常经营，如此则非常容易导致其滥用权利，损害公司、股东或者公司债权人的合法利益。因此，我国公司法对控股股东规定了特别义务、对实际控制人也规定了特定义务。换而言之，控股股东既要承担股东的一般义务，又要承担控股股东的特别义务；而实际控制人虽然不是公司股东，不必承担股东的一般义务，但是基于其实际控制地位也要负担一定的义务。

（一）控股股东与实际控制人的概念

控股股东	（1）以持股比例为认定标准：控股股东，是指其出资额占有限责任公司资本总额50%以上或者其持有的股份占股份有限公司股本总额50%以上的股东； （2）以对公司决议影响力为认定标准：控股股东，是指出资额或者持有股份的比例虽然不足50%，但依其出资额或者持有的股份所享有的表决权已足以对股东会、股东大会的决议产生重大影响的股东。
实际控制人	（1）概念：实际控制人，是指虽不是公司的股东，但通过投资关系、协议或者其他安排，能够实际支配公司行为的人。 （2）实例：A公司独资设立B公司，B公司同时是C公司的控股股东，那么A公司就是C公司的实际控制人。

（二）不得滥用控股股东的地位，损害公司和其他股东利益的义务

1. 义务主体：此项义务仅仅针对控股股东，不针对实际控制人。

2. 违反义务的行为：实践中滥用股东权利的行为主要是控股股东实施的。至于滥用控股地位的行为方式，可以说是多种多样。最典型行为方式则是控股股东以资本多数决原则为依托，违反法律规定滥用股东权利导致公司不分配利润，给其他股东造成损失。

（三）不得利用其关联关系损害公司利益的义务

1. 义务主体：此项义务的主体有公司控股股东、实际控制人、董事、监事、高级管理人员。

2. 关联关系的认定：

（1）积极情形：关联关系，是指公司控股股东、实际控制人、董事、监事、高级管理人员与其直接或者间接控制的企业之间的关系，以及可能导致公司利益转移的其他关系。

（2）消极情形：国家控股的企业之间不仅仅因为同受国家控股而具有关联关系。

3. 违法义务的行为：最典型的行为方式就是上述义务主体利用其关联关系，控制公司与其直接或间接控制的企业进行不公平的交易，从而损害公司和其他股东的利益。

（四）滥用权利的赔偿义务

1. 控股股东的赔偿义务

（1）对公司或者其他股东：公司股东（一般股东+控股股东）滥用股东权利给公司或者其他股东造成损失的，应当依法承担赔偿责任；

（2）对公司债权人：公司股东（一般股东+控股股东）滥用公司法人独立地位和股东有限责任，逃避债务，严重损害公司债权人利益的，应当对公司债务承担连带责任。

2. 实际控制人的赔偿义务

公司的实际控制人（也包括控股股东、董事、监事、高级管理人员）利用其关联关系损害公司利益，给公司造成损失的，应当承担赔偿责任。

关联交易损害公司利益的，相关行为人（控股股东、实际控制人、董事、监事、高级管理人员）不能以履行法定程序为由豁免关联交易的赔偿责任。

例 2（真题） 甲公司出资 20 万元、乙公司出资 10 万元共同设立丙有限责任公司。丁公司系甲公司的子公司。在丙公司经营过程中，甲公司多次利用其股东地位通过公司决议让丙公司以高于市场同等水平的价格从丁公司进货，致使丙公司产品因成本过高而严重滞销，造成公司亏损。下列哪一选项是正确的？

C. 甲公司应当对丙公司承担赔偿责任

D. 丁公司、甲公司共同对丙公司承担赔偿责任

提示：《公司法》第 20 条第 2 款规定："公司股东滥用股东权利给公司或者其他股东造成损失的，应当依法承担赔偿责任。"《公司法》第 21 条规定："公司的控股股东、实际控制人、董事、监事、高级管理人员不得利用其关联关系损害公司利益。违反前款规定，给公司造成损失的，应当承担赔偿责任。"本题中甲公司对丙公司的出资比例达到 2/3，显然是丙公司的控股股东。甲公司利用其控制地位，使丙公司以不公平的价格与自己的子公司进行交易，严重损害了丙公司的利益，甲公司应当依法对丙公司承担赔偿责任，选项 C 正

确。根据上述法条可知，控股股东滥用股东权利损害公司利益，仅控股股东需要对公司承担赔偿责任。至于与丙公司进行交易的丁公司，不需要与其控股股东共同承担赔偿责任，选项D错误。

第五节　股东代表诉讼制度

重要法条及司法解释

《公司法》第151条。

《最高人民法院关于适用〈中华人民共和国公司法〉若干问题的规定（四）》第23～26条。

《最高人民法院关于适用〈中华人民共和国公司法〉若干问题的规定（五）》第1～2条。

命题分析

“股东代表诉讼”是历年考试中商法部分的重量级高频考点，具体包括“股东代表诉讼制度的特征”“股东代表诉讼的当事人”“股东代表诉讼的前置程序”等知识点，考生应当准确理解并掌握以上内容，并注意理解“股东代表诉讼”与“公司直接诉讼”的区别。

此外，由于《最高人民法院关于适用〈中华人民共和国公司法〉若干问题的规定（四）》的第23～26条和《最高人民法院关于适用〈中华人民共和国公司法〉若干问题的规定（五）》的第1～2条又对该制度的基本内容予以进一步细化补充，该知识点将是近年命题热门之一，这应当引起考生足够的重视，尤其应当着重把握司法解释中新增的内容。

知识点精讲

一、股东代表诉讼制度概述

（一）概念

股东代表诉讼，又称为“派生诉讼”“股东代位诉讼”，是指当公司的合法权益受到不法侵害而公司却怠于起诉时，公司的股东以自己的名义起诉，所获赔偿归于公司的一种诉讼制度。

具体而言，当公司的利益受到公司董事、监事、高级管理人员以及他人的侵害时，公司的相应机关应当代表公司提起诉讼，维护公司的合法权益。但是，当公司的相应机关未能够及时履行、拒绝履行该职责或者情况紧急时，公司的股东可以以自己的名义为了公司的利益而提起诉讼，维护公司的合法权益，这就是股东代表诉讼制度。

股东代表诉讼是一种代位诉讼，只有在公司内部救济手段穷尽的情况下才可以适用。

（二）特征

股东代表诉讼制度具有如下特征：

基本特征	具体内容
救济对象方面	（1）与股东直接诉讼（救济股东个人的权利和利益）不同，股东代表诉讼救济的是被公司董事、经理或者其他人侵害的公司权利和利益； （2）在股东代表诉讼中，公司是直接的受害人，股东是间接的受害人。
诉因方面	（1）能够提起诉讼的股东所依据的实体意义上的诉权不专属哪一个股东，而是属于公司，原告股东只是以代表人的资格，代位行使原本属于公司的诉权； （2）对同一事实其他股东也可以提起代表诉讼，并且在诉讼中也无法排除其他股东的介入。
诉讼当事人方面	（1）股东以自己的名义提起诉讼，即股东具有原告的身份； （2）被告是实施侵害公司利益的行为人，包括公司的董事、监事、高管以及其他人（公司不是被告）。
诉讼后果方面	诉讼后果由公司承担，归于公司。

（三）基本功能

1. 背景

股东代表诉讼制度是随着对少数股东权利保护的加强而逐渐发展起来并不断完善的。在公司权力中心由股东大会转移至董事会和公司管理层后，股东权得不到充分保护的救济的社会问题日益突出。股东代表诉讼制度即是在背景下而产生的。

2. 基本功能

（1）救济功能：即在公司利益受到董事、监事、高级管理人员、控股股东以及其他人的非法侵害时，通过股东提起代表诉讼的方式，使公司及时获得经济赔偿或者其他救济，保护公司的合法权益，并最终保护全体股东的合法权益。

（2）预防功能：通过增加公司董事、监事、高级管理人员、控股股东等相关人员从公司谋取不正当利益的风险成本，从而起到预防、减少该类行为的作用。

二、股东代表诉讼具体规则

（一）适用该制度的情形

1. 公司的董事、监事、高级管理人员执行公司职务时违反法律、行政法规或者公司章程的规定，给公司造成损失的。

2. 他人侵犯公司合法权益，给公司造成损失的。

3. 关联交易损害公司利益的或者关联交易合同存在无效或者可撤销情形的。

（二）股东的资格要求

1. 有限责任公司的股东（无持股期间和持股比例的要求）。

2. 股份有限公司连续180日以上单独或者合计持有公司1%以上股份的股东。

（三）交叉请求前置程序

一般而言，股东必须先穷尽公司内部的救济手段，即先书面请求相应机关向法院提起诉讼。

（1）董事、高级管理人员侵害公司利益的，股东可以书面请求监事会或者不设监事会的有限责任公司的监事向人民法院提起诉讼。

（2）监事侵害公司利益的，可以书面请求董事会或者不设董事会的有限责任公司的执行董事向人民法院提起诉讼。

（3）他人侵害公司合法利益的，股东可以书面请求董事会或者不设董事会的有限责任公司的执行董事向人民法院提起诉讼。

注意：他人侵害公司利益时，不支持监事会或者不设监事会的有限责任公司的监事代表公司对他人提起诉讼。

（1）法理依据：监事会或者不设监事会的有限责任公司的监事的主要职责是监督公司的董事和高级管理人员。

（2）法律依据：《最高人民法院关于适用〈中华人民共和国公司法〉若干问题的规定（四）》第23条规定："监事会或者不设监事会的有限责任公司的监事依据公司法第151条第1款规定对董事、高级管理人员提起诉讼的，应当列公司为原告，依法由监事会主席或者不设监事会的有限责任公司的监事代表公司进行诉讼。董事会或者不设董事会的有限责任公司的执行董事依据公司法第151条第1款规定对监事提起诉讼的，或者依据公司法第151条第3款规定对他人提起诉讼的，应当列公司为原告，依法由董事长或者执行董事代表公司进行诉讼。"

例1（真题） 郑贺为甲有限公司的经理，利用职务之便为其妻吴悠经营的乙公司谋取本来属于甲公司的商业机会，致甲公司损失50万元。甲公司小股东付冰欲通过诉讼维护公司利益。关于付冰的做法，下列哪一选项是正确的？

A. 必须先书面请求甲公司董事会对郑贺提起诉讼

B. 必须先书面请求甲公司监事会对郑贺提起诉讼

C. 只有在董事会拒绝起诉情况下，才能请求监事会对郑贺提起诉讼

D. 只有在其股权达到1%时，才能请求甲公司有关部门对郑贺提起诉讼

提示：本题中经理郑贺是甲公司的高级管理人员，郑贺的行为给公司造成损失，股东付冰要想提起股东代表诉讼，须首先书面请求监事会提起诉讼，监事会拒绝提起或者在收到请求之日起30日内不提起诉讼的，付冰方可提起股东代表诉讼，选项B正确，选项A、选项C错误。本题中甲公司是有限责任公司，任何一股东都有权提起代表诉讼，对股东的出资比例没有要求，选项D错误。

（四）公司直接诉讼

在上述股东的书面请求下，若公司的相应机关（董事会或监事会）接受了股东上述书面请求，则其可以代表公司，直接起诉，维护公司的利益。

董事或高管侵害公司利益时	监事侵害公司利益时	他人侵害公司合法利益时
（1）被告：董事或高管。 （2）原告：公司，依法由监事会主席或者不设监事会的有限责任公司的监事代表公司进行诉讼。	（1）被告：监事。 （2）原告：公司，依法由董事长或者执行董事代表公司进行诉讼。	（1）被告：他人。 （2）原告：公司，依法由董事长或者执行董事代表公司进行诉讼。

例如，甲有限责任公司股东A，发现董事长B通过其妻经营的乙公司（与甲公司经营同种业务），大量掠夺公司机会，给公司造成了严重损失，A遂书面请求公司的监事会提起诉讼，监事会在收到请求后的第15天提起了诉讼。①有限责任公司的股东在代表诉讼制度中没有资格的限制，因此A只要具有有限责任公司股东身份即可请求监事会提起诉讼。②交叉请求前置程序：董事或者高级管理人员侵害公司利益的，A应当书面请求监事会提起诉讼。③监事会提起的诉讼中，被告为董事长A，原告为公司，由监事会主席或者不设监事会的有限责任公司的监事代表公司进行诉讼。

例2（真题） 刘某是甲有限责任公司的董事长兼总经理。任职期间，多次利用职务之便，指示公司会计将资金借贷给一家主要由刘某的儿子投资设立的乙公司。对此，持有公司股权0.5%的股东王某认为甲公司应该起诉乙公司还款，但公司不可能起诉，王某便自行直接向法院对乙公司提起股东代表诉讼。下列哪些选项是正确的？

A. 王某持有公司股权不足1%，不具有提起股东代表诉讼的资格

B. 王某不能直接提起诉讼，必须先向董事会或监事会提出请求

C. 王某应以甲公司的名义起诉，但无须甲公司盖章或刘某签字

D. 王某应以自己的名义起诉，但诉讼请求应是将借款返还给甲公司

提示：有限责任公司的股东提起股东代表诉讼没有持股比例和持股时间的限制，王某具有提起股东代表诉讼的资格，选项A错误。股东代表诉讼的提起需要首先穷尽内部救济手段，王某不能直接提起，选项B正确。股东代表诉讼应当以股东自己的名义而非公司的名义，选项C错误，选项D正确。

（五）股东代表诉讼

1. 一般规则：

符合资格的股东提起代表诉讼的前提	以下条件满足一项即可： （1）相应机关收到前款规定的股东书面请求后拒绝提起诉讼； （2）相应机关自收到请求之日起三十日内未提起诉讼； （3）情况紧急、不立即提起诉讼将会使公司利益受到难以弥补的损害的。
原告	以下符合资格的股东可以自己的名义提起诉讼： （1）有限责任公司的股东（无持股期间和持股比例的要求）； （2）股份有限公司连续180日以上单独或者合计持有公司1%以上股份的股东。
被告	侵权人（控股股东、实际控制人、董事、高管、监事、他人）。
第三人	公司。
共同原告	一审法庭辩论终结前，符合公司法第151条第1款规定条件的其他股东，以相同的诉讼请求申请参加诉讼的，应当列为共同原告。
胜诉利益	（1）胜诉利益归属于公司； （2）股东无权请求被告直接向其承担民事责任。
诉讼费用	股东的其诉讼请求部分或者全部得到人民法院支持的，公司应当承担股东因参加诉讼支付的合理费用。 【注意】不要求股东的诉讼请求全部得到法院的支持。

2. 特殊规则：他人侵犯公司的合法权益，给公司造成损失的，上述股东可以依照上述规定向人民法院提起诉讼。

例如，甲股份有限公司股东A，发现公司的合作伙伴乙公司在与甲公司的交易中有欺诈行为，给公司造成了严重损失，A遂书面请求公司的董事会或者执行董事提起诉讼，要求乙公司承担赔偿责任，董事会或者执行董事在收到请求后的30天内未提起诉讼。①股份有限公司的股东在代表诉讼制度中有资格的限制，股东需连续180日以上单独或者合计持有公司1%以上的股份，假设A满足该条件。②穷尽内部救济：他人侵害公司利益的，A应当先书面请求董事会或者执行董事提起诉讼。③董事会或者执行董事在收到请求后的30天内未提起诉讼，因此，A此时可以以自己的名义提起诉讼。④股东提起的代表诉讼中，被告为乙公司（他人），原告为A（股东），公司为第三人，一审法庭辩论终结前，其他符合条件的股东，以相同的诉讼请求申请参加诉讼的，列为共同原告。⑤若A胜诉则胜诉利益归属于公司，A部分或者全部诉讼请求得到人民法院支持的，公司应当承担股东因参加诉讼支付的合理费用。

例3（真题） 某上市公司董事吴某，持有该公司6%的股份。吴某将其持有的该公司股票在买入后的第5个月卖出，获利600万元。关于此收益，下列哪些选项是正确的?

D. 董事会未在规定期限内执行股东关于收回吴某收益的要求的，股东有权代替董事会以公司的名义直接向法院提起收回该收益的诉讼。

提示：《证券法》第47条第1款和第2款规定，上市公司董事、监事、高级管理人员、持有上市公司股份百分之五以上的股东，将其持有的该公司的股票在买入后六个月内卖出，或者在卖出后六个月内又买入，由此所得收益归公司所有，公司董事会应当收回其所得收益。但是，证券公司因包销购入售后剩余股票而持有百分之五以上股份的，卖出该股票不受六个月时间限制。

公司董事会不按照前款规定执行的，股东有权要求董事会在三十日内执行。公司董事会未在上述期限内执行的，股东有权为了公司的利益以自己的名义直接向人民法院提起诉讼。

“公司董事会不按照前款规定执行的，股东有权要求董事会在三十日内执行”视为“股东已经书面请求董事会提起诉讼维护公司权益”，所以，在公司董事会未在上述期限内执行的，股东有权以自己的名义直接向人民法院提起诉讼，选项D错误。

第四章　公司董事、监事、高级管理人员

重要法条及司法解释

《公司法》第146～150条。

《证券法》第47条第1款。

《最高人民法院关于适用〈中华人民共和国公司法〉若干问题的规定（五）》第3条。

命题分析

“公司董事、监事、高级管理人员的任职资格和义务”是商法部分的重量级知识点。该知识点在近年考试中考查的力度呈现不断加大的趋势，考生对此应重点把握。此外，针对“公司董事、监事、高级管理人员侵害公司或股东的利益”这一部分内容，命题人一般与股东代表诉讼结合进行考查，望考生全面掌握、融会贯通之。

知识点精讲

一、公司董事、监事、高级管理人员的任职资格

（一）公司董事、监事、高级管理人员的概念

1. 公司董事是指有限责任公司、股份有限公司董事会的全体董事。

2. 公司监事是指有限责任公司的监事会的全体监事或者不设监事会的有限责任公司的监事，以及股份有限公司监事会的全体监事。

3. 公司的高级管理人员是指公司的经理、副经理、财务负责人、上市公司董事会秘书和公司章程规定的其他人员。

（二）公司董事、监事、高级管理人员任职资格

由于董事、监事和高级管理人员对于公司的经营管理和业绩效益负有重要的责任，公司法对他们的任职资格作出如下严格限制：

公司董事、监事、高级管理人员任职资格

任职资格	有下列情形之一的，不得担任公司的董事、监事、高级管理人员： 1. 无民事行为能力或者限制民事行为能力。 （1）无民事行为能力：①不满8周岁的未成年人；②不能辨认自己行为的精神病人； （2）限制民事行为能力：①8周岁以上的未成年人；②不能完全辨认自己行为的成年人。 2. 犯罪且执行期满未逾5年。 （1）经济犯罪+被判处刑罚+5年。因贪污、贿赂、侵占财产、挪用财产或者破坏社会主义市场经济秩序，被判处刑罚，执行期满未逾5年。 （2）犯罪+被剥夺政治权利+5年。因犯罪被剥夺政治权利，执行期满未逾5年。

续表

任职资格	3. 董事或者厂长、经理＋个人责任＋3年。担任破产清算的公司、企业的董事或者厂长、经理，对该公司、企业的破产负有个人责任的，自该公司、企业破产清算完结之日起未逾3年。 4. 法定代表人＋个人责任＋3年。担任因违法被吊销营业执照、责令关闭的公司、企业的法定代表人，并负有个人责任的，自该公司、企业被吊销营业执照之日起未逾3年。 5. 个人所负数额较大的债务到期未清偿。
适用范围	上述关于任职资格的各项规定，适用于有限责任公司和股份有限公司的董事、监事和高级管理人员。
法律后果	1. 公司违反前款规定选举、委派董事、监事或者聘任高级管理人员的，该选举、委派或者聘任无效。 2. 董事、监事、高级管理人员在任职期间出现上述所列情形的，公司应当解除其职务。

例1（真题） 甲公司于2008年7月依法成立，现有数名推荐的董事人选，依照《公司法》规定，下列哪些人员不能担任公司董事？

A. 王某，因担任企业负责人犯重大责任事故罪于2001年6月被判处三年有期徒刑，2004年刑满释放

B. 张某，与他人共同投资设立一家有限责任公司，持股70%，该公司长期经营不善，负债累累，于2006年被宣告破产

C. 徐某，2003年向他人借款100万元，为期2年，但因资金被股市套住至今未清偿

D. 赵某，曾任某音像公司董事长，该公司因未经著作权人许可大量复制音像制品于2006年5月被工商部门吊销营业执照，赵某负有个人责任

提示：重大事故罪不属于经济犯罪，王某可以担任公司董事，选项A不当选。

张某仅仅是公司股东，并非担任破产清算公司、企业的董事或者厂长、经理，张某也可以担任公司董事，选项B不当选。

徐某个人所负数额较大的债务到期未清偿，不得担任公司董事，选项C当选。

题外话：司法部公布的答案认为选项D当选，值得商榷，具体理由如下：《公司法》第146条第1款规定："有下列情形之一的，不得担任公司的董事、监事、高级管理人员：……（四）担任因违法被吊销营业执照、责令关闭的公司、企业的法定代表人，并负有个人责任的，自该公司、企业被吊销营业执照之日起未逾三年……"由此可知，此种情形要求的责任主体是公司的法定代表人。又根据《公司法》第13条的规定："公司法定代表人依照公司章程的规定，由董事长、执行董事或者经理（没有监事）担任，并依法登记。"所以，董事长不一定是公司的法定代表人。当担任音像公司董事长的赵某不是该公司的法定代表人之时，即使他对公司被吊销营业执照负有个人责任，也不能根据上述规定限制其担任公司的董事。所以，选项D不当选。

二、公司董事、监事、高级管理人员的义务

概述	公司董事、监事、高级管理人员对公司负有忠实义务和勤勉义务： （1）忠实义务。强调董事、监事、高级管理人员应当忠诚于公司，不得为有损公司利益的行为； （2）勤勉义务。强调董事、监事、高级管理人员应当积极履行职责，依法谋求公司利益和股东利益的最大化。
共同义务	1. 遵守法律、行政法规，遵守公司章程，忠实履行职务，维护公司利益。 2. 不得利用在公司的地位和职权为自己牟取私利。 3. 不得利用职权收受贿赂或者其他非法收入。 4. 不得侵占公司的财产。 5. 不得泄露公司秘密。 6. 列席会议并接受质询的义务。股东会或者股东大会要求董事、监事、高级管理人员列席会议的，董事、监事、高级管理人员应当列席并接受股东的质询。 7. 如实提供有关情况和资料的义务。董事、高级管理人员应当如实向监事会或者不设监事会的有限责任公司的监事提供有关情况和资料，不得妨碍监事会或者监事行使职权。
特定性义务	1. 义务主体： （1）主体范围。仅限于公司的董事和高级管理人员； （2）法理说明。上述两类主体负责公司的经营决策和日常管理，其行为直接关乎公司和股东的利益，故法律对他们有更多、更为具体的规则和要求，其中特别体现在对他们的禁止性规定方面。 2. 绝对禁止的特定性义务： （1）挪用公司资金； （2）将公司资金以其个人名义或者以其他个人名义开立账户存储； （3）接受他人与公司交易的佣金归为己有； （4）擅自披露公司秘密。 3. 相对禁止的特定性义务： （1）公款私借或者对外担保。违反公司章程的规定，未经股东会、股东大会或者董事会同意，将公司资金借贷给他人或者以公司财产为他人提供担保； （2）自我交易。违反公司章程的规定或者未经股东会、股东大会同意，与本公司订立合同或者进行交易； （3）侵夺公司商业机会或者竞业行为。未经股东会或者股东大会同意，利用职务便利为自己或者他人谋取属于公司的商业机会，自营或者为他人经营与所任职公司同类的业务。 4. 其他特定性义务：违反对公司忠实义务的其他行为。 5. 违反特定性义务的责任：董事、高级管理人员违反上述特定性义务所得的收入应当归公司所有。

三、公司董事、监事、高级管理人员的责任

责任主体	责任来源	责任内容
董事、高管	违反其特定性的经营义务。	违法所得的收入应当归公司所有。
	股东抽逃出资，董事、高管协助其抽逃出资。	（1）对公司或者其他股东：应当对抽逃出资的股东返还出资本息承担连带责任； （2）对债权人：应当在抽逃出资本息范围内对公司债务不能清偿的部分承担连带责任。
	董事、高管未尽忠实义务和勤勉义务而使公司增资时应缴的出资未缴足。	（1）对公司、其他股东或者债权人：应当对此承担相应的赔偿责任； （2）承担责任后，可以向违反出资义务的股东追偿。

续表

责任主体	责任来源	责任内容
董事、监事、高级管理人员	违反法律、行政法规或者公司章程的规定，给公司造成损失。	应当对公司承担赔偿责任。
	上市公司董事、监事、高管将其持有该公司的股票进行短线交易。	由此所得收益归该公司所有，公司董事会应当收回其所得收益。

例2（真题） 某上市公司董事吴某，持有该公司6%的股份。吴某将其持有的该公司股票在买入后的第5个月卖出，获利600万元。关于此收益，下列哪些选项是正确的？

A. 该收益应当全部归公司所有

B. 该收益应由公司董事会负责收回

C. 董事会不收回该收益的，股东有权要求董事会限期收回

提示：《证券法》第47条第1款规定："上市公司董事、监事、高级管理人员、持有上市公司股份5%以上的股东，将其持有的该公司的股票在买入后6个月内卖出，或者在卖出后6个月内又买入，由此所得收益归该公司所有，公司董事会应当收回其所得收益。但是，证券公司因包销购入售后剩余股票而持有5%以上股份的，卖出该股票不受6个月时间限制。"由此可知，选项A、B、C正确。

四、董、监、高侵害公司或者股东利益的救济

（一）董、监、高侵害公司利益时的救济——股东代表诉讼

由于前文关于股东代表诉讼已经有专章探讨，所以在此不再详细赘述，仅仅阐述其概念和列举相关规定以供考生再次回顾。

1. 概念

股东代表诉讼，又称"派生诉讼""股东代位诉讼"，是指当公司的合法权益受到董事、监事、高管以及他人不法侵害而公司却怠于起诉时，符合条件的股东即以自己的名义起诉，所获赔偿归于公司的一种诉讼制度。

2. 相关规定

（1）董事、高级管理人员有本法第149条规定的情形的，有限责任公司的股东、股份有限公司连续180日以上单独或者合计持有公司1%以上股份的股东，可以书面请求监事会或者不设监事会的有限责任公司的监事向人民法院提起诉讼。

（2）监事有本法第149条规定的情形的，前述股东可以书面请求董事会或者不设董事会的有限责任公司的执行董事向人民法院提起诉讼。

（3）监事会、不设监事会的有限责任公司的监事，或者董事会、执行董事收到前款规定的股东书面请求后拒绝提起诉讼，或者自收到请求之日起30日内未提起诉讼，或者情况紧急、不立即提起诉讼将会使公司利益受到难以弥补的损害的，前款规定的股东有权为了公司的利益以自己的名义直接向人民法院提起诉讼。

（4）他人侵犯公司合法权益，给公司造成损失的，本条第一款规定的股东可以依照前

两款的规定向人民法院提起诉讼。

（二）董事、高级管理人员侵害股东利益时的救济——股东直接诉讼

董事、高级管理人员（注意：没有监事）违反法律、行政法规或者公司章程的规定，损害股东利益的，股东可以向人民法院提起诉讼。

五、董事职务的无因解除与离职补偿

（一）董事职务的无因解除

我国公司法中仅规定董事任期由公司章程规定，每届任期不得超过三年，任期届满可以连选连任。现行法对于董事与公司的关系并无明确的规定，但理论研究与司法实践中已基本达成共识，认为公司与董事之间系委托关系，依据股东会的选任决议和董事同意任职而成立合同法上的委托合同，那么合同双方均有任意解除权，即无论任期是否届满，公司可以随时解除董事职务，同样，董事也可以随时辞职。

（二）董事离职补偿

为平衡双方利益，公司解除董事职务应合理补偿，以保护董事的合法权益，并防止公司无故任意解除董事职务。

注意：我国公司中还存在职工董事。由于职工董事不是由股东会或者股东大会决议任免，因此不存在股东会或者股东大会解除其职务的情形。

第五章　公司的收益分配制度

重要法条及司法解释

《公司法》第34、166、167、168条。

命题分析

“公司的收益分配制度”主要包括“公司法对公司收益分配制度的强制性规定”“公司收益分配顺序”和“股东利润分配”三个部分。总体来说，该知识点为基础考点，但近年来其考查力度呈现加大的趋势，这应当引起考生足够的注意。

从考查内容上来看，“公积金制度”是此部分内容的重中之重——根据历年真题的考查情况，只要命题人对“公司收益分配制度”进行考查，则“公积金制度”是必然会涉及的。

知识点精讲

一、公司收益分配顺序

公司的收益分配制度是公司的财务与会计制度的重要内容，关系到公司、股东、债权人以及公司职工甚至是国家等不同主体的切身利益。这些不同主体之间的利益并不是一致的，甚至是彼此冲突的。[①]因此，公司的收益分配制度大多属于公司法的强制性规定，这也就意味着收益分配并不是完全由公司自己决定的，也不是可以任意决定的。公司必须遵守公司法的强制性规定，不可以通过公司章程或者全体股东一致同意的形式对此另行约定。

图解公司收益分配顺序：

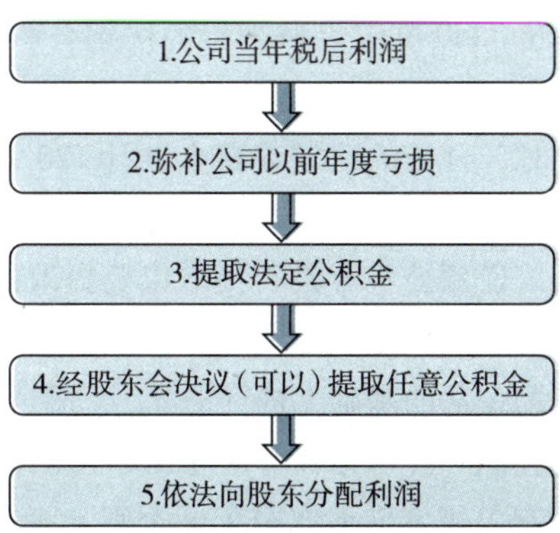

① 赵旭东主编：《商法学》，高等教育出版社2015年12月第三版，第194页。

针对上图的详细说明：

公司法对公司收益分配顺序的强制性规定

分配顺序	具体内容
公司当年税后利润	公司当年税后利润是指公司当年利润减去应纳所得税的余额。
弥补以前年度的亏损	公司的法定公积金不足以弥补以前年度亏损的，在依法提取法定公积金之前，应当先用当年利润弥补亏损。
提取法定公积金	1. 法定提取比例：公司分配当年税后利润时，应当提取利润的10%列入公司法定公积金； 2. 可以不再提取：公司法定公积金累计额为公司注册资本的50%以上的，可以不再提取；
提取任意公积金	公司从税后利润中提取法定公积金后，经股东会或者股东大会决议，还可以从税后利润中提取任意公积金。
依法向股东分配利润	1. 利润分配的顺序： 公司弥补亏损和提取公积金后所余税后利润。 （1）有限责任公司。依照《公司法》第34条的规定分配。 （2）股份有限公司。按照股东持有的股份比例分配，但股份有限公司章程规定不按持股比例分配的除外。 2. 利润分配的限制：公司持有的本公司股份不得分配利润。 3. 违法分配的后果：股东会、股东大会或者董事会违反上述规定，在公司弥补亏损和提取法定公积金之前向股东分配利润的，股东必须将违反规定分配的利润退还公司。

例如，甲有限责任公司的注册资本为100万元，2016年的亏损额度为100万元。2017年的法定公积金为80万元、税后利润为500万元。那么2017年甲公司收益的分配顺序如下：

第一步，弥补亏损。看公司的法定公积金能否弥补以前年度的亏损，显然，本例中甲公司2017年的法定公积金（80万元）不足以弥补2016年的亏损（100万元）。所以，在依法提取法定公积金之前，应当先用当年税后利润弥补亏损，此时公司税后利润的余额为500万元－100万元＝400万元。

第二步，提取法定公积金。此时，由于公司法定公积金的累计额（80万元）已经达到公司注册资本的50%（50万元）以上，所以，2017年可以不再提取法定公积金；当然，公司经股东会或者股东大会决议也可以决定提取当年的法定公积金。但是，需要注意的是，此时法定公积金的计算基数“公司利润”是指根据第一步弥补亏损后所剩余的利润，即400万元×10%＝40万元。此时，公司的法定公积金共计120万元，公司税后利润的余额为400万元－40万元＝360万元。

第三步，提取任意公积金。任意公积金是否提取以及提取的具体比例是多少，完全由公司通过股东会或者股东大会的形式自主决定。此外，如果股东（大）会决议提取任意公积金，也是在之前公司税后利润余额的基础上进行提取。

第四步，依法向股东分配利润。公司弥补亏损和提取公积金（法定＋任意）后所余的税后利润，应当依据公司法的有关规定向股东分配，否则，股东必须将违法分配的利润退还公司。此外，公司持有的本公司股份不得分配利润。

二、公积金制度

公司的公积金

<table>
<tr><td>定义</td><td colspan="2">又称为“储备金”，主要包括法定公积金和任意公积金，指公司为增强自身的财产能力，扩大生产经营和预防意外亏损，依法从公司利润中提取的一种款项。</td></tr>
<tr><td rowspan="3">种类</td><td>法定公积金</td><td>1. 定义：又称为“强制公积金”，是公司法规定必须从税后利润中提取的公积金。由此可知，公司既不得以其公司章程或者股东会决议的形式拒绝提取；也不得以任何形式削减其提取的法定比例。①
2. 提取规则：
（1）法定提取比例。公司分配当年税后利润时，应当提取利润的10%列入公司法定公积金。
（2）可以不再提取。公司法定公积金累计额为公司注册资本的50%以上的，可以不再提取。
（3）特定条件先弥补亏损。公司的法定公积金不足以弥补以前年度亏损的，在依照前款规定提取法定公积金之前，应当先用当年利润弥补亏损。</td></tr>
<tr><td>任意公积金</td><td>1. 定义：公司在法定公积金之外，依照公司章程或股东会决议而从税后利润中提取的公积金。②
2. 提取规则：
（1）公司从税后利润中提取法定公积金之后，经股东会或者股东大会决议，还可以从税后利润中提取任意公积金；
（2）任意公积金是否提取以及提取的具体比例由股东会或者股东大会决定。</td></tr>
<tr><td>资本公积金</td><td>1. 定义：非基于公司的营业活动而产生的收益，其来源是公司的资产与资本。
2. 来源：
（1）股份有限公司以超过股票票面金额的发行价格发行股份所得的溢价款；
（2）国务院财政部门规定列入资本公积金的其他收入，例如处置公司资产所得收入、资产重估价值与账面净值的差额以及接受捐赠等。</td></tr>
<tr><td rowspan="2">用途</td><td colspan="2">1. 法定公积金
（1）【可以】用于弥补公司的亏损；
（2）【可以】用于扩大公司生产经营；
（3）【可以】转为增加公司注册资本，但是所留存的该项公积金不得少于转增前公司注册资本的25%。
2. 任意公积金（使用无限制）
（1）【可以】用于弥补公司的亏损；
（2）【可以】用于扩大公司生产经营；
（3）【可以】转为增加公司注册资本。</td></tr>
<tr><td colspan="2">3. 资本公积金
（1）【不得】用于弥补公司的亏损；
（2）【可以】用于扩大公司生产经营；
（3）【可以】转为增加公司注册资本。</td></tr>
</table>

① 赵旭东主编：《公司法学》，高等教育出版社2015年4月第四版，第341页。

② 赵旭东主编：《公司法学》，高等教育出版社2015年4月第四版，第341页。

总结：关于公积金的使用用途

（1）原则：三类公积金均可以用于弥补亏损（资本公积金除外）、用于扩大公司生产经营以及转为增加公司注册资本；

（2）说明：

第一，任意公积金的使用没有任何例外情形和限制条件；

第二，资本公积金的使用仅仅是不得用于弥补亏损，其他用途没有限制条件；

第三，法定公积金可以用于以上三种用途，但是，转为增加公司注册资本时，所留存的该项公积金不得少于转增前公司注册资本的25%。

三、股东利润的分配

定义	分配利润是公司股东最重要的权利，也是股东投资公司的目的所在。股东从公司所分配的利润称为红利、股利或者股息。
前提条件	公司只能在弥补亏损和提取法定公积金之后，才能将所余利润分配给股东。
分配方式	1. 有限责任公司 （1）原则：股东按照其实缴的出资比例分取红利； （2）例外：全体股东通过出资协议、公司章程或者其他方式约定不按照出资比例分取红利的，该约定有效，依据该约定分取红利。 2. 股份有限公司 （1）原则：按照股东持有的股份比例分配； （2）例外：股份有限公司章程规定不按持股比例分配的，依其规定。
违法分配的后果	股东会、股东大会或者董事会违反上述规定，在公司弥补亏损和提取法定公积金之前向股东分配利润的，股东必须将违反规定分配的利润退还公司。
利润分配的限制	公司持有的本公司股份不得分配利润。

例如，某有限责任公司注册资本为100万元，股东甲、乙分别认缴50%，后来甲实缴50万元，乙实缴30万元。2016年该公司在弥补亏损和提取法定公积金后的剩余利润为160万元，那么股东甲、乙各自应当分取的利润为多少？

第一步：看全体股东是否约定不按照出资比例分取红利。如另有约定，则依照其约定分取利润；如未另有约定，则依照法律的规定分取利润，即进入第二步。

第二步：股东按照其实缴的出资比例分取红利。具体而言，甲所分取的利润为：$50/80\times160=100$万元；乙所分取的利润为：$30/80\times160=60$万元。

注意：某股东实缴的出资比例＝某股东的实缴出资/全体股东的实缴出资（非全体股东认缴的公司注册资本）

第六章　公司的变更、分立、合并

重要法条及司法解释

《公司法》第9、172～176条。

命题分析

“公司的变更、合并、分立”是公司法中比较重要的内容。从考查内容看，本知识点围绕公司变更的内容、公司的合并和公司的分立进行考查，考生需要掌握本知识点中的一些细小的知识，这些细微之处是考试考查的重点。另外，考生要注意到公司合并程序与公司分立程序的一个差别，即在公司的分立程序中债权人不能“要求公司清偿债务或者提供相应的担保”，这是易错点。

从命题趋势分析，本知识点的考查内容与考查方式不会发生大的变动，考题比较基础，考生只要理解本知识点所涉及的内容，并熟悉相关法条，即能正确解答题目。

知识点精讲

一、公司的变更

（一）概念

公司的变更是指公司设立登记事项中某一项或某几项的改变。公司变更的内容，主要包括公司名称、住所、法定代表人、注册资本、公司组织形式、经营范围、营业期限、有限责任公司股东或股份有限公司发起人的姓名或名称的变更。

> **注意：**（1）未经核准变更登记，公司不得擅自改变登记事项。
>
> （2）公司变更登记事项，应当向原公司登记机关申请变更登记。
>
> （3）公司变更住所跨公司登记机关辖区的，应当在迁入新住所前向迁入地公司登记机关申请变更登记；迁入地公司登记机关受理的，由原公司登记机关将公司登记档案移送迁入地公司登记机关。

（二）主要内容

公司注册资本的变更	（1）公司增加注册资本的，应当自变更决议或者决定作出之日起30日内申请变更登记； （2）公司减少注册资本的，应当自公告之日起45日后申请变更登记，并应当提交公司在报纸上登载公司减少注册资本公告的有关证明和公司债务清偿或者债务担保情况的说明。 （3）有限责任公司股东认缴新增资本的出资和股份有限公司的股东认购新股，应当分别依照公司法设立有限责任公司和设立股份有限公司缴纳股款的有关规定执行。

续表

公司章程的变更	(1) 由股东会（股东大会）表决通过。 (2) 有限责任公司修改公司章程的决议，必须经代表三分之二以上表决权的股东通过。 (3) 股份有限公司修改公司章程的决议，必须经出席会议的股东所持表决权的三分之二以上通过。
公司组织形式的变更	(1) 有限责任公司变更为股份有限公司，应当符合公司法规定的股份有限公司的条件。 (2) 股份有限公司变更为有限责任公司，应当符合公司法规定的有限责任公司的条件。 (3) 公司变更前的债权、债务由变更后的公司承继。 (4) 有限责任公司变更为股份有限公司时，折合的实收股本总额不得高于公司净资产额。有限责任公司变更为股份有限公司，为增加资本公开发行股份时，应当依法办理。

二、公司的合并

概念	公司的合并是指两个或两个以上的公司，订立合并协议，依照公司法的规定，不经过清算程序，直接结合为一个公司的法律行为。
公司合并的种类	(1) 吸收合并：一个公司吸收其他公司后存续，被吸收的公司解散。 上公式：A 公司 + B 公司→A 或 B 公司 (2) 新设合并：两个或两个以上的公司合并设立一个新的公司，合并各方解散。 可公式：A 公司 + B 公司→C 公司
公司合并的程序	(1) 作出决定或决议。有限责任公司必须经代表三分之二以上表决权的股东通过；股份有限公司必须经出席会议的股东所持表决权的三分之二以上通过。 (2) 签订合并协议。 (3) 编制资产负债表和财产清单。 (4) 通知债权人。公司应当自作出合并决议之日起 10 日内通知债权人，并于 30 日内在报纸上公告。债权人自接到通知书之日起 30 日内，未接到通知书的自公告之日起 45 日内，可以要求公司清偿债务或者提供相应的担保。 (5) 办理合并登记手续。公司合并，应当自公告之日起 45 日后申请登记。
公司合并的后果	公司合并时，合并各方的债权、债务，应当由合并后存续的公司或者新设的公司承继。

三、公司的分立

概念	公司分立是指一个公司通过依法签订分立协议，不经过清算程序，分为两个或两个以上公司的法律行为。
公司分立的种类	(1) 存续分立：公司以其部分资产另设一个或数个新的公司，原公司存续。 公式：A 公司→A 公司 + B 公司 (2) 新设分立：公司全部资产分别划归两个或两个以上的新公司，原公司解散。 散公式：A 公司→B 公司 + C 公司
公司分立的程序	(1) 与公司合并的程序基本相同。 (2) 注意：分立程序中没有“债权人可以要求公司清偿债务或者提供相应的担保。”因为公司法规定“公司分立前的债务由分立后的公司承担连带责任”已经充分保护了债权人。
公司分立的后果	公司分立前的债务由分立后的公司承担连带责任。但是，公司在分立前与债权人就债务清偿达成的书面协议另有约定的除外。

例（真题） 白阳有限公司分立为阳春有限公司与白雪有限公司时，在对原债权人甲的关系上，下列哪一说法是错误的？

A. 白阳公司应在作出分立决议之日起10日内通知甲

B. 甲在接到分立通知书后30日内，可要求白阳公司清偿债务或提供相应的担保

C. 甲可向分立后的阳春公司与白雪公司主张连带清偿责任

D. 白阳公司在分立前可与甲就债务偿还问题签订书面协议

提示：《公司法》第175条第2款规定："公司分立，应当编制资产负债表及财产清单。公司应当自作出分立决议之日起十日内通知债权人，并于三十日内在报纸上公告。"选项A正确。《公司法》第176条规定："公司分立前的债务由分立后的公司承担连带责任。但是，公司在分立前与债权人就债务清偿达成的书面协议另有约定的除外。"在公司分立中没有"债权人可以要求公司清偿债务或者提供相应的担保。故选项B选错误。甲可向分立后的阳春公司和白雪公司主张连带责任，故选项C正确。同时，白阳公司可以在分立前与甲就债务偿还问题达成书面协议。故选项D正确。

第七章　公司的解散与清算

第一节　公司的解散

重要法条及司法解释

《公司法》第180～182条。

《最高人民法院关于适用〈中华人民共和国公司法〉若干问题的规定（二）》第1、3～6、24条。

《最高人民法院关于适用〈中华人民共和国公司法〉若干问题的规定（五）》第1～2、5条。

命题分析

"公司的解散"几乎为每年必考的重点知识点，主要包括"公司解散的事由""一般解散的原因""强制解散的原因"以及"司法判决解散"等知识点。其中，"司法判决解散"是最受命题人青睐的考点。考生在备考过程中，尤其需要注意司法判决解散的适用条件及其程序性要求。

知识点精讲

一、公司解散的概述

（一）概念

公司解散是指已经成立的公司基于一定的合法事由而使公司消灭的法律行为。

（二）特征

1. 公司解散的目的和结果是公司永久性停止存在并消灭法人资格和市场经营主体资格。

2. 公司和有关机关在作出公司解散决定后，公司并未立即终止，其法人资格仍然存在，一直到公司清算完毕并注销后才消灭其主体资格。

3. 为了维护债权人和所有股东的利益，公司解散必须要经过法定清算程序；但是，在公司因合并或分立而解散时，则不必进行清算。①

---

① 赵旭东主编：《公司法学》，高等教育出版社2015年4月第四版，第368页。

（三）原因

公司解散的原因有三大类：其一，一般解散的原因；其二，强制解散的原因；其三，股东请求解散，即司法判决解散。具体而言，如下表所示：

公司解散的原因	基本概念	具体情形
一般解散的原因	只要出现了解散公司的事由，公司即可解散。	1. 公司章程规定的营业期间届满或者公司章程规定的其他解散事由出现时； 【注意】此时并不意味着公司必须解散，公司可以通过修改公司章程而使公司继续存在： （1）有限责任公司：须经持有 2/3 以上表决权的股东通过该决议； （2）股份有限公司：须经出席股东大会会议的股东所持表决权的 2/3 以上通过该决议。 2. 股东会或者股东大会决议解散。 3. 因公司合并或者分立需要解散。
强制解散的原因	由于某种情况的出现，主管机关或者是人民法院命令公司解散。	1. 主管机关决定。国有独资公司由国家授权投资的机构或者国家授权的部门作出解散的决定，该国有独资公司应即解散。 2. 责令关闭。公司违反法律、行政法规被主管机关依法责令关闭的，应当解散。 3. 被吊销营业执照。
请求解散的原因（司法判决解散）	当公司经营管理发生严重困难（公司治理陷入僵局），继续存续会使股东利益受到重大损失，通过其他途径不能解决的，持有公司全部股东表决权 10% 以上的股东可以请求人民法院解散公司。	1. “两年以上无法开会”：公司持续两年以上无法召开股东会或者股东大会，公司经营管理发生严重困难的。 2. “两年以上无法做出有效决议”：股东表决时无法达到法定或者公司章程规定的比例，持续两年以上不能做出有效的股东会或者股东大会决议，公司经营管理发生严重困难的。 3. “董事长期冲突”：公司董事长期冲突，且无法通过股东会或者股东大会解决，公司经营管理发生严重困难。 4. “其他”：经营管理发生其他严重困难，公司继续存续会使股东利益遭受重大损失的情形。
	【司法判决解散的排除情形】股东以知情权、利润分配请求权等权益受到损害，或者公司亏损、财产不足以偿还全部债务，以及公司被吊销企业法人营业执照未进行清算等为由，提起解散公司诉讼的，人民法院不予受理。	

例 1（真题） 2009 年，甲、乙、丙共同设立 A 有限责任公司。丙以下列哪一理由提起解散公司的诉讼法院应予受理？

A. 以公司的董事长甲严重侵害其股东知情权，其无法与甲合作为由

B. 以公司管理层严重侵害其利润分配请求权，其股东利益遭受重大损失为由

C. 以公司被吊销企业法人营业执照而未进行清算为由

D. 以公司经营管理发生严重困难，继续存续会使股东利益受到重大损失为由

提示：《最高人民法院关于适用〈中华人民共和国公司法〉若干问题的规定（二）》第 1

条第2款规定："股东以知情权、利润分配请求权等权益受到损害，或者公司亏损、财产不足以偿还全部债务，以及公司被吊销企业法人营业执照未进行清算等为由，提起解散公司诉讼的，人民法院不予受理。"所以选项A、B、C错误。《公司法》第182条规定："公司经营管理发生严重困难，继续存续会使股东利益受到重大损失，通过其他途径不能解决的，持有公司全部股东表决权百分之十以上的股东，可以请求人民法院解散公司。"所以，选项D正确。

二、司法判决解散之诉

（一）概述

考点	具体内容
适用前提	1. 须公司治理陷入僵局：公司经营管理发生严重困难。 2. 须有严重后果：继续存续会使股东利益遭受到重大损失。 3. 须得穷尽其他救济：通过其他途径不能解决的。 4. 原告资格：单独或者合计持有公司全部股东表决权10%以上的股东。 5. 须得股东请求：法院须得根据股东的请求而决定强制解散公司。
适用情形	1. "两年以上无法开会"：公司持续两年以上无法召开股东会或者股东大会，公司经营管理发生严重困难的。 2. "两年以上无法决议"：股东表决时无法达到法定或者公司章程规定的比例，持续两年以上不能做出有效的股东会或者股东大会决议，公司经营管理发生严重困难的。 3. "董事长期冲突"：公司董事长期冲突，且无法通过股东会或者股东大会解决，公司经营管理发生严重困难。 4. "其他"：经营管理发生其他严重困难，公司继续存续会使股东利益遭受重大损失的情形。
排除情形	1. 股东以知情权、利润分配请求权等权益受到损害为由的； 2. 股东以公司亏损、财产不足以偿还全部债务为由的； 3. 股东以公司被吊销企业法人营业执照未进行清算等为由的。
管辖地	1. 地域管辖： （1）由公司住所地人民法院管辖。公司住所地是指公司主要办事机构所在地。 （2）公司办事机构所在地不明确的，由其注册地人民法院管辖。 2. 级别管辖： （1）基层人民法院管辖县、县级市或者区的公司登记机关核准登记公司的解散诉讼案件； （2）中级人民法院管辖地区、地级市以上的公司登记机关核准登记公司的解散诉讼案件。 **注意：**就管辖地的确定而言，公司清算案件与公司解散诉讼案件是相同的。
解散与清算的关系	1. 两者不可同时提起：股东提起解散公司诉讼，同时又申请人民法院对公司进行清算的，人民法院对其提出的清算申请不予受理。 2. 清算的启动：人民法院可以告知原告，在人民法院判决解散公司后，依据相关规定，自行组织清算或者另行申请人民法院对公司进行清算。
保全	1. 申请时间：股东提起解散公司诉讼时。 **注意：**保全须依申请作出，法院不可主动适用。 2. 申请种类：向人民法院申请财产保全或者证据保全。 3. 允许保全的条件：在股东提供担保且不影响公司正常经营的情形下，人民法院可予以保全。

续表

考点	具体内容
当事人的诉讼地位	1. 原告： （1）单独或者合计持有公司全部股东表决权 10% 以上的股东； （2）其他股东或者有关利害关系人可以申请以共同原告或者第三人身份参加诉讼。 **注意：**原告提起解散公司诉讼应当告知其他股东，或者由人民法院通知其参加诉讼。 2. 被告： （1）股东提起解散公司诉讼应当以公司为被告； （2）原告以其他股东为被告一并提起诉讼的，人民法院应当告知原告将其他股东变更为第三人； （3）原告坚持不予变更的，人民法院应当驳回原告对其他股东的起诉。
诉讼与调解的关系	1. 审判要求：人民法院审理解散公司诉讼案件，应当注重调解。 2. “能调则调”：在不违反法律、行政法规强制性规定的前提下，以下两种情形法院可以进行调解： （1）当事人协商同意由公司或者股东收购股份； （2）当事人协商同意以减资等方式使公司存续。 3. “当判则判”：当事人不能协商一致使公司存续的，人民法院应当及时判决。 4. 调解后果： （1）经人民法院调解公司收购原告股份的，公司应当自调解书生效之日起六个月内将股份转让或者注销； （2）股份转让或者注销之前，原告不得以公司收购其股份为由对抗公司债权人。 换而言之，在此之前，原告依然是该公司的股东，需要承担股东的法定义务。例如，公司债权人有权请求未履行或者未全面履行出资义务的股东在未出资本息范围内对公司债务不能清偿的部分承担补充赔偿责任。
判决效力	1. 判决解散的效力：人民法院关于解散公司诉讼作出的判决，对公司全体股东具有法律约束力。 2. 判决驳回的效力：人民法院判决驳回解散公司诉讼请求后，提起该诉讼的股东或者其他股东又以同一事实和理由提起解散公司诉讼的，人民法院不予受理。

（二）重点理解

本重点知识点的要点和难点在于“如何认定公司经营管理发生严重困难”。我们可以通过提出并解决以下两个问题来详细地阐述之：

	问题说明	解答
问题一	司法解释中明确列举的三种情形——“持续两年以上无法召开股东会、持续两年以上无法形成有效的股东会决议、公司董事长期冲突且无法通过股东会或者股东大会解决，”与“公司经营管理发生严重困难的”之间在逻辑上是什么关系？	（1）两者不是彼此割裂、完全对立的关系，前三种明确列举的情形本来就属于“公司经营管理发生严重困难”的外化表现。 （2）换而言之，在满足《公司法》第 182 条关于穷尽内部救济而无法解决的前提条件下，只要公司经营管理出现了上述三种情形，即可认定该公司实质性地陷入“公司僵局”，持有公司全部股东表决权 10% 以上的股东，即可以请求人民法院解散公司。

续表

	问题说明	解答
问题二	“公司资金缺乏、严重亏损”是否构成认定“公司经营管理发生严重困难”的必要条件?	根据最高人民法院发布的指导案例①，判断公司经营管理是否发生严重困难，应当从公司组织结构的运行状态进行综合分析。即使公司处于盈利状态，但其股东会机制长期失灵，内部管理有严重障碍，已经陷入僵局状态，可以认定公司经营管理发生严重困难。进一步解释如下：“公司经营管理发生严重困难”的侧重点在于公司管理方面存在严重内部障碍，如股东会机制失灵、无法就公司的经营管理进行决策等，不应片面地理解为公司资金缺乏、严重亏损等经营性困难。

例2（真题） 甲为某有限公司股东，持有该公司15%的表决权股。甲与公司的另外两个股东长期意见不合，已两年未开成公司股东会，公司经营管理发生严重困难，甲与其他股东多次协商未果。在此情况下，甲可以采取下列哪些措施解决问题?

A. 请求法院解散公司

提示：《公司法》第182条规定：“公司经营管理发生严重困难，继续存续会使股东利益受到重大损失，通过其他途径不能解决的，持有公司全部股东表决权百分之十以上的股东，可以请求人民法院解散公司。”显然，本题符合司法判决解散公司的适用条件。所以，选项A正确。

例3（真题） 甲、乙、丙三人共同设立云台有限责任公司，出资比例分别为70%、25%、5%。自2005年开始，公司的生产经营状况严重恶化，股东之间相互不配合，不能做出任何有效决议，甲提议通过股权转让摆脱困境被其他股东拒绝，下列哪一选项是正确的?

A. 只有控股股东甲可以向法院请求解散公司

B. 只有甲、乙可以向法院请求解散公司

C. 甲、乙、丙中任何一个人都可以向法院请求解散公司

提示：单独或者合计持有公司全部股东表决权10%以上的股东有权向法院提起司法解散之诉。甲、乙二人的表决权均超过10%，均有权提起公司解散之诉；而丙的表决权不足10%，无权提起公司解散之诉。选项A、C错误，选项B正确。

三、有限责任公司股东重大分歧解决机制

有限责任公司股东产生重大分歧，使公司无法正常运营，出现公司僵局时，只要尚有其他途径解决矛盾，应当尽可能采取其他方式解决，进而维持公司持续经营，避免解散。解决公司僵局一般采取股东离散方式来避免公司解散。但是有限责任公司基于其人合性，股权转让受到诸多限制，不愿意继续经营公司的股东退出公司较为困难。目前通过调解方式在诉讼过程中实现类似的效果是一条可行途径：

（1）可以由愿意经营公司的股东收购不愿意继续经营公司股东的股份，类似于股份强

① 《最高人民法院指导案例8号》，最高人民法院审判委员会讨论通过，2012年4月9日发布。

制排除制度；

（2）可以由公司回购股东股份，类似于股份回购制度；

（3）可以由公司以外的第三人收购股东股份，争议股东股份被收购后，退出公司，公司僵局解开，从而维持公司正常经营；

（4）股份转让不能达成的情形下，通过调解，进行公司减资，使争议股东退出，其余股东继续经营减资后的公司，进而使得公司存续；

（5）通过公司分立使无法继续合作的股东“分家”，各自经营公司，也使得公司以新的方式存续；

（6）其他能够解决分歧，恢复公司正常经营，避免公司解散的方式。

注意：无论股份在股东之间转让、公司回购股份、股份转让给公司以外第三人，还是减资、公司分立等，均应遵守法定的条件和程序。另，法院在调解过程中要注意指导当事人遵守相应的法律、法规等。

四、股东诉讼之汇总

1. 概念

股东享有诉权，当自己的利益或者公司的利益受到不法侵害时，股东可以向人民法院提起诉讼，以维护自己或者公司的合法权益。

2. 种类

不同权利被侵害时，股东所行使的具体诉权是不同的。以股东提起诉讼的目的为标准，即股东提起诉讼是为保护自己的利益还是保护公司的利益，可以将股东提起的诉讼分为直接诉讼和代表诉讼。

（1）两大基本诉讼：股东直接诉讼与股东代表诉讼

诉讼类型	适用情形	原告	被告	诉讼名义及后果
股东直接诉讼	当股东个人的利益遭到公司或者董事、高管的不法侵害时，股东可以公司或者董事、高级管理人员为被告，提起诉讼。	利益受到损害的股东。	损害股东利益的公司、董事和高管。	（1）股东以自己的名义提起诉讼； （2）胜诉利益归属于股东个人； （3）股东参加诉讼的成本由其个人承担。
股东代表诉讼（股东代位诉讼）	（1）公司的董事、监事、高级管理人员执行公司职务时违反法律、行政法规或者公司章程的规定，给公司造成损失，而公司怠于追究其责任的情形； （2）他人侵犯公司合法权益，而公司怠于追究其责任的情形。 （3）关联交易损害公司利益或者关联交易合同存在无效或者可撤销情形。	（1）有限责任公司的股东； （2）股份有限公司连续180日以上单独或者合计持有公司1%以上股份的股东。	侵害公司利益的董事、监事、高级管理人员以及他人。	（1）股东以自己的名义提起诉讼； （2）胜诉利益归属于公司； （3）公司须对股东参加诉讼支付的合理费用予以补偿。

（2）股东直接诉讼的类型

诉讼类型	适用情形	原告	被告	诉讼后果
司法判决解散之诉	公司经营管理发生严重困难，继续存续会使股东利益遭受重大损失，通过其他途径不能解决，单独或者合计持有公司全部股东表决权10%以上的股东可以请求人民法院解散公司。	1. 应当以单独或者合计持有公司全部股东表决权10%以上的股东为原告； 2. 其他股东或者有关利害关系人可以申请以共同原告或者第三人身份参加诉讼。	1. 应当以公司为被告； 2. 原告以其他股东为被告一并提起诉讼的，人民法院应当告知原告将其他股东变更为第三人； 3. 原告坚持不予变更的，人民法院应当驳回原告对其他股东的起诉。	1. 胜诉：法院关于解散公司诉讼作出的判决，对公司全体股东具有法律约束力； 2. 败诉：法院判决驳回诉讼请求后，提起该诉讼的股东或者其他股东又以同一事实和理由提起解散公司诉讼的，人民法院不予受理。
公司决议效力瑕疵之诉	当公司决议的形成在程序和内容上存在瑕疵时，股东有权提起公司决议瑕疵诉讼，以确认相关决议的效力。	1. 应当以公司股东、董事、监事等为原告； 2. 决议可撤销之诉的原告为股东时，要求其起诉时具有股东资格； 3. 一审法庭辩论终结前，其他有原告资格的人以相同的诉讼请求申请参加前款规定诉讼的，为共同原告。	1. 应当以公司为被告； 2. 决议涉及的其他利害关系人为第三人。	1. 胜诉：人民法院判决确认股东会或者股东大会、董事会决议为无效、不成立，或者撤销，公司依据该决议与善意相对人形成的民事法律关系不受影响。 2. 败诉：人民法院应当驳回其诉讼请求，维持决议的效力。
股东知情权之诉	股东以自己的知情权受到公司侵害为由向人民法院提起的诉讼。	有限责任公司的股东： （1）起诉时，须具有股东资格； （2）但原告有初步证据证明在持股期间其合法权益受到损害的，请求依法查阅或者复制其持股期间的公司特定文件材料的除外。	应当以公司为被告。	1. 胜诉：人民法院应当在判决中明确查阅或者复制公司特定文件材料的时间、地点和特定文件材料的名录； 2. 败诉：人民法院应当驳回起诉或者其诉讼请求。
异议股东股权收购请求权之诉	有下列情形之一的，对股东会该项决议投反对票的股东可以请求公司按照合理的价格收购其股权：①公司连续五年不向股东分配利润，而公司该五年连续营利，并且符合本法规定的条件的；②公司合并、分立、转让主要财产的；③公司章程规定的营业期限届满或者章程规定的其他解散事由出现，股东会会议通过据诶修改公司章程使公司存续的。自股东会会议决议通过之日起六十日内，股东与公司不能达成股权收购协议的。	原告应当是实际履行出资义务并持有股权的异议股东。	应当以公司为被告。	1. 胜诉：人民法院应当在判决中明确收购价格、时间与地点等； 2. 败诉：人民法院应当驳回起诉或者其诉讼请求。

续表

诉讼类型	适用情形	原告	被告	诉讼后果
利润分配请求权之诉	存在载明具体分配方案的股东会或者股东大会的有效决议而公司无正当理由拒绝执行，或者滥用股东权利导致公司不分配利润，损害股东利益的，该股东有权向法院提起利润分配请求权之诉。	1. 请求公司分配利润的股东； 2. 一审法庭辩论终结前，其他股东基于同一分配方案请求分配利润并申请参加诉讼的，应当列为共同原告。	应当以公司为被告。	1. 胜诉：人民法院应当判决公司按照决议载明的具体分配方案向股东分配利润； 2. 败诉：人民法院应当驳回其诉讼请求。

第二节　公司的清算

重要法条及司法解释

《公司法》第180、183～190条。

《最高人民法院关于适用〈中华人民共和国公司法〉若干问题的规定（二）》第7～24条。

命题分析

“公司的清算”与“公司的解散”同等重要，主要包括“清算组织的成立”“清偿顺序”以及“剩余财产的分割”等知识点。该知识点本身难度不大，但较为琐碎繁杂，主要集中于《最高人民法院关于适用〈中华人民共和国公司法〉若干问题的规定（二）》之中，命题人往往喜欢以“鱼目混珠”或者“以偏概全”之法来考查考生是否真正掌握。所以，对于该知识点，考生需要精确掌握，并与《破产法》中的相关知识点进行综合性掌握。

知识点精讲

一、公司清算的概述

（一）清算的概念

1. 概念：清算是指终结已解散公司的一切法律关系，处理公司剩余财产的程序。

2. 适用：公司除因合并和分立无须清算，以及因破产而解散的公司适用破产清算程序外，其他解散的公司，都应当按照公司的规定进行清算。

（二）清算的分类

	非破产清算	破产清算
概念	公司非因破产原因而在破产程序之外进行的清算。	公司被宣告破产，依破产程序进行的清算。

续表

	非破产清算	破产清算
发生的原因	非因破产原因导致的解散（因公司合并和分立导致的解散除外，此时无须清算）。	因破产原因导致的解散。
清算的启动	（1）公司应当在解散事由出现之日起15日内成立清算组，开始清算； （2）逾期不成立清算组进行清算的，债权人可以申请人民法院指定有关人员组成清算组进行清算。	非经法院介入不可启动：须经人民法院作出宣告破产的裁定后，方可进入破产清算程序。
适用的程序	适用一般的清算程序。	适用破产清算程序。
适用的法律	适用公司法。	适用破产法。

（三）清算的流程

清算的流程比较复杂，现以表格的形式进行归纳阐述。

公司清算流程	具体规则
成立清算组	1. 自行成立清算组：非因破产原因解散的公司（公司合并和分立无须清算），应当在解散事由出现之日起15日内成立清算组，开始清算。 （1）有限责任公司的清算组由股东组成； （2）股份有限公司的清算组由董事或者股东大会确定的人员组成。 2. 法院指定清算组： （1）适用情形：公司解散逾期不成立清算组进行清算的，债权人可以申请人民法院指定有关人员组成清算组进行清算： ①公司解散逾期不成立清算组进行清算的； ②虽然成立清算组但故意拖延清算的； ③违法清算可能严重损害债权人或者股东利益的。 **注意：**具有上述情形，而债权人未提起清算申请，公司股东有权申请人民法院指定清算组对公司进行清算。 （2）清算组成员的产生：人民法院受理公司清算案件，应当及时指定有关人员组成清算组。清算组成员可以从下列人员或者机构中产生： ①公司股东、董事、监事、高级管理人员； ②依法设立的律师事务所、会计师事务所、破产清算事务所等社会中介机构； ③依法设立的律师事务所、会计师事务所、破产清算事务所等社会中介机构中具备相关专业知识并取得执业资格的人员。 （3）清算组成员的更换：人民法院指定的清算组成员有下列情形之一的，人民法院可以根据债权人、股东的申请，或者依职权更换清算组成员： ①有违反法律或者行政法规的行为； ②丧失执业能力或者民事行为能力； ③有严重损害公司或者债权人利益的行为。
债权申报	1. 通知或者公告债权人申报债权：清算组应当自成立之日起10日内通知债权人，并于60日内在报纸上公告。具体要求如下： （1）清算组应当将公司解散清算事宜书面通知全体已知债权人； （2）根据公司规模和营业地域范围在全国或者公司注册登记地省级有影响的报纸上进行公告。 2. 债权人申报债权： （1）申报时间：债权人应当自接到通知书之日起30日内，未接到通知书的自公告之日起45日内，向清算组申报其债权。 （2）申报要求：债权人申报债权，应当说明债权的有关事项，并提供证明材料。 （3）清算组登记债权：清算组应当对债权进行登记。

续表

公司清算流程	具体规则
债权申报	3. 债权人对清算组核定债权的异议： （1）债权人对清算组核定的债权有异议的，可以要求清算组重新核定。 （2）清算组不予重新核定，或者债权人对重新核定的债权仍有异议，债权人有权以公司为被告向人民法院提起诉讼请求确认。 4. 债权人补充申报债权： （1）债权的补充申报： ①债权人在规定的期限内未申报债权，在公司清算程序终结前补充申报的，清算组应予登记； ②公司清算程序终结，是指清算报告经股东会、股东大会或者人民法院确认完毕。 （2）补充申报债权的清偿： ①原则： A. 可以在公司尚未分配财产中依法清偿； B. 公司尚未分配财产不能全额清偿，债权人可以主张股东以其在剩余财产分配中已经取得的财产予以清偿。 ②例外：但债权人因重大过错未在规定期限内申报债权的除外。 **注意：**债权人或者清算组，无权以公司尚未分配财产和股东在剩余财产分配中已经取得的财产，不能全额清偿补充申报的债权为由，向人民法院提出破产清算申请。 5. 在申报债权期间，清算组不得对债权人进行清偿。
清理财产、制定清算方案、清偿债务	1. 清理财产：清算组对公司资产、债权、债务进行清理。 2. 清算方案的制定与确认： （1）概括：清算组在清理公司财产、编制资产负债表和财产清单后，应当制定清算方案，并报股东会、股东大会或者人民法院确认。 （2）具体操作： ①公司自行清算的，清算方案应当报股东会或者股东大会决议确认； ②人民法院组织清算的，清算方案应当报人民法院确认。 ③未经确认的清算方案，清算组不得执行。 3. 清偿债务： 【自行清算】清算组在清理公司财产、编制资产负债表和财产清单后，应当按照下列规则清偿公司债务： （1）公司财产不足清偿债务的： ①清算组应当依法向人民法院申请宣告破产； ②公司经人民法院裁定宣告破产后，清算组应当将清算事务移交给人民法院。 **注意：**此时，清算组直接向法院申请宣告破产，不存在"与债权人协商制作有关债务清偿方案的情形"。 （2）公司财产能够清偿公司债务的： 清算组应当先拨付清算费用，然后按照下列顺序清偿： ①支付职工的工资、社会保险费用和法定补偿金； ②缴纳所欠税款； ③清偿公司债务。 【法院指定清算】人民法院指定的清算组在清理公司财产、编制资产负债表和财产清单后，应当按照下列规则清偿公司债务： （1）公司财产不足清偿债务的： ①首先，可以协商制作债务清偿方案，避免向法院申请宣告破产： 清算组可以与债权人协商制作有关债务清偿方案。 A. 债务清偿方案的认可：债务清偿方案经全体债权人确认且不损害其他利害关系人利益的，人民法院可依清算组的申请裁定予以认可； B. 债务清偿方案的执行效果：清算组依据该清偿方案清偿债务后，应当向人民法院申请裁定终结清算程序。

续表

公司清算流程	具体规则
清理财产、制定清算方案、清偿债务	②其次，债务清偿方案制作失败的，依法向法院申请宣告破产： 债权人对债务清偿方案不予确认或者人民法院不予认可的： A. 清算组应当依法向人民法院申请宣告破产。 B. 经人民法院裁定宣告破产后，清算组应当将清算事务移交给人民法院。 C. 公司被依法宣告破产的，依照有关企业破产的法律实施破产清算。 （2）公司财产能够清偿公司债务的： 清算组应当先拨付清算费用，然后按照下列顺序清偿： ①支付职工的工资、社会保险费用和法定补偿金； ②缴纳所欠税款； ③清偿公司债务。 4. 清算活动的限制： （1）公司经营活动的限制：清算期间，公司存续，但不得开展与清算无关的经营活动。 （2）处分公司财产的限制：任何人未经清算组批准，不得处分公司财产。尤其是公司财产在未依照前款规定清偿前，不得分配给股东。 （3）清算时间的限制： ①人民法院组织清算的，清算组应当自成立之日起六个月内清算完毕。 ②因特殊情况无法在六个月内完成清算的，清算组应当向人民法院申请延长。
分配剩余财产	1. 分配剩余公司财产：在支付清算费用和清偿公司债务后，清算组应将剩余的公司财产分配给股东。 2. 具体操作： （1）有限责任公司按照股东的出资比例进行分配； （2）股份有限公司按照股东持有的股份比例进行分配； （3）公司财产在未清偿公司债务前，不得分配给股东。
清算程序终结	1. 概念：公司清算程序终结，是指清算报告经股东会、股东大会或者人民法院确认完毕。 2. 具体操作：公司清算结束后，清算组应当制作清算报告，报股东会、股东大会或者人民法院确认；并报公司登记机关，申请注销登记，同时提交下列文件： （1）公司清算组负责人签署的注销登记申请书； （2）公司依据公司法作出的决议或者决定，或行政机关责令关闭的文件； （3）股东会、股东大会或者人民法院确认的清算报告； （4）企业法人营业执照； （5）法律、行政法规规定应当提交的其他文件。 3. 公司终止的标志：注销登记申请经公司登记机关核准注销登记。

二、清算组的概述

（一）清算组的概述

1. **概念：**清算组即清算机构，是企业经营终止后执行清算事务并代表企业行使职权的权务机构，它主要负责解散公司财产的保管、清理、处理和分配工作等。

2. **清算组成员：**清算组成员的产生因清算组的成立方式而有所不同；此外，人民法院指定成立的清算组，其成员的产生和更换必须符合《最高人民法院关于适用〈中华人民共和国公司法〉若干问题的规定（二）》规定的条件。以上两点具体内容参照“清算的流程”中的“成立清算组”一栏的相关内容，在此不再赘述。

（二）清算组的职权和义务

清算组在清算期间行使下列职权，履行下列义务：

清算组的职权	清算组的义务
（1）清理公司财产，分别编制资产负债表和财产清单； （2）通知、公告债权人； （3）处理与清算有关的公司未了结的业务； （4）清缴所欠税款以及清算过程中产生的税款； （5）清理债权、债务； （6）处理公司清偿债务后的剩余财产； （7）代表公司参与民事诉讼活动。	（1）清算组成员应当忠于职守，依法履行清算义务。 （2）清算组成员不得利用职权收受贿赂或者其他非法收入，不得侵占公司财产。

重点说明1：公司参与诉讼的相关规定

	依法清算结束并办理注销登记前	未依法清算即注销
主体资格	存在	不存在
当事人	公司	该公司的股东、发起人或出资人
代表公司参与诉讼的责任人	（1）公司成立清算组：由清算组负责人代表公司参与诉讼； （2）尚未成立清算组：由原法定代表人代表公司参与诉讼。	公司主体资格已经消灭，不再有被代表参与诉讼之必要，相关诉讼直接以该公司的股东、发起人或出资人未当事人即可。

重点说明2：解散公司诉讼案件和公司清算案件的管辖

地域管辖	由公司住所地人民法院管辖： （1）公司住所地是指公司主要办事机构所在地； （2）公司办事机构所在地不明确的，由其注册地人民法院管辖。
级别管辖	1. 基层人民法院管辖：县、县级市或者区的公司登记机关核准登记公司的解散诉讼案件和公司清算案件。 2. 中级人民法院管辖：地区、地级市以上的公司登记机关核准登记公司的解散诉讼案件和公司清算案件。

例1（真题） 2012年5月，东湖有限公司股东申请法院对公司进行司法清算，法院为其指定相关人员组成清算组。关于该清算组成员，下列哪一选项是错误的？

A. 公司债权人唐某　　B. 公司董事长程某

C. 公司财务总监钱某　　D. 公司聘请的某律师事务所

提示：《最高人民法院关于适用〈中华人民共和国公司法〉若干问题的规定（二）》第8条规定："人民法院受理公司清算案件，应当及时指定有关人员组成清算组。清算组成员可以从下列人员或者机构中产生：（一）公司股东、董事、监事、高级管理人员；（二）依法设立的律师事务所、会计师事务所、破产清算事务所等社会中介机构；（三）依法设立的律师事务所、会计师事务所、破产清算事务所等社会中介机构中具备相关专业知识并取得执业资格的人员。”由此可知，人民法院指定清算的，清算组成员中不包括公司债权人。所以，选项A错误，当选。

三、清算过程中的法律责任

公司清算过程中，若相关责任主体未履行或者善意履行其法定的义务，侵害公司或者债权人的合法权益，则公司和债权人有权要求其承担相应的赔偿责任：

清算组或者清算组成员的责任	1. 归责原则：清算组成员因故意或者重大过失给公司或者债权人造成损失的，应当承担赔偿责任。 2. 违法、违规以及违章进行清算的规制： （1）概述：清算组成员从事清算事务时，违反法律、行政法规或者公司章程给公司或者债权人造成损失，公司或者债权人有权主张其承担赔偿责任。 （2）股东的救济： ①有限责任公司的股东、股份有限公司连续180日以上单独或者合计持有公司1%以上股份的股东有权以清算组成员有上述行为为由向人民法院提起股东代表诉讼； ②公司已经清算完毕注销，上述股东可以参照股东代表诉讼中“他人侵犯公司权益”的规定，直接以清算组成员为被告、其他股东为第三人向人民法院提起股东代表诉讼。 3. 未依法履行通知和公告义务的责任： 清算组未依法履行通知和公告义务，导致债权人未及时申报债权而未获清偿，债权人有权主张清算组成员对因此造成的损失承担赔偿责任。 4. 清算组执行未经确认的清算方案的责任： 清算组执行未经确认的清算方案给公司或者债权人造成损失，公司、股东或者债权人有权主张清算组成员承担赔偿责任。
有限责任公司的股东、股份有限公司的董事和控股股东，以及公司实际控制人的责任	1. 未依法成立清算组的责任： 有限责任公司的股东、股份有限公司的董事和控股股东未在法定期限内成立清算组开始清算，导致公司财产贬值、流失、毁损或者灭失，债权人有权主张其在造成损失范围内对公司债务承担赔偿责任。 2. 无法清算的责任： 有限责任公司的股东、股份有限公司的董事和控股股东因怠于履行义务，导致公司主要财产、账册、重要文件等灭失，无法进行清算，债权人有权主张其对公司债务承担连带清偿责任。 3. 因实际控制人的原因导致的责任： 若以上两种情形（未成立清算组和无法清算的）系实际控制人的原因造成，债权人有权主张实际控制人对公司债务承担相应民事责任。 4. 在公司解散后恶意处置公司财产和骗取注销登记的责任： 有限责任公司的股东、股份有限公司的董事和控股股东，以及公司的实际控制人在公司解散后，恶意处置公司财产给债权人造成损失，或者未经依法清算，以虚假的清算报告骗取公司登记机关办理法人注销登记，债权人有权主张其对公司债务承担相应赔偿责任。 5. 未经清算即办理注销登记的责任： （1）一般责任。公司未经清算即办理注销登记，导致公司无法进行清算，债权人有权主张有限责任公司的股东、股份有限公司的董事和控股股东，以及公司的实际控制人对公司债务承担清偿责任。 （2）股东和第三人因承诺而导致的责任。公司未经依法清算即办理注销登记，股东或者第三人在公司登记机关办理注销登记时承诺对公司债务承担责任，债权人有权主张其对公司债务承担相应民事责任。 6. 本表四类主体之间责任的分担： 有限责任公司的股东、股份有限公司的董事和控股股东，以及公司的实际控制人为二人以上的，其中一人或者数人承担了本表本框中第1、2、3条以及第5条第（一）项四种民事责任后，有权主张其他人员按照过错大小分担责任。

续表

未出资股东的责任	1. 公司解散时股东尚未缴纳的出资的处理： （1）性质。公司解散时，股东尚未缴纳的出资均应作为清算财产。 （2）种类。股东尚未缴纳的出资，包括到期应缴未缴的出资，以及分期缴纳尚未届满缴纳期限的出资。 2. 未缴出资股东、公司设立时其他股东或者发起人的连带清偿责任：公司财产不足以清偿债务时，债权人有权主张未缴出资股东，以及公司设立时的其他股东或者发起人在未缴出资范围内对公司债务承担连带清偿责任。

例 2（模拟题）　关于甲公司的清算事宜，请判断以下两种表述是否正确：

1. 甲公司清算组制定清算方案，应当报股东大会和法院依次确认。

提示：错误。清算方案的确认因清算的方式不同而有所区别：①公司自行清算的，清算方案应当报股东会或者股东大会决议确认；②人民法院组织清算的，清算方案应当报人民法院确认。此外，不存在“依次确认”的说法，根据清算的方式由股东大会或者法院其中之一确认即可。

2. 甲公司在办理注销登记前由清算组负责人代表其参与诉讼。

提示：错误。公司办理注销登记之前的诉讼代表人因公司是否成立清算组而有所区别：①公司成立清算组的，由清算组负责人代表公司参加诉讼；②尚未成立清算组的，由原法定代表人代表公司参加诉讼。

第八章　有限责任公司

第一节　有限责任公司的设立条件

重要法条及司法解释

《公司法》第 8、10、11、23～30、76、77、80～82 条。

《最高人民法院关于适用〈中华人民共和国公司法〉若干问题的规定（三）》第 7～11、17 条。

命题分析

“有限责任公司的设立条件”是商法中具有代表性的重点知识点，几乎每年必考。主要包括“股东人数”“注册资本”“公司章程”“公司名称”“出资方式”“出资程序”等内容。虽然内容较为琐碎繁杂，但是所考知识点本身和真题的题目设置方式，都相对比较简单，基本上是对《公司法》规定的直接考查。尽管如此，诸君仍不可大意，须得全面、精确掌握之，对法条有全面精准的理解与记忆。

知识点精讲

一、有限责任公司的概述

定义	有限责任公司是指股东以其认缴的出资额为限对公司承担责任，公司以其全部资产对公司债务承担责任的企业法人。
特征	1. 股东人数有最高数额限制： （1）有限责任公司由 50 个以下股东出资设立； （2）我国现行《公司法》允许设立一人有限责任公司。 2. 股东以出资额为限对公司承担责任： （1）有限责任公司区别无限责任公司、两合公司的本质特征，有限责任公司兼具资合性的表现； （2）有限责任仅对股东而言，并非指公司对外承担有限责任。 3. 设立手续和公司机关简易化： （1）一般全体设立人制定公司章程，各自认缴出资额，即可在公司登记机关登记设立； （2）有限责任公司不一定都要设置董事会和监事会。一人有限责任公司和国有独资公司则不需要设立股东会。

续表

特征	4. 股东对外转让出资受到较为严格的限制： 主要原因在于有限责任公司是人合性兼具资合性的公司，股东之间的相互信任关系非常重要。 5. 公司的封闭性： （1）与股份有限公司相比，其在组织和经营上具有封闭性或者非公开性； （2）主要体现如下：其一，严格限制股东对外转让出资；其二，设立程序不公开；其三，公司的经营状况不向社会公开。

二、有限责任公司的设立条件

有限责任公司的设立条件

基本条件	具体规定
股东人数 1≤N≤50	1. 有限责任公司由50个以下股东出资设立（股东人数："有上限，无下限"）。 2. 我国《公司法》也承认1人有限责任公司的合法性。
股东的资格条件	1. 定义：股东是指向公司出资、持有公司股份、享有股东权利和承担股东义务的人。股东是对公司法上的出资人的特别称谓。 2. 股东的资格限制： （1）无组织形式的限制。股东可以是自然人、法人、非法人组织，还可以是国家。国家作为股东时需要明确代表国家行使股东权的具体组织，如国有资产监督管理机构； （2）无行为能力的要求。理论上可以是限制行为能力人或者无行为能力人，此时，由其法定代理人代理其行使股东权利； （3）无国籍的限制。股东可以是本国人，也可以是外国人。
注册资本	1. 定义：公司在设立时筹集的、由章程载明、经公司登记机关登记注册的资本。 2. 要求：认缴资本制。 （1）有限责任公司的注册资本。在公司登记机关登记的全体股东认缴的出资额； （2）"无强制性要求"。无法定验资的要求＋无最低注册资本的要求＋无出资期限的要求＋无货币出资比例要求。（例如：1元钱也可以设立有限责任公司。） （3）①公司章程自治。有限责任公司注册资本的出资期限、缴纳比例、非货币出资的比例等均由公司章程自治，法律不作强制性规定。 ②以出资期限为例。有限责任公司股东认缴的出资，根据公司章程的约定，可以在公司成立时一次缴清，也可以在公司成立后分次缴清；股东应当按期缴纳公司章程中规定的各自所认缴的出资额。
公司章程	参见本书"公司章程"专章阐述部分的相关内容。
公司名称	1. 构成要素：公司的名称包括四个要素：行政区划、字号、行业或者经营特点以及组织形式。 （1）行政区划。公司名称中可以无行政区划的企业类型有历史悠久、字号驰名的企业、外商投资企业等类型的企业； （2）字号。私营企业可以使用投资人姓名作字号。但是，汉语拼音字母（外文名称中使用的除外）、数字，不得作为字号。 （3）组织形式： ①有限责任公司，其名称中必须标明"有限责任公司"或者"有限公司"字样；②股份有限公司，其名称中必须标明"股份有限公司"或者"股份公司"字样。
	2. 数量限制：公司只能使用一个名称。 3. 使用限制：在同一公司登记机关的辖区内，同一行业的公司不允许有相同或者类似的名称。 4. 公司名称的预先核准： （1）设立公司应当向公司登记机关申请名称预先核准； （2）预先核准的公司名称保留期为6个月； （3）公司名称在保留期内不得用于从事经营活动，不得转让。

续表

基本条件	具体规定
公司住所	1. 设立有限责任公司，应当有公司住所。 2. 我国现行法对公司的住所选址没有特别规定，公司住所的选址属于公司内部自治事项。
出资方式	1. 股东出资的定义：是指股东（发起人或认股人）在公司设立或者增加资本时，根据协议的约定、以及法律或章程的规定，向公司交付财产或履行其他给付义务，从而取得公司的股份或者股权的法律行为方式。 2. 出资方式：股东可以用货币出资，也可以用实物、知识产权、土地使用权等可以用货币估价并可以依法转让的非货币财产作价出资；但是，法律、行政法规规定不得作为出资的财产除外。 3. 货币出资： （1）货币出资没有最低金额和货币出资比例的限制。 （2）以违法犯罪所得的货币出资的。以贪污、受贿、侵占、挪用等违法犯罪所得的货币出资后取得股权的，对违法犯罪行为予以追究、处罚时，应当采取拍卖或者变卖的方式处置其股权。 （3）实务中，票据、股东借贷的资金等也可以用来出资。 4. 实物出资： （1）实物种类。包括房屋、车辆、设备、原材料等。 （2）实质。以实物的所有权换取公司的股权。所以，缴纳出资时应当依法办理相应财产权的转移手续。 （3）以不享有处分权的财产出资的。当事人之间对于出资行为效力产生争议的，人民法院可以参照物权法第106条的规定予以认定：① ①原则。所有权人有权追回。②例外。符合善意取得条件的，拟设立的公司（受让人）取得该不动产或者动产的所有权；此时，原所有权人有权向无处分权人请求赔偿损失。 **注意：**占有脱离物（例如盗赃、遗失物、漂流物以及埋藏物等）不适用善意取得制度。 5. 土地使用权出资： （1）土地使用权出资的要求。①仅限于以出让方式获得的国有土地使用权；②用于出资的土地使用权没有设定权利负担。 （2）土地使用权出资违约的处理。①违约形式A。出资人以划拨土地使用权出资，公司、其他股东或者公司债权人主张认定出资人未履行出资义务的，人民法院应当责令当事人在指定的合理期间内办理土地变更手续；逾期未办理的，人民法院应当认定出资人未依法全面履行出资义务。②违约形式B。出资人以设定权利负担的土地使用权出资，公司、其他股东或者公司债权人主张认定出资人未履行出资义务的，人民法院应当责令当事人在指定的合理期间内解除权利负担；逾期未解除的，人民法院应当认定出资人未依法全面履行出资义务。 6. 股权出资： （1）定义。出资人以其享有的其他公司的股权作为出资财产设立公司。 （2）条件。合法持有且可以转让＋无瑕疵或负担＋履行法定手续＋价值评估。①出资的股权由出资人合法持有并依法可以转让；②出资的股权无权利瑕疵或者权利负担；③出资人已履行关于股权转让的法定手续；④出资的股权已依法进行了价值评估。 （3）股权出资违约的处理。①股权出资不符合上述列举的条件①②③的。公司、其他股东或者公司债权人请求认定出资人未履行出资义务的，人民法院应当责令该出资人在指定的合理期间内采取补正措施，以符合上述条件；逾期未补正的，人民法院应当认定其未依法全面履行出资义务。②股权出资不符合上述列举的条件④的。公司、其他股东或者公司债权人请求认定出资人未履行出资义务的，人民法院应当按照如下规定处理：人民法院应当委托具有合法资格的评估机构对该财产评估作价；评估确定的价额显著低于公司章程所定价额的，人民法院应当认定出资人未依法全面履行出资义务。

① 《物权法》第106条规定："无处分权人将不动产或者动产转让给受让人的，所有权人有权追回；除法律另有规定外，符合下列情形的，受让人取得该不动产或者动产的所有权：（一）受让人受让该不动产或者动产时是善意的；（二）以合理的价格转让；（三）转让的不动产或者动产依照法律规定应当登记的已经登记，不需要登记的已经交付给受让人。受让人依照前款规定取得不动产或者动产的所有权的，原所有权人有权向无处分权人请求赔偿损失。当事人善意取得其他物权的，参照前两款规定。"

续表

基本条件	具体规定
出资方式	7. 不得作为出资的情形： 劳务、信用、自然人姓名、商誉、特许经营权或者设定担保的财产等。 （1）理解。只要"不可以用货币估价"或者"不可以依法转让"，就不得作为出资设立公司。 （2）区别。普通合伙人可以以劳务出资，而公司股东和有限合伙人则不可以以劳务出资。 8. 出资人以房屋、土地使用权或者需要办理权属登记的知识产权等财产出资： （1）"已交付未过户"：已经交付公司使用但未办理权属变更手续。①公司、其他股东或者公司债权人主张认定出资人未履行出资义务的，人民法院应当责令当事人在指定的合理期间内办理权属变更手续；②出资人在前述期间内办理了权属变更手续的，人民法院应当认定其已经履行了出资义务；③出资人自其实际交付财产给公司使用时享有相应的股东权利。 （2）"已过户未交付"：已经办理权属变更手续但未交付给公司使用。①公司或者其他股东有权主张出资人向公司交付上述财产出资；②出资人自实际交付之时始得享有相应的股东权利。
出资程序	【总体要求】股东应当按期足额缴纳公司章程中规定的各自所认缴的出资额。 1. 股东以货币出资的：应当将货币出资足额存入有限责任公司在银行开设的账户。 2. 股东以非货币财产出资的： （1）应当评估作价，核实财产，不得高估或者低估作价；法律、行政法规对评估作价有规定的，从其规定。 （2）评估确定的价额显著低于公司章程所定价额的，应当认定出资人未依法全面履行出资义务。 （3）缴资时应当依法办理财产权的转移手续，并交付公司使用。 3. 股东不依约缴纳出资的责任：股东不按公司章程规定缴纳所认缴的出资，除应当向公司足额缴纳外，还应当向已足额缴纳出资的股东承担违约责任。 4. 股东非货币财产出资的违约责任： （1）公司成立后，发现作为设立公司出资的非货币财产的实际价额显著低于公司章程所定价额的，应当由交付该出资的股东补足其差额。 （2）公司设立时的其他股东承担连带责任。 （3）出资人以符合法定条件的非货币财产出资后，因市场变化或者其他客观因素导致出资财产贬值，不得认定为未依法全面履行出资义务。

扩展说明1：关键名词辨析

股东	（1）是指以向公司出资、持有公司股份、享有股东权利和承担股东义务的人。 （2）股东是对公司法上的出资人的特别称谓。
发起人	（1）是指为设立公司而签署公司章程、向公司认购出资或者股份并履行公司设立职责、依法对公司设立承担责任的人。 （2）公司成立后，发起人即成为股东。
控股股东	（1）以持股比例为认定标准：控股股东，是指其出资额占有限责任公司资本总额50%以上或者其持有的股份占股份有限公司股本总额50%以上的股东； （2）以对公司决议影响力为认定标准：控股股东，是指出资额或者持有股份的比例虽然不足50%，但依其出资额或者持有的股份所享有的表决权已足以对股东会、股东大会的决议产生重大影响的股东。
实际控制人	（1）实际控制人，是指虽不是公司的股东，但通过投资关系、协议或者其他安排，能够实际支配公司行为的人。 （2）实例：A公司独资设立B公司，B公司同时是C公司的控股股东，那么A公司就是C公司的实际控制人。

拓展性说明2：关键名词辨析

注册资本	（1）注册资本，是指公司在设立时筹集的、由章程载明、经公司登记机关登记注册的资本。 （2）有限责任公司的注册资本：在公司登记机关登记的全体股东认缴的出资额。 （3）发起设立的股份公司的注册资本：在公司登记机关登记的全体股东认购的股本总额。 （4）募集设立的股份公司的注册资本：在公司登记机关登记的实收资本总额。
认缴资本	也称"发行资本"，是指公司实际上已向股东发行的股本总额。
实缴资本	也称"实收资本"，公司的全体股东所实际交付的并经公司依法登记的出资额。是公司实际拥有的资本总额。

例1（真题） 甲、乙、丙三人拟成立一家小规模商贸有限责任公司，注册资本为八万元，甲以一辆面包车出资，乙以货币出资，丙以实用新型专利出资。对此，下列哪一表述是正确的？

A. 甲出资的面包车无须移转所有权，但须交公司管理和使用

B. 乙的货币出资不能少于二万元

C. 丙的专利出资作价可达到四万元

D. 公司首期出资不得低于注册资本的30%

提示：以非货币财产出资的，应当依法办理财产权的转移手续，并交付公司使用。由此可知，甲不仅需要交付公司管理和使用，而且需要转移面包车的所有权，选项A错误，不当选。《公司法》对专利技术的出资占注册资本的比例并无限制。只要经过依法评估作价，丙的专利出资作价当然可以达到4万元，这并不违反法律规定，选项C正确，当选。2013年《公司法》修订后，有限责任公司的注册资本实行认缴制。在认缴制下，无法定货币出资比例限制，也无法定首期出资比例限制，出资人设立公司的货币出资比例、首期出资比例等事项均由公司章程自治，《公司法》不作强制性规定，选项B、D错误，不当选。

例2（真题） 甲、乙、丙、丁计划设立一家从事技术开发的天际有限责任公司，按照公司设立协议，甲以其持有的君则房地产开发有限公司20%的股权作为其出资。下列哪些情形会导致甲无法全面履行其出资义务？

A. 君则公司章程中对该公司股权是否可用作对其他公司的出资形式没有明确规定

B. 甲对君则公司尚未履行完毕其出资义务

提示：君则公司章程对其股权是否可用作对其他公司的出资形式没有明确规定，说明公司章程没有禁止该公司股权作为其他公司的出资，则意味着该公司股权可以作为其他公司的出资。所以，该情形不会导致甲无法全面履行其出资义务，选项A不当选。股权出资要求出资的股权须得满足以下条件：其一，由出资人合法持有并依法可以转让；其二，无权利瑕疵或者权利负担；其三，出资人已履行关于股权转让的法定手续；其四，出资的股权已依法进行了价值评估。本题中甲对君则公司尚未履行完毕其出资义务，则意味着其尚未完全持有君则公司的股权，或者说其持有的股权存在瑕疵。所以，甲以此股权作为出资，当然不能认定其已经全面履行出资义务，选项B当选。

第二节　有限责任公司的组织机构

重要法条及司法解释

《公司法》第16、36～56条。

命题分析

“有限责任公司的组织机构”属于重中之重的考点，几乎每年必考，主要包括“股东会”“董事会”“经理”“监事会”四部分内容。总体来说，该考点属于理解难度不大、但对记忆准确程度要求较高的知识点。

本节知识点中，“股东会的职权”“董事会的组成和职权”“经理的职权”以及“监事会的组成和职权”属于高频考点。考生应当准确区分股东会职权与董事会职权的区别。此外，本节常常与“公司决议效力”“股份有限公司的组织结构”等结合在一起进行综合考查。

知识点精讲

公司组织机构是公司存在和运行的制度体现与保障，是公司成为法人组织的必要条件，也是公司实现有效治理的基础。①

作为“法人”的典型代表，公司通过特定的组织机构来实现其意志、履行其行为。在现代有限责任公司中，组织机构大致包括权力机关、决策机关、执行机关、监督机关。与之相对，我国公司法规定的有限责任公司组织机构主要包括股东会、董事会（执行董事）、经理、监事会。具体而言，公司治理机关类型与公司组织机构的对应如下：②

机关类型	组织机构	具体说明
权力机关	股东会	（1）股东作为公司的出资者和所有者理应对公司享有最高权力，而股东行使权力的机关即为股东会。 （2）一般而言，股东会为公司必设机构，行使公司最高的决策权。
决策机关	董事会	董事会由股东会选举产生，由董事组成，行使公司日常经营的决策权和业务执行权。
监督机关	监事会	监事会的主要职责是监督董事、董事会和经理的经营行为，对其违法和不当的经营行为和其他可能侵犯公司利益、股东利益的行为进行约束。
执行机关	经理	（1）经理是实际上对公司日常经营进行管理的公司机关。 （2）经理主要负责落实董事会的决策并向董事会报告工作。

注意：通过上表中关于公司组织机构的职能定位来理解下文中其各自具体的职权。

① 赵旭东主编：《公司法学》，高等教育出版社2015年4月第四版，第275页。

② 表格内容来源：赵旭东主编：《公司法学》，高等教育出版社2015年4月第四版，第280页。

一、股东会

（一）股东会的性质与组成

1. 性质

（1）股东会是有限责任公司的权力机关。除公司法有特别规定的（一人公司和国有独资公司）以外，有限责任公司必须设立股东会。

（2）但股东会是非常设机关，仅以会议形式存在，只有在召开股东会会议时，股东会才会作为公司机关存在。

2. 组成

有限责任公司股东会由全体股东组成。股东是按其所认缴出资额向有限责任公司缴纳出资的人。

（二）股东会的职权

根据《公司法》第37条的规定，股东会行使下列职权：

职权	说明
【决定】公司的经营方针和投资计划	1. “经营方针”关乎公司经营发展的大致方向，不具备具体可操作性。例如“公司发展坚持‘以人为本’”“公司生产坚持‘绿色原则’”。 2. “投资计划”为公司投资业务的大致方向，同样也不具备具体的可操作性。例如“公司今年要进行证券投资”。
【选举和更换】非由职工代表担任的董事、监事 【决定】有关董事、监事的报酬事项	1. 人事任免权： （1）有权选举和更换董事和监事（由职工代表担任的除外）； （2）无权决定聘任和解聘经理、副经理以及财务负责人（属于董事会职权）； （3）无权选举和更换董事长、副董事长（其产生办法由公司章程规定）。 2. 报酬决定权： （1）有权决定董事和监事的报酬事项（包括年薪、董事责任保险费）； （2）无权决定经理、副经理以及财务负责人的报酬事项（属于董事会的职权）；
【审议批准】董事会的报告	董事会和监事会向股东会负责，因此，董事会和监事会的报告应由股东会审议批准。
【审议批准】监事会或者监事的报告	
【审议批准】公司的年度财务预算方案、决算方案	公司的年度财务预算和决算方案属于公司一个会计年度内的最为重大的财务管理事项。因此，由股东会决定。
【审议批准】公司的利润分配方案和弥补亏损方案	利润分配方案和弥补亏损方案是对公司经营所得的重大安排，直接涉及全体股东的切身利益。因此，由股东会决定。
对公司增加或者减少注册资本作出决议	增资、减资以及发行债券属于公司资本的重大变更事项，由股东会决定。因此，由股东会决定。
对发行公司债券作出决议	
对公司合并、分立、解散、清算或者变更公司形式作出决议	公司的合并、分立、解散、清算、变更公司形式以及修改公司章程与公司的生存发展直接相关。因此，由股东会决定。
修改公司章程	
公司章程规定的其他职权	
注意：对前款所列事项股东以书面形式一致表示同意的，可以不召开股东会会议，直接作出决定，并由全体股东在决定文件上签名、盖章。	

有限责任公司股东会的职权

“两个方向性决策”	决定公司的经营方针和投资计划。
“两个人、两个报告”	（1）选举和更换非由职工代表担任的董事、监事，决定有关董事、监事的报酬事项。 （2）审议批准董事会的报告。 （3）审议批准监事会或者监事的报告。
“四个最终财权”	（1）审议批准公司的年度财务预算方案、决算方案。 （2）审议批准公司的利润分配方案和弥补亏损方案。 （3）对公司增加或者减少注册资本作出决议。 （4）对发行公司债券作出决议。
“公司的章程与生死”	（1）对公司合并、分立、解散、清算或者变更公司形式作出决议。 （2）修改公司章程。
“其他”	公司章程规定的其他职权。

（三）股东会的召开

股东会分为两种，定期会议与临时会议。

1. 召开会议的提议

（1）定期会议：依照公司章程的规定按时召开。

（2）临时会议：代表十分之一以上表决权的股东，三分之一以上的董事，监事会或者不设监事会的公司的监事有权提议召开。

2. 会议的召集与主持

（1）首次会议：由出资最多的股东召集和主持，依照本法规定行使职权。

（2）有限责任公司设立董事会的：

①股东会会议由董事会召集，董事长主持；

②董事长不能履行职务或者不履行职务的，由副董事长主持；

③副董事长不能履行职务或者不履行职务的，由半数以上董事共同推举一名董事主持。

（3）有限责任公司不设董事会的，股东会会议由执行董事召集和主持。

（4）董事会或者执行董事不能履行或者不履行召集股东会会议职责的：

①由监事会或者不设监事会的公司的监事召集和主持；

②监事会或者监事不召集和主持的，代表十分之一以上表决权的股东可以自行召集和主持。

有限责任公司股东会的召集与主持

1.董事会或者执行董事召集主持，董事会（执行董事）不能履行或不履行时 ↓	**董事会或者执行董事召集时：** 1.设立董事会的 （1）召集：董事会召集。 （2）主持： ①原则上，董事长。 ②董事长不能履行或不履行职务时，副董事长。 ③副董事长不能履行或不履行职务时，半数以上董事共同推举一名董事。 2.设立执行董事的 召集和主持：执行董事。
2.监事会或者监事召集主持，监事会（监事）不召集主持时 ↓	**监事会或者监事召集主持时：** 召集和主持：监事会或者监事（不设监事会时）。
3.大股东（1/10以上表决权）自行召集和主持	**股东召集和主持时：** 召集和主持：代表十分之一以上表决权的股东。
注意：首次股东会会议由出资最多的股东召集和主持。	

3. 召开会议的通知程序

（1）首先，按照公司章程规定或者全体股东的约定通知。

（2）其次，当公司章程未规定，全体股东也未另作约定时，应当于会议召开十五日前通知全体股东。

（3）股东会应当对所议事项的决定作成会议记录，出席会议的股东应当在会议记录上签名。

（四）股东会决议

1. **表决权行使规则**：股东会会议由股东按照出资比例行使表决权；但是，公司章程另有规定的除外。

例如，甲有限责任公司章程可以规定，甲有限责任公司股东会的表决权不按照股东的出资比例行使，而是实行一人一票制；又例如，乙公司的章程规定出资比例为70%的股东A，行使股东会表决权时，表决比例为40%，其他的比例由除A以外的其他3名股东平均持有。

2. **议事方式和表决程序**：股东会的议事方式和表决程序，除本法有规定的外，由公司章程规定。

3. **公司的表决规则**：

（1）就普通事项进行决议：

①当公司章程未另有规定时，表决权过半数即可通过；

②当公司章程另有规定时，按照以下规则进行处理：

A. 公司章程对通过比例有更严格规定（例如70%）时，从其规定；

B. 公司章程对通过比例有更宽松规定（例如40%）时，该规定无效，按照法定的通过比例进行决议。

（2）就下列重大事项进行决议，必须按照法律规定，经代表三分之二以上表决权的股东通过（注意：不是股东人数的2/3以上，而是表决权的2/3以上）。

①修改公司章程；

②增加或者减少注册资本的决议；

③公司合并、分立、解散以及变更公司形式的决议。

（3）股东以书面形式一致表示同意的，可以不召开股东会会议，直接作出决定，并由全体股东在决定文件上签名、盖章。

（4）利害关系股东表决权的排除

公司为公司股东或者实际控制人提供担保时，会涉及利害关系股东表决权的排除，具体处理规则如下：

公司转投资及担保事项的决议

对外（向其他企业投资或为他人提供担保）	对内（为股东或实际控制人提供担保）
（1）决议机关：按照章程规定，由董事会或者股东会、股东大会决议。 （2）额度限制：公司章程对投资或者担保的总额及单项投资或者担保的数额有限额规定的，不得超过规定的限额。	（1）决议机关：必须经股东会或者股东大会决议（章程无自治空间）。 （2）利害关系股东表决权的排除：该股东或者该实际控制人支配的股东，不得参加前款规定事项的表决。 （3）表决通过：由出席会议的其他股东所持表决权过半数通过。

扩展说明：公司法定代表人违章对外担保的问题：

公司法定代表人违章对外担保的问题，是指在公司对外担保问题上，法定代表人未按照公司章程或者公司权力机构的决议为他人提供担保的，此时该如认定担保合同的效力，如何平衡公司、股东与担保权人之间的利益关系？

法定代表人违反公司章程规定，越权实施对外担保时，应当区分公司的类型采取如下处理规则：

	一般公司	专业担保公司
处理规则	（1）担保权人仅需要从形式上审查公司章程、公司决议是否签章齐全，公司决议内容是否符合公司章程的要求即可认定其为善意相对人，不要求其实质审查签章是否真实。 （2）若担保权人系善意相对人，担保合同为有效合同，符合条件的，公司应当承担相应的担保责任。 （3）公司在承担相应的担保责任后，可以依照相关法律规定、公司章程等请求法定代表人承担相应的民事责任。	（1）担保权人无须就担保公司章程或者董事会、股东（大）会决议是否对法定代表人代表权限制进行形式审查，推定其为善意相对人。 （2）若担保权人系善意相对人，担保合同为有效合同，符合条件的，公司应当承担相应的担保责任。 （3）公司在承担相应的担保责任后，可以依照相关法律规定、公司章程等请求法定代表人承担相应的民事责任。
具体理由	（1）担保业务并非公司的日常业务范围。为他人提供担保属于公司非常规的、特殊的经营行为； （2）公司对外提供担保，不单单是公司章程或者公司权力机构决议对法定代表人代表权的约定限制问题，而且通过《公司法》第16条对外进行了公示； （3）公司对外担保涉及相对人与法人之间重大利益平衡，需要对相对人科以形式上的注意义务。	担保是担保公司的主营业务，相对人可以基于其经营范围而产生合理信赖。

例（真题） 公司在经营活动中可以以自己的财产为他人提供担保。关于担保的表述中，下列哪一选项是正确的？

A. 公司经理可以决定为本公司的客户提供担保

B. 公司董事长可以决定为本公司的客户提供担保

C. 公司董事会可以决定为本公司的股东提供担保

D. 公司股东会可以决定为本公司的股东提供担保

提示：考生在理解“公司担保事项”时，应该首先明确担保是“对内”还是“对外”。“对外担保”以公司章程为准，董事会、股东（大）会均可能有资格决定。“对内担保”只有股东会可以决定，选项D正确。

二、董事会

（一）董事会的性质与组成

1. 性质：董事会是有限责任公司的业务执行机关，享有业务执行权和日常经营的决策权。

2. 组成：

（1）人数。①一般而言，董事会成员为3—13人，非职工代表董事由股东会任免；②股东人数较少或者规模较小的有限责任公司，可以设一名执行董事，不设董事会。

（2）职工代表董事。①“应当有”：两个以上的国有企业或者两个以上的其他国有投资主体投资设立的有限责任公司，其董事会成员中应当有公司职工代表；②“可以有”：其他有限责任公司董事会成员中可以有公司职工代表。③产生方式：董事会中的职工代表由公司职工通过职工代表大会、职工大会或者其他形式民主选举产生。（注意：职工代表董事并非由公司股东会选举和更换。）

（3）董事长的产生办法。

董事长、副董事长的产生办法

公司类型	有限责任公司	股份有限公司	国有独资公司
人数的设置	董事会设董事长一人，可以设副董事长。		
产生办法	董事长、副董事长的产生办法由公司章程【规定】。	董事长和副董事长由董事会以全体董事的过半数【选举】产生。	董事长、副董事长由国有资产监督管理机构从董事会成员中【指定】。

扩展说明1：公司法定代表人的确定

（1）公司法定代表人不等于董事长。

（2）①公司法定代表人依照公司章程的规定，由董事长、执行董事或者经理（没有监事）担任，并依法登记。②公司法定代表人变更，应当办理变更登记。

扩展说明2：董事长的职权

概述	公司法未明确规定董事长的职责（董事长可以是公司的法定代表人）
具体职权	一般而言，董事长的职权有： （1）主持股东会会议，召集和主持董事会会议； （2）检查董事会决议的实施情况； （3）对外代表公司； （4）设立分公司时，向公司登记机关申请登记，领取营业执照； （5）公司章程规定的其他职权。

（4）董事的任职期限。

①董事任期由公司章程规定，但每届任期不得超过三年（≤3年）。

②董事任期届满时，连选可以连任，并无任职届数的限制。

③董事任期届满未及时改选，或者董事在任期内辞职导致董事会成员低于法定人数的，在改选出的董事就任前，原董事仍应当依照法律、行政法规和公司章程的规定，履行董事职务。否则，可能违反董事的忠诚义务和勤勉义务，给公司造成损失的，应当承担相应的

赔偿责任。

例如，甲公司董事会共有 A、B、C 这 3 名董事，A 董事由于其个人原因在任期内申请辞职。由于，甲公司总共只有 3 名董事，属于最低的法定人数，因此，A 在改选出新的董事就任前，应当继续履行董事职务。

（二）董事会的召开和决议

1. 会议的召集与主持

（1）董事会会议由董事长召集和主持；

（2）董事长不能履行职务或者不履行职务的，由副董事长召集和主持；

（3）副董事长不能履行职务或者不履行职务的，由半数以上董事共同推举一名董事召集和主持。

有限责任公司董事会的召集与主持

1. 董事长召集和主持，
董事长不能或不履行职务时

↓

2. 副董事长召集和主持，
副董事长不能或不履行职务时

↓

3. 半数以上董事共同推举一名董事召集和主持

> **注意：**董事会的召集和主持与股东会不同，不存在持有 10% 以上表决权的股东召集和主持会议的情形。

2. 董事会的表决规则

（1）董事会决议的表决，实行一人一票。

> **注意：**表决权行使规则

股东会	董事会
股东会会议由股东按照出资比例行使表决权；但是，公司章程另有规定的除外。	董事会决议的表决，实行一人一票。

（2）董事会的议事方式和表决程序，除本法有规定的外，由公司章程规定。

（3）董事会应当对所议事项的决定作成会议记录，出席会议的董事应当在会议记录上签名。

（三）董事会的职权

根据《公司法》第 46 条的规定，董事会行使下列职权：

（1）【召集】股东会会议，并向股东会报告工作。

（2）【执行】股东会的决议。

（3）【决定】公司的经营计划和投资方案。

董事会“决定公司的经营计划和投资方案”
与股东会“决定公司的经营方针和投资计划”职权的区分

	股东会	董事会
职权	决定公司的经营方针和投资计划	决定公司的经营计划和投资方案
特点	股东会的职权属于“方向性”或者“战略性”的，其计划和方针不具备具体操作性。	董事会的职权属于“战术性”的，在股东会规定的“方向”引导下，进行具体的实施，其方案和计划具备操作性。
例如，甲有限责任公司股东会做出了“公司年度核心业务为高科技产品生产”的决议（经营方针），于是甲公司董事会和乙科研机构签订了“A科技产品委托研发”的协议（经营计划）。		

（4）【制订】公司的年度财务预算方案、决算方案。

（5）【制订】公司的利润分配方案和弥补亏损方案。

（6）【制订】公司增加或者减少注册资本以及发行公司债券的方案。

（7）【制订】公司合并、分立、解散或者变更公司形式的方案。

> **注意：**关于上述方案，董事行使的职权是“制订权”（给出初步意见），而股东会行使的职权是“审议批准权”（最终拍板）。

（8）【决定】公司内部管理机构的设置。

（9）【决定】聘任或者解聘公司经理及其报酬事项，并根据经理的提名【决定】聘任或者解聘公司副经理、财务负责人及其报酬事项。

> **注意：**董事会有权直接任免的是经理，而副经理和财务负责人的人选只能在经理提名的范围内决定。

（10）【制定】公司的基本管理制度。

（11）公司章程规定的其他职权。

> **注意：**执行董事的职权由公司章程规定。

有限责任公司董事会职权

“为股东会服务”	（1）召集股东会会议，并向股东会报告工作； （2）执行股东会的决议。
“制订四种方案”	（1）制订公司的年度财务预算方案、决算方案； （2）制订公司的利润分配方案和弥补亏损方案； （3）制订公司增加或者减少注册资本以及发行公司债券的方案； （4）制订公司合并、分立、解散或者变更公司形式的方案。

续表

“决定四个事项”	（1）决定公司的经营计划和投资方案； （2）决定公司内部管理机构的设置； （3）决定聘任或者解聘公司经理及其报酬事项，并根据经理的提名决定聘任或者解聘公司副经理、财务负责人及其报酬事项； （4）制定公司的基本管理制度。
“其他”	公司章程规定的其他职权。

有限责任公司股东会职权与董事会职权的区分

	股东会职权	董事会职权
职权定位	重大事项的最终决定权。	重大事项的提议、落实以及日常事务的决定权。
经营方面	决定经营方针。	决定经营计划。
投资方面	决定投资计划。	决定投资方案。
人事任免方面	非由职工代表担任的董事、监事的任免及其报酬事项。	经理的任免及其报酬事项，副经理和财务负责人（根据经理的提名）的任免及其报酬事项。
重大决策方面	审议批准（方案）、作出决议。	制订方案（年度财务预算、决算方案、分红、补亏、增减资、合并、分立、变更形式以及解散、清算等方案）。

三、经理

（一）经理概述

1. 有限责任公司的经理是负责公司日常经营管理工作的高级管理人员。
2. 有限责任公司可以设经理，由董事会决定聘任或者解聘（非股东会）。
3. 经理对董事会负责，属于董事会的“辅助执行机构”。
4. 根据公司章程的规定，经理可以作为公司的法定代表人。
5. 执行董事可以兼任公司经理。
6. 经理列席董事会会议。
7. 公司章程对经理职权另有规定的，从其规定。

（二）经理的职权

根据《公司法》第49条的规定，经理行使下列职权：

（1）【主持】公司的生产经营管理工作，【组织实施】董事会决议；

（2）【组织实施】公司年度经营计划和投资方案；

（3）【拟订】公司内部管理机构设置方案；

（4）【拟订】公司的基本管理制度；

（5）【制定】公司的具体规章；

（6）【提请】聘任或者解聘公司副经理、财务负责人；

（7）【决定】聘任或者解聘除应由董事会决定聘任或者解聘以外的负责管理人员；

（8）董事会授予的其他职权。

董事会职权与经理职权的区分

	董事会	经理
董事会决议	作出	组织实施
经营计划和投资方案	决定	组织实施
公司内部管理机构设置	决定	拟订方案
公司的基本管理制度	制定	拟订
公司的具体规章		制定
副经理、财务负责人	决定任免	提请任免

四、监事会

（一）监事会的性质与组成

1. 性质：

（1）监事会是经营规模较大的有限责任公司的常设监督机关，专司监督职能。

（2）监事会向股东会负责，并且向其报告工作。

2. 组成：由监事组成，其成员不得少于三人。

（1）人数：成员不得少于三人（≥3 人）。股东人数较少或者规模较小的有限责任公司，可以设一至二名监事，不设监事会。

（2）职工代表：①监事会应当包括股东代表和适当比例的公司职工代表，其中职工代表的比例不得低于三分之一（≥1/3），具体比例由公司章程规定。②监事会中的职工代表由公司职工通过职工代表大会、职工大会或者其他形式民主选举产生。

董事会和监事会中职工代表的区别

有限责任公司董事会中的职工代表	有限责任公司监事会中的职工代表
1. “必须有”的情形： （1）两个以上的国有企业或者两个以上的其他国有投资主体投资设立的有限责任公司； （2）此时，职工代表的比例无强制性规定。 2. “可以有”的情形（也可以没有）： 其他有限责任公司董事会成员中可以有公司职工代表。	1. 监事会中必须有职工代表。 2. 具体比例由公司章程规定，但不得低于三分之一（≥1/3）。

（3）监事会主席：

①监事会设主席一人，由全体监事过半数选举产生。

> **注意：**有限责任公司董事长的产生办法由公司章程规定。

例如，甲有限责任公司的章程可以规定董事长由全体董事过半数选举产生，也可以规定董事长必须由董事中同时具有法律和会计专业背景的人担任。但是，甲有限责任公司的监事会主席，必须由全体监事过半数选举产生。

②监事会主席负责召集和主持监事会会议。

（4）任期：

①监事的任期每届为三年（董事任期由公司章程规定，但不得超过三年（≤3 年））。

例如，甲有限责任公司的章程可以规定董事的任期为 1 年半，只要不超过 3 年即可；但甲公司的监事的任期只能是 3 年。

②监事任期届满，连选可以连任。

③监事任期届满未及时改选，或者监事在任期内辞职导致监事会成员低于法定人数的，在改选出的监事就任前，原监事仍应当依照法律、行政法规和公司章程的规定，履行监事职务。否则，可能违反监事的忠诚义务和勤勉义务，给公司造成损失的，应当承担相应的赔偿责任。（与董事相同）

（5）董事、高级管理人员不得兼任监事。

（二）监事会的召开与决议

1. 监事会的召开

监事会每年度至少召开一次会议，监事可以提议召开临时监事会会议。

2. 监事会的召集与主持

（1）监事会主席召集和主持监事会会议；

（2）监事会主席不能履行职务或者不履行职务的，由半数以上监事共同推举一名监事召集和主持监事会会议。

有限责任公司监事会的召集与主持

1. 监事会主席召集和主持，
监事会主席不能或不履行时

↓

2. 半数以上监事共同推举一名监事召集和主持

3. 监事会的表决规则

（1）监事会的议事方式和表决程序，除本法有规定的外，由公司章程规定。

（2）监事会决议应当经半数以上监事通过。

（3）监事会应当对所议事项的决定作成会议记录，出席会议的监事应当在会议记录上签名。

（三）监事会的职权

1. 监事会的职权

一般职权	监事会、不设监事会的公司的监事行使下列职权： （1）检查公司财务。 （2）对董事、高级管理人员执行公司职务的行为进行监督，对违反法律、行政法规、公司章程或者股东会决议的董事、高级管理人员提出罢免的建议。 （3）当董事、高级管理人员的行为损害公司的利益时，要求董事、高级管理人员予以纠正。 （4）提议召开临时股东会会议，在董事会不履行本法规定的召集和主持股东会会议职责时召集和主持股东会会议。 （5）向股东会会议提出提案。 （6）依照本法第 151 条的规定，对董事、高级管理人员提起诉讼。 （7）公司章程规定的其他职权。

续表

质询建议权	监事可以列席董事会会议，并对董事会决议事项提出质询或者建议。
调查权	（1）监事会、不设监事会的公司的监事发现公司经营情况异常，可以进行调查。 （2）必要时，可以聘请会计师事务所等协助其工作，费用由公司承担。

2. 监事会行使职权的保障

监事会、不设监事会的公司的监事行使职权所必需的费用，由公司承担。

五、公司治理主要参与者的产生与罢免

董事（董事长）、监事（监事会主席）、经理、副经理以及财务负责人的产生和罢免

职位	产生与罢免
董事	（1）非由职工代表担任的董事：由股东会（股东大会）选举和更换。 （2）由职工代表担任的董事：由公司职工通过职工代表大会、职工大会或者其他形式民主选举产生以及更换（两类公司）。
监事	（1）非由职工代表担任的监事：由股东会（股东大会）选举和更换。 （2）由职工代表担任的监事：由公司职工通过职工代表大会、职工大会或者其他形式民主选举产生以及更换（两类公司）。
董事长	（1）有限责任公司：董事会设董事长一人，可以设副董事长。董事长、副董事长的产生办法由公司章程规定。 （2）股份有限公司：董事会设董事长一人，可以设副董事长。董事长和副董事长由董事会以全体董事的过半数选举产生。
监事会主席	（1）有限责任公司：监事会设主席一人，由全体监事过半数选举产生； （2）股份有限公司：监事会设主席一人，可以设副主席。监事会主席和副主席由全体监事过半数选举产生。
经理	由董事会决定聘任与解聘（两类公司）。
副经理、财务负责人	（1）由经理提名聘任或者解聘。 （2）由董事会决定聘任或者解聘（两类公司）。

第三节　公司决议效力瑕疵诉讼

重要法条及司法解释

《公司法》第22条。

《最高人民法院关于适用〈中华人民共和国公司法〉若干问题的规定（四）》第1~6条。

命题分析

“公司决议效力瑕疵诉讼”主要包括“公司决议的效力类型”和“公司瑕疵决议的诉讼”两大块内容。命题人的考查思路一般都是考查考生能否准确判断公司某个决议的效力类型。由于《最高人民法院关于适用〈中华人民共和国公司法〉若干问题的规定（四）》

对“公司瑕疵决议的诉讼”这一考点进行了大量的补充性规定，增加了“决议不成立”的效力瑕疵类型，考生应当给予足够的重视。

知识点精讲

一、公司决议的效力类型

关于股东会、董事会决议的效力类型，我国《公司法》采取的是“三分法”，即把公司的决议的效力类型具体分为“决议不成立”“决议可撤销”以及“决议无效”三种。公司的决议不仅会牵涉公司的经营发展，而且与董事、监事、高级管理人员、股东以及债权人等主体的利益休戚相关。因此，决议的内容和程序都必须合法、公正。如果决议内容或者程序上有瑕疵，其效力就会受到影响。具体而言，我国公司决议的效力类型如下：

类型	法定事由
无效决议	“内容违法”：公司股东会或者股东大会、董事会的决议内容违反法律、行政法规的无效。
可撤销决议	1. 原则： （1）“程序违法或违章” 股东会或者股东大会、董事会的会议召集程序、表决方式违反法律、行政法规或者公司章程。 （2）“内容违章” 决议内容违反公司章程。 2. 例外：“轻微程序瑕疵的排除” 股东请求撤销股东会或者股东大会、董事会决议，会议召集程序或者表决方式仅有轻微瑕疵，且对决议未产生实质影响的，人民法院不予支持。
不成立决议（新增）	1. 公司未召开会议的，但依据公司法第 37 条第 2 款或者公司章程规定可以不召开股东会或者股东大会而直接作出决定，并由全体股东在决定文件上签名、盖章的除外； 2. 会议未对决议事项进行表决的； 3. 出席会议的人数或者股东所持表决权不符合公司法或者公司章程规定的； 4. 会议的表决结果未达到公司法或者公司章程规定的通过比例的； 5. 导致决议不成立的其他情形。

例 1（真题） 甲乙丙丁戊五人共同组建一有限公司。出资协议约定甲以现金十万元出资，甲已缴纳六万元出资，尚有四万元未缴纳。某次公司股东会上，甲请求免除其四万元的出资义务。股东会五名股东，其中四名表示同意，投反对票的股东丙向法院起诉，请求确认该股东会决议无效。对此，下列哪一表述是正确的？

A. 该决议无效，甲的债务未免除

B. 该决议有效，甲的债务已经免除

C. 该决议需经全体股东同意才能有效

D. 该决议属于可撤销，除甲以外的任一股东均享有撤销权

提示：按期足额缴纳公司章程中规定的各自所认缴的出资额是《公司法》规定的股东的法定义务，不可以通过股东会决议的形式予免除。此公司股东会决议免除甲的出资义务属于内容上违反了《公司法》的规定，所以该决议无效。

例 2（真题） 2009 年 1 月，甲、乙、丙、丁、戊共同投资设立鑫荣新材料有限公司

（以下简称“鑫荣公司”），从事保温隔热高新建材的研发与生产。该公司注册资本2000万元，各股东认缴的出资比例分别为44%、32%、13%、6%、5%。甲任鑫荣公司董事长与法定代表人，乙任公司总经理。

鑫荣公司成立后业绩不佳，股东之间的分歧日益加剧。当年12月18日，该公司召开股东会，在乙的策动下，乙、丙、丁、戊一致同意，限制甲对外签约合同金额在100万元以下，如超出100万元，甲须事先取得股东会同意。甲拒绝在决议上签字。此后公司再也没有召开股东会。

问题：2009年12月18日股东大会决议的效力如何？为什么？

提示：股东会是公司的最高权力机关，有权决定公司的经营方针和投资计划，因此股东会有权就董事长职权的行使作出限制。该决议得到半数以上有表决权的股东的同意，属于有效决议。

二、公司决议瑕疵诉讼

有效公司决议（包括股东会决议和董事会决议）的形成，既有程序上的要求，又有内容上的要求。当公司决议的形成在程序和内容上存在瑕疵时，股东有权提起公司决议瑕疵诉讼，以确认相关决议的效力。具体而言，处理规则如下：

	决议不成立（新增）	决议可撤销	决议无效
事由	1. 公司未召开会议的，但依据《公司法》第37条第二款或者公司章程规定可以不召开股东会或者股东大会而直接作出决定，并由全体股东在决定文件上签名、盖章的除外； 2. 会议未对决议事项进行表决的； 3. 出席会议的人数或者股东所持表决权不符合公司法或者公司章程规定的； 4. 会议的表决结果未达到公司法或者公司章程规定的通过比例的； 5. 导致决议不成立的其他情形。	1. 程序违法或违章 股东会或者股东大会、董事会的会议召集程序、表决方式违反法律、行政法规或者公司章程。 2. 内容违章 决议内容违反公司章程。 3. 轻微程序瑕疵的排除 会议召集程序或者表决方式仅有轻微瑕疵，且对决议未产生实质影响的，人民法院不予支持。	内容违法 公司股东会或者股东大会、董事会的决议内容违反法律、行政法规的无效。
提起诉讼的期间限制	无	决议作出之日起六十日内，请求人民法院撤销。	无
当事人	1. 原告： （1）决议不成立之诉与决议无效之诉：与决议有利害关系的股东、董事、监事等。 （2）决议可撤销之诉：股东，且应当在起诉时具有公司股东资格。 2. 被告：公司。 3. 第三人：决议涉及的其他利害关系人。 4. 共同原告：一审法庭辩论终结前，其他有原告资格的人以相同的诉讼请求申请参加前款规定诉讼的，可以列为共同原告。		
担保	人民法院可以应公司的请求，要求原告提供相应担保。		
法律后果	1. 公司根据股东会或者股东大会、董事会决议已办理变更登记的，人民法院宣告该决议无效、不成立，或者撤销该决议后，公司应当向公司登记机关申请撤销变更登记。 2. 对善意相对人的保护：股东会或者股东大会、董事会决议被人民法院判决确认无效、不成立或者撤销的，公司依据该决议与善意相对人形成的民事法律关系不受影响。		

说明：

1. 决议效力瑕疵诉讼的原告

（1）决议不成立、无效之诉的原告

根据《最高人民法院关于适用〈中华人民共和国公司法〉若干问题的规定（四）》的规定，决议不成立、无效之诉的原告为股东、董事、监事等。此处的“等”字，可以解释为直接利害关系人①。具有直接利害关系的人均可提起诉讼，请求法院确认决议不成立或者无效。比如具有直接利害关系的公司的高级管理人员、职工、债权人等。

（2）决议撤销之诉的原告

根据《最高人民法院关于适用〈中华人民共和国公司法〉若干问题的规定（四）》的规定，决议撤销之诉的原告为起诉时具有股东资格的股东。对比决议不成立、无效之诉的原告来看，决议撤销之诉的原告范围仅限于“股东”，这主要是由于决议不成立、无效的效力瑕疵严重程度明显大于决议可撤销的严重程度。因此，具有直接利害关系的人均可提请确认决议不成立或者无效。

同时，还应当注意到，此处适格原告还仅限于起诉时具有股东资格的股东，起诉时已经丧失股东资格的人不是适格原告。

2. 决议效力瑕疵诉讼法律后果中“对于善意相对人的保护”的问题

《最高人民法院关于适用〈中华人民共和国公司法〉若干问题的规定（四）》在第6条关于保护善意相对人的规定中，仅明确“决议无效”“决议被撤销”时，公司依据该决议与善意相对人形成的民事法律关系不受影响。并未明确规定“决议不成立”时，善意相对人的保护问题。本书认为，在“决议不成立”的情形下，公司依据该决议与善意相对人形成的民事法律关系也不受影响。②

例如，2013年选项A、B、C、D、E五人共同出资设立甲有限责任公司，均已足额出资，其出资比例分别为44%、32%、13%、6%、5%。2014年，甲公司就为股东A提供担保而召开股东会，选项A、D、E出席，而选项B、C未出席。投票表决时，选项A、D、E均表示同意，因此甲公司做出了股东会决议，为A提供担保，与A之债权人善意的乙订立担保合同。①由于“对内担保”时（为公司股东或者实际控制人提供担保时），利害关系股东的表决权被排除，此时A没有表决权，有效的表决为D、E的表决，而此时D、E的表决比例仅为11%，未过半，因此该决议的作出具有“会议的表决结果未达

① 参照《最高人民法院关于适用〈中华人民共和国公司法〉若干问题的规定（四）意见稿》可知，正式稿中删除了草案“有直接利害关系的高级管理人员、职工、债权人”的规定；同时，保留“等”字，扩大了司法实践中法官的自由裁量权，同时，增加了适格原告的判断难度。因此，此处的“等”字，本书倾向于将其解释为“直接利害关系人”，不仅仅包括高管、职工、债权人，也包括其他直接利害关系人。

② 首先，本书认为“无效决议”与“不成立决议”均属于具有严重瑕疵的决议，且“决议无效”效力瑕疵严重度高于“决议不成立”，因为“决议无效”的“违法性”更为明显，属于内容违法；而就“决议不成立”而言，其“违法性”特征弱于“决议无效”，因为违反章程也可被确认为“决议不成立”。同时“决议不成立”的瑕疵主要在于程序方面的瑕疵，程序瑕疵的后果一般轻于内容瑕疵。所以“决议无效”瑕疵严重度高于“决议不成立”。其次，本书认为“决议不成立”的效力瑕疵程度高于“决议可撤销”，因为“可撤销的决议”存在可以自愈的情形，而“不成立的决议”则不存在自愈的情形。那么三者中效力瑕疵严重度最高的“无效决议”，以及效力瑕疵严重度最低的“可撤销决议”均承认保护善意相对人，那么效力瑕疵严重度居于两者之间的“不成立的决议”也应保护善意相对人。

到公司法或者公司章程规定的通过比例”的瑕疵，属于不成立的决议。②此时，直接利害关系人，比如甲的股东、董事、监事、具有直接利害关系的高级管理人、具有直接利害关系的职工、具有直接利害关系的债权人，可以向人民法院提起确认该决议不成立之诉。③人民法院可以应公司的请求，要求原告提供相应担保。④法院判决决议不成立之后，公司根据该决议与债权人乙所签订的担保合同不受影响。甲公司承担担保责任后有权向A追偿。

例3（真题） 甲乙等六位股东各出资30万元于2004年2月设立一有限责任公司，五年来公司效益一直不错，但为了扩大再生产一直未向股东分配利润。2009年股东会上，乙提议进行利润分配，但股东会仍然作出不分配利润的决议。对此，下列哪些表述是错误的？

A. 该股东会决议无效

B. 乙可请求法院撤销该股东会决议

提示： 公司法对是否分配利润没有作出强制性规定，即公司可以分配也可以不分配。所以不分配利润的股东会决议有效，选项A、B错误，都当选。

第四节　有限责任公司的股权转让

重要法条及司法解释

《公司法》第71～75条。

《最高人民法院关于适用〈中华人民共和国婚姻法〉若干问题的解释（二）》第16条。

《最高人民法院关于适用〈中华人民共和国公司法〉若干问题的规定（三）》第18、27条。

《最高人民法院关于适用〈中华人民共和国公司法〉若干问题的规定（四）》第16～22条。

命题分析

“有限责任公司股权转让”是每年考试的必考点，以考查次数之频繁，分数占比之多独占商法考查内容的鳌头。因而，是每个考生必须掌握的考点。

该考点具体包括“股权对内转让”“股权对外转让”“股权的强制执行”“股权的继承”“股东的股权收购请求权”“股权在离婚时的分割规则”等具体内容。其中，尤其以“股权对外转让的规则”为甚，属于重中之重，堪称“王牌知识点”。其中包括了“其他股东的同意规则”“其他股东的优先购买权”“股权的无权处分”等内容。同时，《最高人民法院关于适用〈中华人民共和国公司法〉若干问题的规定（四）》也用了7则条文对本部分内容作出了进一步的补充规定，考生应当对此着重掌握。

知识点精讲

一、有限责任公司股权的对内转让——公司股东之间转让

原则	自由转让原则：有限责任公司的股东之间可以相互转让其全部或者部分股权。
注意	1. “想转就转”：股东之间可以自由转让其股权，无须履行通知程序和取得其他股东同意。
	2. “想转多少转多少”：可以互相转让其全部股权或者部分股权。
	3. “公司章程优先”： 公司章程对股权转让（对内 + 对外）另有规定的，从其规定； （2）公司章程对股权转让（对内 + 对外）无特别规定时，按照法定对内对外转让规则处理。

二、有限责任公司股权的对外转让——股东向股东以外的人转让

有限责任公司既具有资合性的特点，即以公司的资本作为经营活动的信用基础；同时又具有人合性的特点，即以股东的个人信用作为公司经营活动的信用基础，股东之间形成一种内部关系。因此，立法者在设计有限责任公司的股权转让制度时重点考虑对这两种特点的平衡，既应对了股权转让对公司人合性的挑战，同时又兼顾了公司资合性的特点，保障股东可以自由退出公司。

（一）其他股东的同意规则

基本规则	1. “公司章程优先”： （1）公司章程对股权转让（对内 + 对外）另有规定的，从其规定； （2）公司章程对股权转让（对内 + 对外）无特别规定时，按照法定对内对外转让规则处理。 2. 股东向股东以外的人转让股权，应当经其他股东过半数同意。 【注意】此处适用“人头决”：其他股东的人数过半，即同意人数 >1/2。 3. 通知的方式：转让股东应就其股权转让事项以书面或者其他能够确认收悉的合理方式通知其他股东征求同意。
推定同意规则	1. 其他股东自接到书面通知之日起满三十日未答复的，视为同意转让。 2 其他股东半数以上不同意转让的，不同意的股东应当购买该转让的股权；不购买的，视为同意转让。

例如，甲有限责任公司有包括 A 在内的 7 名股东，A 欲对外转让其股权。在公司章程未另有规定的前提下，符合下列条件之一才可对外转让：①除 A 之外的至少 4 名股东（其中包括在接到通知之日起 30 日内未答复的股东）同意转让；②除 A 之外的 3 名以上股东既不同意转让也不同意购买。

（二）其他股东的优先购买权（其他股东的优先受让权）

基于有限责任公司的人合性，为了维系股东之间的内部关系，经其他股东同意转让的股权，在同等条件下，其他股东有优先购买权，即其他股东可以按照同等条件优先于非股东的其他人购买该转让股权。

基本规则	1. “公司章程优先”：公司章程对股权转让另有规定的，从其规定。 2. 经股东同意转让的股权，在同等条件下，其他股东有优先购买权。

续表

具体内容	1. 同等条件：应当考虑转让股权的数量、价格、支付方式、支付期限以及其他由转让方提出的合理条件等因素综合确定。 2. 行使期间： （1）在收到通知后，在公司章程规定的行使期间内提出购买请求。（公司章程的规定） （2）公司章程没有规定行使期间或者规定不明确的，以通知确定的期间为准。（通知确定） （3）通知确定的期间短于三十日或者未明确行使期间的，行使期间为三十日。（法律规定） 3. 优先购买权的冲突：先协商，后按实缴比例。 两个以上股东主张行使优先购买权的，协商确定比例； （2）协商不成的，按照转让时各自的实缴出资比例行使。 4. 优先购买权的消灭：转让股东又不同意转让的。 转让股东在其他股东主张优先购买后，可以不同意转让。股权的转让属于股东自由行使权利的行为，如果规定转让股东在其他股东主张优先购买后，无权再拒绝转让，那么该规定则有违“契约自由”，乃强制转让股东缔约。 （1）“公司章程另有规定或者全体股东另有约定优先”：公司章程和全体股东可以对此作出另外的规定或者约定。比如，规定转让股东在其他股东主张优先购买权后不得反悔。 （2）公司章程未另有规定或者全体股东未另有约定的，按照法定规则处理：转让股东在其他股东主张优先购买后又不同意转让股权的，其他股东的具体优先购买权消灭，不得行使。优先购买权的享有与行使和股权的对外转让不可分离，一旦不再对外转让，具体的优先购买权也就消灭了。 （3）转让股东的赔偿责任。转让股东在其他股东主张优先购买后又不同意转让股权的，给其他股东造成损失的，其他股东要求且损失合理的，转让股东需承担赔偿责任。 5. 侵害优先购买权的救济： （1）侵害其他股东优先购买权的行为：未就其股权转让事项征求其他股东意见，或者以欺诈、恶意串通等手段，损害其他股东优先购买权。 （2）救济内容：其他股东主张按照同等条件购买该转让股权的，人民法院应当予以支持。 （3）救济期间的规定：（同时满足） ①短期间限制：其他股东自知道或者应当知道行使优先购买权的同等条件之日起三十日内。 ②长期间限制：提起要求的截止时间点为股权变更登记满一年之日，在此之前均可提起。 （4）诉讼请求的规定： ①其他股东在提出确认股权转让合同及股权变动效力等请求时，必须同时主张按照同等条件购买转让股权；否则，人民法院不予支持。 ②但其他股东非因自身原因导致无法行使优先购买权，请求损害赔偿的除外。 6. 转让股东对受让人的违约责任： 股东以外的股权受让人，因其他股东行使优先购买权而不能实现合同目的的，可以依法请求转让股东承担相应民事责任。

例如，甲有限责任公司有包括A在内的7名股东，A欲对外转让其股权于B，对其他股东发出了书面通知，但未载明转让的同等条件也未载明其他股东同等条件下购买的期限。除A之外其他4名股东对本次股权转让表示同意，并表示将在同等条件下购买。而后，A与受让人B签订了转让协议。

（1）优先购买权行使的期限首先看章程是否有规定，没有则看通知是否明确，未明确或者短于30日的则按照法定30日。

（2）A在其他股东表示将在同等条件下购买时可以表示反悔，不再同意转让股权，但是在其他股东要求且损失合理时，需承担赔偿责任。

（3）同等条件，未在书面通知中确定，可以通过A与B的协议予以确定，包括股权的数量、价格、支付方式及期限等。

（4）若A将股权全部转让与B，且已办理了变更登记手续。则其他股东可以在知道或者应当知道同等条件起的30日内请求优先购买，但必须在股权变更登记满一年这个时间点之前。反过来说，在满一年这个时间点之前，只要A或B能够证明其他股东知道或应当知道同等条件，而30日内没有行使优先购买权，其他股东则丧失优先购买权。但是仅仅起诉认定选项A、B转让合同无效的，法院不予支持。

例1（真题） 甲、乙、丙为某有限责任公司股东。现甲欲对外转让其股份，下列哪一判断是正确的？

A. 甲必须就此事书面通知乙、丙并征求其意见

B. 在任何情况下，乙、丙均享有优先购买权

C. 在符合对外转让条件的情况下，受让人应当将股权转让款支付给公司

提示：股东向股东以外的人转让股权，应当经其他股东过半数同意。转让股东应就其股权转让事项以书面或者其他能够确认收悉的合理方式通知其他股东征求同意，选项A正确。优先购买权并非在任何情况下都享有，当其他股东选择放弃优先购买权或者转让股东后又不同意转让的，其他股东不再享有优先购买权，选项B错误。转让股权的合同当事人为转让股东和受让人，在合同未做特殊约定时，股权转让款应交付转让股东，选项C错误。

重点理解1：判断其他股东是否有权行使优先购买权的思路：

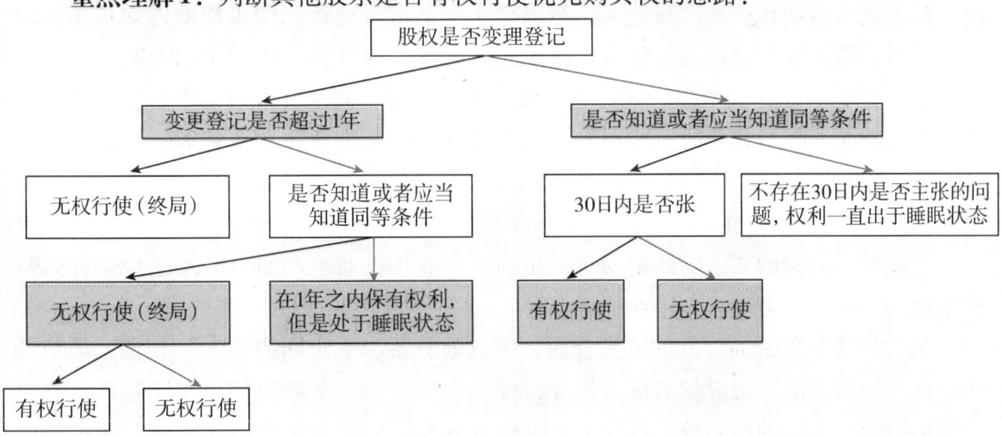

说明：上图中黑色箭头表示“是”，浅色箭头表示“否”。

根据图可知，其他股东有权行使优先购买权的情形有两种：

第一，股权变更登记1年之内＋股东知道或者应当知道同等条件之日起30日内主张行使。

此时，强调登记的公示效力，侧重于维护交易秩序，保护第三人的合法权益。

第二，股权未变更登记＋股东知道或者应当知道同等条件之日起30日内主张行使。

此时，不发生登记的公示效力，侧重于维护有限责任公司的人合性，保护其他股东的优先购买权。

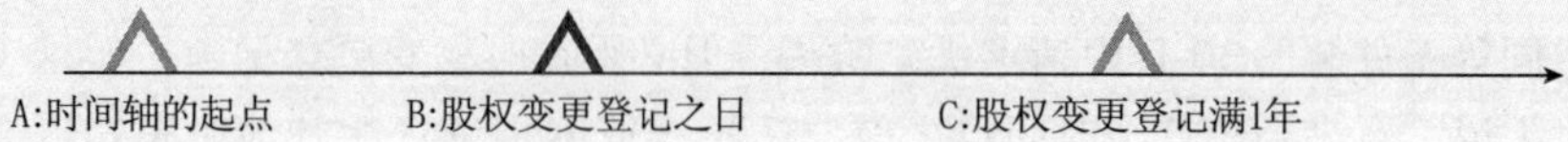

	条件		目的
情形一	时间段 BC（股权变更登记 1 年之内）	股东自知道或者应当知道同等条件之日起 30 日内主张行使。	强调登记的公示效力，侧重于维护交易秩序，保护第三人。
情形二	时间段 AC（股权未变更登记）		侧重于维护有限责任公司的人合性，保护其他股东的优先购买权。

因此，股东有权主张行使优先购买权的条件是：在股权变更登记满一年这个时间点（C 点）之前，只要股东自知道或者应当知道同等条件之日起30 日内主张，其他股东均有权行使优先购买权。

重点理解 2：（1）救济的内容。其他股东主张按照同等条件购买，即行使优先购买权；其他股东提起优先购买权救济之诉时，主要的诉讼请求应为按照同等条件购买该转让股权。

（2）但是，当其他股东非因自身原因导致此时无法行使优先购买权，比如该股权已经被受让人再次转让，次转让人已经取得，则要求行使优先购买权的诉讼请求无意义。所以，其他股东可以不再要求行使优先购买权，转而提起损害赔偿诉讼。

（3）总而言之，其他提起优先购买权的救济之诉，其主要诉讼请求必须包括按照同等条件购买，仅当其他股东非因自身原因导致无法行使优先购买权时，可以不包括此诉讼请求。

（4）股权转让合同的效力认定。

股权转让合同的效力的认定问题，是商法考查中的难点与重点。考生应当深入理解掌握。

与“因无权处分而订立的买卖合同，无权处分不影响合同的效力”相似，股权的无权处分、名义股东对股权的擅自处分、侵害优先购买权的股权转让不影响所订立之合同的效力。其中的核心理解点在于，股权实际发生变动的行为与订立股权转让协议的行为是两个分离的行为。以股权的无权转让为例，无处分权人与第三人订立股权转让合同并不会直接导致股权发生变动，进而侵害到权利人的股权。股权转让合同仅是无处分权人与受让人意思表示的“合意”，此时，股权仍是权利人的股权。所以，法律并不会对一个仅是当事人之间意思表示“合意”的股权转让合同的效力作过多的限制。同时，就该股权转让合同的履行而言，无处分权人完全可以在股权转让合同订立之后、履行之前，先从权利人处合法取得股权，进而转让与受让人。在此种情况下，无权处分人便不再无权处分，而是有权处分。由此可见，该股权转让合同的履行行为也并不是一定会侵犯到权利人的股权。

因此，对于股权转让合同的效力的判断，应当根据《合同法》的相关规定加以判断。

（三）瑕疵股权的转让

此处的瑕疵股权指：股东未履行或者未全面履行出资义务的股权。

一般地，公司只能向未履行或者未全面履行出资义务的股东请求履行出资义务，而不能向受让人主张。但是，当受让人在受让时知道或者应当知道转让股权为瑕疵股权，那么此时再无保护受让人之善意的必要，公司以及债权人均可向其主张责任承担。

（1）受让人知道或者应当知道转让股权为瑕疵股权时，公司请求该股东履行出资义务的，受让人对此承担连带责任。

（2）受让人知道或者应当知道转让股权为瑕疵股权时，公司债权人请求未履行或者未全面履行出资义务的股东在未出资本息范围内对公司债务不能清偿的部分承担补充赔偿责任时，受让人对此承担连带责任。

（3）受让人承担责任后，有权向该未履行或者未全面履行出资义务的股东追偿，当事人另有约定的除外。

例如，甲有限责任公司的股东 A 尚有 20 万元的出资义务未履行，A 将其股权转让给本公司的股东 B 时，甲公司可以请求 B 对该 20 万元出资义务的履行与 A 承担连带责任，甲公司的债权人也可以请求 B 在该 20 万元的范围内对公司债务不能清偿的部分与 A 承担连带补充赔偿责任。但是，当 A 将股权转让给不知情的 C 时，甲公司以及债权人均不得向 C 主张以上的责任承担。

（四）一股二卖

《最高人民法院关于适用〈中华人民共和国公司法〉若干问题的规定（三）》第 27 条规定：股权转让后尚未向公司登记机关办理变更登记，原股东将仍登记于其名下的股权转让、质押或者以其他方式处分，受让股东以其对于股权享有实际权利为由，请求认定处分股权行为无效的，人民法院可以参照物权法第 106 条的规定处理。

例如，A 为甲有限责任公司股东，与 B 签订股权转让协议，将其名下的股权转让与 B，B 已支付价款，且已变更股东名册登记，但未变更股东工商登记。而后，A 又与 C 签订股权转让协议，将名下的股权转让与 C，且变更股东的工商登记。

1. 对该纠纷的处理，应当参照《物权法》第 106 条（善意取得）的规定处理。

2. 换而言之，此时受让人 C 满足以下条件即可善意取得。

（1）受让人在受让该股权时是善意的。

（2）以合理的价格转让。

（3）已经变更工商登记。

（4）除此之外，股权的善意取得，还应取得有限责任公司其他股东过半数的同意，且其他股东放弃优先购买权。

3. 原股东处分股权造成受让股东损失，受让股东请求原股东承担赔偿责任、对于未及时办理变更登记有过错的董事、高级管理人员或者实际控制人承担相应责任的，人民法院应予支持；受让股东对于未及时办理变更登记也有过错的，可以适当减轻上述董事、高级管理人员或者实际控制人的责任。

三、股权的强制执行

1. 人民法院依照法律规定的强制执行程序转让股东的股权时，应当通知公司和全体股东。

2. 其他股东在同等条件下有优先购买权。其他股东自人民法院通知之日起满二十日不行使优先购买权的，视为放弃优先购买权。

3. 股权强制执行与对外转让股权的区别：

	股权强制执行	对外转让股权
通知对象	人民法院通知公司和全体股东。	转让股东通知其他股东征求同意。
其他股东的同意	不需要	需要经其他股东过半数同意。
其他股东的优先购买权	1. 其他股东有优先购买权。 2. 行使期间：在通知之日起满 20 日内行使。	1. 其他股东有优先购买权。 2. 行使期间： （1）收到通知后，在公司章程规定的行使期间内提出购买请求。（章定） （2）公司章程没有规定行使期间或者规定不明确的，以通知确定的期间为准。（通知） （3）通知确定的期间短于三十日或者未明确行使期间的，行使期间为三十日。（法定）

四、有限责任公司股东行使异议回购请求权导致的股权转让（股东的股权收购请求权）

股东行使异议回购请求权（也称股权收购请求权）是股东退出公司的方式之一。该权利的行使有其特定的事由，是小股东维护自己合法权益，摆脱大股东控制，退出公司的重要手段之一。

1. 行使异议回购请求权的事由。

有下列情形之一的，对股东会该项决议投反对票的股东可以请求公司按照合理的价格收购其股权：

（1）公司连续五年不向股东分配利润，而公司该五年连续盈利，并且符合本法规定的分配利润条件的；（连续五年盈利，能分利但不分）

（2）公司合并、分立、转让主要财产的；

（3）公司章程规定的营业期限届满或者章程规定的其他解散事由出现，股东会会议通过决议修改章程使公司存续的。

2. 自股东会会议决议通过之日起六十日内，股东与公司不能达成股权收购协议的，股东可以自股东会会议决议通过之日起九十日内向人民法院提起诉讼。（先协议，再起诉）

3. 有限责任公司与股份有限公司股东行使异议回购请求权的事由对比：

有限责任公司股东	股份有限公司股东
（1）公司连续五年不向股东分配利润，而公司该五年连续盈利，并且符合本法规定的分配利润条件的； （2）公司合并、分立、转让主要财产的； （3）公司章程规定的营业期限届满或者章程规定的其他解散事由出现，股东会会议通过决议修改章程使公司存续的。	股东因对股东大会作出的公司合并、分立（此处无转让主要财产！）决议持异议，要求公司收购其股份的。

4. 有限公司股东行使异议回购请求权事由与公司司法解散之诉的事由对比：

有限公司股东行使异议回购请求权事由	司法解散之诉的事由
【法定事由】 股东反对股东会以下决议： （1）公司连续五年不向股东分配利润，而公司该五年连续盈利，并且符合本法规定的分配利润条件的； （2）公司合并、分立、转让主要财产的； （3）公司章程规定的营业期限届满或者章程规定的其他解散事由出现，股东会会议通过决议修改章程使公司存续的。	【法定事由】 公司陷入"治理僵局"： （1）公司持续两年以上无法召开股东会或者股东大会，公司经营管理发生严重困难的； （2）股东表决时无法达到法定或者公司章程规定的比例，持续两年以上不能做出有效的股东会或者股东大会决议，公司经营管理发生严重困难的； （3）公司董事长期冲突，且无法通过股东会或者股东大会解决，公司经营管理发生严重困难的； （4）经营管理发生其他严重困难，公司继续存续会使股东利益受到重大损失的情形。 2. 排除事由 股东以知情权、利润分配请求权等权益受到损害，或者公司亏损、财产不足以偿还全部债务，以及公司被吊销企业法人营业执照未进行清算等为由，提起解散公司诉讼的，人民法院不予受理。

例2（真题） 甲、乙、丙三人共同设立云台有限责任公司，出资比例分别为70%、25%、5%。自2005年开始，公司的生产经营状况严重恶化，股东之间互不配合，不能作出任何有效决议，甲提议通过股权转让摆脱困境被其他股东拒绝。下列哪一选项是正确的？

A. 只有控股股东甲可以向法院请求解散公司

B. 只有甲、乙可以向法院请求解散公司

C. 甲、乙、丙中任何一人都可向法院请求解散公司

D. 不应解散公司，而应通过收购股权等方式解决问题

提示：选择题出题常将有限公司股东行使异议回购请求权事由与公司司法解散之诉的事由混合加以考察。因此需要考生对这两者事由进行区分记忆，切不可混淆。

公司法解散之诉中，原告为单独或者合计持有公司全部股东表决权10%以上的股东。因此，本题中甲、乙有权向法院请求解散公司，选项A、D错误，选项B正确。本题中出现的事由为"股东表决时无法达到法定或者公司章程规定的比例，持续两年以上不能做出有效的股东会或者股东大会决议，公司经营管理发生严重困难的"属于公司司法解散之诉的事由，而不属于有限公司股东行使异议回购请求权事由，选项D错误。

五、自然人股东的股权继承

1. 公司章程优先：公司章程对自然人股东的股权继承另有规定的，从其规定。

2. 公司章程无规定：自然人股东死亡后，其合法继承人可以继承股东资格；

3. 股权继承时，其他股东不享有优先购买权，但公司章程另有规定或者全体股东另有约定的除外。

注意：股权继承仅限于有限责任公司的自然人股东。

六、股权在离婚中的分割

离婚时，以一方名义在有限责任公司中所持有的股权为夫妻共同财产，而另一方不是该公司股东的，将该股权部分或者全部转让给该股东的配偶时，按以下情形分别处理：

1. 夫妻双方协商一致将该股权部分或者全部转让给该股东的配偶，过半数股东同意、其他股东明确表示放弃优先购买权的，该股东的配偶可以成为该公司股东；

2. 夫妻双方就该股份转让份额和转让价格等事项协商一致后：

（1）过半数股东不同意转让，但愿意以同等价格购买该股权的，人民法院可以对转让出资所得财产进行分割；

（2）过半数股东不同意转让，也不愿意以同等价格购买该股权的，视为其同意转让，该股东的配偶可以成为该公司股东。

其他股东是否同意转让	其他股东是否优先购买	股权是否成功转让
同意	不购买	成功
不同意	不购买	成功
不同意	购买	对转让股权所得财产进行分割

本节小结

1. 有限责任公司股权的对内转让：自由转让原则。

2. 有限责任公司股权的对外转让：

（1）同意规则：其他股东过半数的同意 + 推定其他股东同意（其他股东满 30 日未答复的 + 其他股东半数以上既不同意也不购买）。

（2）优先购买：同等条件下，公司其他股东优先购买。

①行使期限：先由章程确定，章程无或者不明确则由通知确定，通知无或者不明确或短于 30 日，则法定 30 日。

②救济期间：知道或者应当知道同等条件之日起三十日内，且不得超过股权变更登记之日起满一年的时间点。

③转让股东可以在其他股东行使优先购买权时，反悔，不再转让。

3. 有限责任公司股权的强制执行：

（1）通知公司和全体股东；

（2）不需要同意；

（3）其他股东有优先购买权，在通知之日起 20 日内行使。

4. 异议股东的股权收购请求权：对以下事项投反对票的有限责任公司的股东有权要求公司以合理价格回购其股权：

（1）连续五年盈利，能分利而不分；

（2）公司合并、分立、转让主要财产；

（3）营业期限届满或其他章定解散事由出现而不解散的。

5. 有限责任公司自然人股东的股权继承：

（1）“能否继承”——公司章程优先：

①公司章程另有规定的，从其规定；

②章程无规定：自然人股东死亡后，其合法继承人可以继承股东资格。

（2）“其他股东是否享有优先购买权”——公司章程的规定和全体股东的约定优先

股权继承时，其他股东不享有优先购买权，但公司章程另有规定或者全体股东另有约定的除外。

6. 股权在离婚中的分割：只有其他股东不同意转让，且行使优先购买权时，配偶才不能获得转让股权，此时对股权转让所得进行分割。

第五节 一人有限责任公司的特别规定

重要法条及司法解释

《公司法》第 57 ~63 条。

命题分析

一人有限责任公司是特殊的有限责任公司，从考查内容和考查形式分析，“一人有限责任公司的特别规定”通常结合给定案例从三个方面进行考查。首先，一人有限责任公司中的由一个法人设立的一人公司，该种类的一人公司同时是全资子公司，考官可以将一人有限责任公司与子公司和分公司结合出题；其次，对再投资的限制进行考查，即一个自然人只能投资设立一个一人有限责任公司，该一人有限责任公司不能投资设立新的一人有限责任公司，这里特别注意公司法限制的是自然人的再投资，并没有限制法人再投资。第三，考试结合公司法人人格否认制度考查，当出现财产混同时，股东要求对债权人承担连带责任。

知识点精讲

一、一人有限责任公司的概念和特征

概念	一人有限责任公司简称“一人公司”或“独资公司”或“独股公司”，是指由一名股东（自然人或法人）持有公司的全部出资的有限责任公司。
特征	1. 股东为一人： （1）股东可以是自然人，也可以是法人； （2）个人独资企业的投资人只能是自然人，而不包括法人。 2. 股东对公司债务承担有限责任。 3. 组织结构的简化： 不设股东会，公司法关于由股东会行使的职权由股东独资一人行使； 董事会、监事会的设立由公司章程规定，可以不设立。

二、一人有限责任公司的特别规定

再投资的限制	（1）一个自然人只能投资设立一个一人有限责任公司； （2）由一个自然人投资设立的一人有限责任公司不能作为股东投资设立一人有限责任公司。 注：此限制只适用于自然人，不适用于法人。

续表

财务会计制度方面的要求	一人有限责任公司应当在每一会计年度终了时编制财务会计报告，并经会计师事务所审计。
人格混同时的股东连带责任	(1) 一人有限责任公司的股东不能证明公司财产独立于股东自己的财产的，即发生公司财产与股东个人财产的混同，进而发生公司人格与股东个人人格的混同； (2) 此时适用公司法人格否认制度，股东必须对公司债务承担连带责任，公司的债权人可以将公司和公司股东作为共同债务人进行追索。
公示方面的要求	(1) 应当在公司登记中注明自然人独资或者法人独资，并在公司营业执照中载明。 (2) 股东作出决定时，应当采用书面形式，并由股东签名后置备于公司。

例（真题） 张平以个人独资企业形式设立“金地”肉制品加工厂。2011年5月，因瘦肉精事件影响，张平为减少风险，打算将加工厂改换成一人有限公司形式。对此，下列哪一表述是错误的？

A. 因原投资人和现股东均为张平一人，故加工厂不必进行清算即可变更登记为一人有限公司

B. 新成立的一人有限公司仍可继续使用原商号“金地”

C. 张平为设立一人有限公司，须一次足额缴纳其全部出资额

D. 如张平未将一人有限公司的财产独立于自己的财产，则应对公司债务承担连带责任

提示：本题中“将加工厂改换成一人有限公司形式”，属于原个人独资企业资格的消灭和新一人有限责任公司的诞生，因此，应对个人独资企业进行清算，注销个人独资企业，重新设立一人公司。故选项A错误。法律并未禁止新设立的公司采用原实体的商号，故新设立的一人有限责任公司仍可继续使用原商号“金地”。故选项B正确。2013年修改的《公司法》删除了“一人有限责任公司的注册资本最低限额为人民币10万元。股东应当一次足额缴纳公司章程规定的出资额”的规定。依据该修改，可知设立一人公司，股东无须一次实缴资本，允许认缴资本。故选项C错误。《公司法》第63条规定：“一人有限责任公司的股东不能证明公司财产独立于股东自己财产的，应当对公司债务承担连带责任。”本题，张平未将一人公司的财产独立于自己的财产，是很明显的“财产混同”情形，应对公司债务承担连带责任。故选项D正确。

第六节 国有独资公司的特别规定

重要法条及司法解释

《公司法》第64~70条。

命题分析

“国有独资公司的特别规定”是公司法基于我国特有的国情作出的规定，国有独资公司属于特殊的有限责任公司。尽管历年考试中尚未出现涉及国有独资公司的题目，但是考生

仍需要全面掌握国有独资公司的特别规定，特别是应结合国有独资公司的概念和特征理解记忆其组织机构中的特别规定。

知识点精讲

一、国有独资公司的概念和特征

概念	国有独资公司是指国家单独出资、由国务院或者地方人民政府授权本级人民政府国有资产监督管理机构履行出资人职责的有限责任公司。
特征	(1) 国有独资公司为有限责任公司，适用有限责任公司的一般原则。 (2) 国有独资公司股东的唯一性。国有独资公司在性质上属于一人公司。 (3) 国有独资公司股东的法定性。国有独资公司的股东只能是国家，只能由国家单独出资设立。

二、国有独资公司的组织机构

权力机关	1. 国有独资公司不设股东会，由国有资产监督管理机构行使股东会职权。 2. 授权公司董事会行使股东会的部分职权，决定公司的重大事项，但公司的合并、分立、解散、增加或者减少注册资本和发行公司债券，必须由国有资产监督管理机构决定。 3. 重要的国有独资公司合并、分立、解散、申请破产的，应当由国有资产监督管理机构审核后，报本级人民政府批准。
执行机关	1. 董事会： (1) 国有独资公司设董事会，为公司的执行机关。 (2) 董事的人选来自：①由国有资产监督管理机构委派；②公司职工代表（由公司职工通过职工代表大会民主选举产生）。 注意：董事会成员中应当有公司职工代表。 (3) 董事会设董事长一人，可以设副董事长。董事长、副董事长由国有资产监督管理机构从董事会成员中指定。 (4) 董事会除了有法定职权外，还有由国有资产监督管理机构授权行使的一般有限责任公司股东会的部分职权。 2. 经理： (1) 国有独资公司设经理，履行公司法规定的经理的职责。 (2) 经理由董事会聘任或者解聘。 (3) 经国有资产监督管理机构同意，董事会成员可以兼任经理。 3. 高管兼职限制： 国有独资公司的董事长、副董事长、董事、高级管理人员，未经国有资产监督管理机构同意，不得在其他有限责任公司、股份有限公司或者其他经济组织兼职。
监督机关	1. 国有独资公司设监事会，作为公司的监督机构。 2. 成员： (1) 由国有资产监督管理机构委派； (2) 职工代表（由公司职工代表大会选举产生）。 3. 监事会主席由国有资产监督管理机构从监事会成员中指定。 4. 监事会成员不得少于五人，其中职工代表的比例不得低于三分之一，具体比例由公司章程规定。

第九章　股份有限公司

第一节　股份有限公司的设立方式与程序

重要法条及司法解释

《公司法》第3、76～97条。

命题分析

“股份有限公司的设立方式与程序”中的募集设立是重点知识点，考生需要掌握募集设立的程序以及特殊规则，值得注意的是2013年我国公司资本制度修改后，一般公司不需要法定验资，但是，募集设立的股份有限公司发行股份的股款缴足后，必须经依法设立的验资机构验资并出具证明。此外，募集设立程序中需要召开创立大会，考生应掌握创立大会的召开条件、创立大会的职权以及其与股东大会职权的区别和创立大会作出的决议，重点准确掌握创立大会的各项职权，特别注意募集设立的股份公司，其章程由发起人订立，并由创立大会通过，而不是“募集设立时，章程应在创立大会上订立”。

从命题趋势分析，募集设立仍将会是股份有限公司部分重点考查的内容，考生只要掌握募集设立的程序以及创立大会相关内容，并熟悉相关法条，即可轻松应对考题。

知识点精讲

一、股份有限公司的概念和特征

概念	股份有限公司是指其全部资本分为等额股份，股东以其所持股份为限对公司承担责任，公司以其全部资产对公司债务承担责任的企业法人。
特征	1. 公司的全部资本分为等额股份。公司资本划分为股份，每股金额相等，由发起人或股东认购并持有。 2. 股东负有限责任。股东对公司的责任仅以其所持股份为限。 3. 开放性与社会性。 （1）开放性：股东可以自由转让其持有的公司股份。并且，为了便于投资者的决策及有利于对公司的法律监管，法律规定了股份有限公司的信息披露制度。 （2）社会性：可以通过对外公开发行股票，向社会募集资金。任何投资者都可以通过购买股票而成为股份有限公司的股东。

二、股份有限公司的设立条件

根据我国公司法的规定，设立股份有限公司应当具备下列条件：

（1）发起人符合法定人数。

（2）有符合公司章程规定的全体发起人认购的股本总额或者募集的实收股本总额。

（3）股份发行、筹办事项符合法律规定。

（4）发起人制定公司章程，采用募集方式设立的经创立大会通过。

（5）有公司名称，建立符合股份有限公司要求的组织机构。

（6）有公司住所。

三、股份有限公司的设立方式与程序

股份有限公司的设立方式有两种：一种是发起设立；一种是募集设立。

（一）发起设立

概念	发起设立是指由发起人认购公司应发行的全部股份，不向发起人之外的任何人募集而设立公司。
程序	1. 发起人认购股份。 注意： （1）注册资本为在公司登记机关登记的全体发起人认购的股本总额。在发起人认购的股份缴足前，不得向他人募集股份。 （2）发起人应当书面认足公司章程规定其认购的股份。认购书一经填妥并签署，即具有法律上的约束力。
	2. 发起人缴清股款。 注意： （1）发起人应当按照公司章程规定缴纳出资。 （2）以非货币财产出资的，应当依法办理其财产权的转移手续。 （3）发起人不依照公司法规定缴纳出资的，应当按照发起人协议承担违约责任。 3. 选举董事会和监事会。 注意：发起人认足公司章程规定的出资后，应当选举董事会和监事会 4. 申请设立登记。 注意：由董事会向公司登记机关报送公司章程以及法律、行政法规规定的其他文件，申请设立登记。

（二）募集设立

概念	募集设立是指由发起人认购公司应发行股份的一部分，其余部分向社会公开募集而设立公司。
程序	1. 发起人认购股份。 注意： 注册资本为在公司登记机关登记的实收股本总额。 （2）发起人认购的股份不得少于公司股份总数的百分之三十五；但是，法律、行政法规另有规定的，从其规定。

续表

<table>
<tr><td>程序</td><td>2. 公告招股说明书，制作认股书。
注意：
（1）认股书应当载明《公司法》第 86 条所列事项（①发起人认购的股份数；②每股的票面金额和发行价格；③无记名股票的发行总数；④募集资金的用途；⑤认股人的权利、义务；⑥本次募股的起止期限及逾期未募足时认股人可以撤回所认股份的说明），由认股人填写认购股数、金额、住所，并签名、盖章。
（2）认股人按照所认购股数缴纳股款。
3. 签订承销协议和代收股款协议。
注意：
应当由依法设立的证券公司承销，签订承销协议。
应当同银行签订代收股款协议。代收股款的银行应当按照协议代收和保存股款，向缴纳股款的认股人出具收款单据，并负有向有关部门出具收款证明的义务。
4. 验资
注意：发行股份的股款缴足后，必须经依法设立的验资机构验资并出具证明。</td></tr>
<tr><td>程序</td><td>5. 召开创立大会。
注意：
（1）发起人应当在发行股份的股款缴足后 30 日内主持召开创立大会。
（2）创立大会由发起人、认股人组成。
（3）发起人应当在创立大会召开 15 日前将会议日期通知各认股人或者予以公告。
（4）创立大会应有代表股份总数过半数的发起人、认股人出席，方可举行。
（5）创立大会的职权：
①审议发起人关于公司筹办情况的报告；
②通过公司章程；
③选举董事会成员；
④选举监事会成员；
⑤对公司的设立费用进行审核；
⑥对发起人用于抵作股款的财产的作价进行审核；
⑦发生不可抗力或者经营条件发生重大变化直接影响公司设立的，可以作出不设立公司的决议。
（6）创立大会作出决议，必须经出席会议的认股人所持表决权过半数通过。
6. 申请设立登记。
注意：
（1）在创立大会结束后 30 日内，由董事会向公司登记机关申请设立登记，并按照公司登记管理条例的规定，报送有关文件。
（2）以募集方式设立股份有限公司公开发行股票的，还应当向公司登记机关报送国务院证券监督管理机构的核准文件。</td></tr>
</table>

第二节　股份有限公司的组织机构

重要法条及司法解释

《公司法》第 98 ~ 119 条。

命题分析

“股份有限公司的组织机构”是股份有限公司中的基础内容，考生可以结合有限责任公司的组织机构进行比较学习。

从考查内容来看，股东大会和董事会是重点内容，经理和监事会可能考到，考生需要重点掌握临时股东大会、董事会临时会议和股东大会重要事项的表决相关知识，注意《公司法》关于有限责任公司股东会职权、董事会职权的规定，适用于股份有限公司股东大会、董事会。难点是准确记忆本知识点中的数字，本知识点中有很多的数字，易混淆。此外，考生需掌握股东大会会议由董事会召集，董事长主持，董事长召集和主持董事会会议。

知识点精讲

一、股东大会

<table>
<tr><td>性质</td><td colspan="3">股份有限公司股东大会由全体股东组成。股东大会是公司的权力机构。</td></tr>
<tr><td>职权</td><td colspan="3">公司法关于有限责任公司股东会职权的规定，适用于股份有限公司股东大会。</td></tr>
<tr><td rowspan="4">股东大会会议</td><td rowspan="2">类型</td><td>年会</td><td>每年召开一次。</td></tr>
<tr><td>临时股东大会</td><td>有下列情形之一的，应当在两个月内召开临时股东大会：
（1）董事人数不足本法规定人数或者公司章程所定人数的三分之二时；
（2）公司未弥补的亏损达实收股本总额三分之一时；
（3）单独或者合计持有公司百分之十以上股份的股东请求时；
（4）董事会认为必要时；
（5）监事会提议召开时；
（6）公司章程规定的其他情形。</td></tr>
<tr><td>召集与主持</td><td colspan="2">（1）股东大会会议由董事会召集，董事长主持；董事长不能履行职务或者不履行职务的，由副董事长主持；副董事长不能履行职务或者不履行职务的，由半数以上董事共同推举一名董事主持。
（2）董事会不能履行或者不履行召集股东大会会议职责的，监事会应当及时召集和主持；
（3）监事会不召集和主持的，连续 90 日以上单独或者合计持有公司 10% 以上股份的股东可以自行召集和主持。</td></tr>
<tr><td>通知</td><td colspan="2">（1）召开股东大会会议，应当将会议召开的时间、地点和审议的事项于会议召开 20 日前通知各股东。
（2）临时股东大会应当于会议召开 15 日前通知各股东。
（3）发行无记名股票的，应当于会议召开 30 日前公告会议召开的时间、地点和审议事项。无记名股票持有人出席股东大会会议的，应当于会议召开 5 日前至股东大会闭会时将股票交存于公司。
（4）股东大会不得对前两款通知中未列明的事项作出决议。</td></tr>
</table>

续表

<table>
<tr><td rowspan="2">股东大会会议</td><td>临时提案</td><td>（1）单独或者合计持有公司3%以上股份的股东，可以在股东大会召开10日前提出临时提案并书面提交董事会。
（2）董事会应当在收到提案后2日内通知其他股东，并将该临时提案提交股东大会审议。
（3）临时提案的内容应当属于股东大会职权范围，并有明确议题和具体决议事项。</td></tr>
<tr><td>股东大会决议</td><td>（1）股东出席股东大会会议，所持每一股份有一表决权。但是，公司持有的本公司股份没有表决权。
（2）股东可以委托代理人出席股东大会会议，代理人应当向公司提交股东授权委托书，并在授权范围内行使表决权。
（3）股东大会作出决议，必须经出席会议的股东所持表决权过半数通过。
（4）股东大会作出修改公司章程、增加或者减少注册资本的决议，以及公司合并、分立、解散或者变更公司形式的决议，必须经出席会议的股东所持表决权的三分之二以上通过。
（5）股东大会应当对所议事项的决定作成会议记录，主持人、出席会议的董事应当在会议记录上签名。会议记录应当与出席股东的签名册及代理出席的委托书一并保存。</td></tr>
<tr><td rowspan="3">累积投票制</td><td>概念</td><td>指股东大会选举董事或者监事时，每一股份拥有与应选董事或者监事人数相同的表决权，股东拥有的表决权可以集中使用。
举例说明：
假设某股份有限公司要选5名董事，公司股份共1000股，股东共10人，其中1名大股东持有510股，即拥有公司51%的股份，其余9名股东共计持有490股，合计拥有公司49%的股份。
（1）如果按照直接投票制度，即每一股有一个表决权，则控股51%的大股东就能够使自己推选出的5名董事全部当选，其他股东无法表达自己的意志。
（2）如果采用累积投票制：
表决权总数：$1000\times5=5000$票
控股股东票数：$5000\times51\%=2550$票
其余股东票数：$5000\times49\%=2450$票
根据累积投票制，股东拥有的表决权可以集中投票给一个或几个候选人，然后按照所得票数多少的排序确定当选董事。因此，从理论上来说，其他股东至少可以使己方的2名董事当选，而控股比例超过半数的股东也最多只能选上己方3名董事。</td></tr>
<tr><td>适用</td><td>任意性，即公司可以采用，也可以不采用。是否采用由公司章程作出规定或由股东大会作出决议。</td></tr>
<tr><td>意义</td><td>限制大股东或控股股东对董事、监事选举过程的控制与操纵，有利于保护中小股东的利益。</td></tr>
</table>

二、董事会

性质	董事会是股份有限公司必设的业务执行和经营意思决定机构，对股东大会负责。
组成	1. 成员为5~19人。 2. 可以有公司职工代表（由公司职工通过职工代表大会、职工大会或者其他形式民主选举产生）。 3. 董事会设董事长一人，可以设副董事长。董事长和副董事长由董事会以全体董事的过半数选举产生。
职权	适用《公司法》关于有限责任公司董事会职权的规定。

续表

董事会会议	1. 董事长召集和主持董事会会议，检查董事会决议的实施情况。副董事长协助董事长工作，董事长不能履行职务或者不履行职务的，由副董事长履行职务；副董事长不能履行职务或者不履行职务的，由半数以上董事共同推举一名董事履行职务。 2. 董事会每年度至少召开两次会议，每次会议应当于会议召开 10 日前通知全体董事和监事。 3. 董事会临时会议： 可以提议召开：①代表十分之一以上表决权的股东；②三分之一以上董事或者监事会。 董事长应当自接到提议后十日内，召集和主持董事会会议。 董事会召开临时会议，可以另定召集董事会的通知方式和通知时限。 4. 董事会会议应有过半数的董事出席方可举行。 5. 董事会作出决议，必须经全体董事的过半数通过。 6. 董事会决议的表决，实行一人一票。 7. 董事会会议，应由董事本人出席；董事因故不能出席，可以书面委托其他董事代为出席，委托书中应载明授权范围。 8. 董事会应当对会议所议事项的决定作成会议记录，出席会议的董事应当在会议记录上签名。 9. 董事应当对董事会的决议承担责任。董事会的决议违反法律、行政法规或者公司章程、股东大会决议，致使公司遭受严重损失的，参与决议的董事对公司负赔偿责任。但经证明在表决时曾表明异议并记载于会议记录的，该董事可以免除责任。

三、经理

性质	经理是对股份有限公司日常经营管理负有全责的高级管理人员，由董事会聘任或解聘，对董事会负责。
职权	适用《公司法》关于有限责任公司经理职权的规定。
兼任	公司董事会可以决定由董事会成员兼任经理。

四、监事会

性质	监事会是股份有限公司必设的监察机构，对公司的财务及业务执行情况进行监督。
组成	（1）成员不得少于三人。 （2）监事会应当包括股东代表和适当比例的公司职工代表，其中职工代表的比例不得低于三分之一，具体比例由公司章程规定。监事会中的职工代表由公司职工通过职工代表大会、职工大会或者其他形式民主选举产生。 （3）监事会设主席一人，可以设副主席。监事会主席和副主席由全体监事过半数选举产生。监事会主席召集和主持监事会会议；监事会主席不能履行职务或者不履行职务的，由监事会副主席召集和主持监事会会议；监事会副主席不能履行职务或者不履行职务的，由半数以上监事共同推举一名监事召集和主持监事会会议。 （4）董事、高级管理人员不得兼任监事。
职权	（1）适用公司法关于有限责任公司监事会职权的规定； （2）监事会行使职权所必需的费用，由公司承担。
监事会会议	（1）监事会每六个月至少召开一次会议。 （2）监事会的议事方式和表决程序，除本法有规定的外，由公司章程规定。 （3）监事会决议应当经半数以上监事通过。 （4）监事会应当对所议事项的决定作成会议记录，出席会议的监事应当在会议记录上签名。

第三节　股份有限公司的股份转让

重要法条及司法解释

《公司法》第137～142条。

命题分析

“股份有限公司的股份转让”是《公司法》关于股份有限公司的重要规定，历年考查不多。从考查内容分析，本知识点考查的内容有股份转让的原则、场所、限制以及收购本公司的股份等，考生在学习本知识点时需要区分有限责任公司关于股权转让的规定与股份有限公司关于股份转让的规定，不要混淆。此外，考生需重点掌握股份转让的限制和收购本公司股份两部分内容，准确掌握对不同主体转让股份的不同限制以及公司可以收购本公司股份的情形和条件，其中涉及的数字较多，是考试命题的重点。

知识点精讲

股份有限公司的股份转让

股份转让的原则	股份转让实行自由转让的原则。每个股东都有权依公司法的规定，转让自己的股份。 注意： （1）记名股票，由股东以背书方式或者法律、行政法规规定的其他方式转让；转让后由公司将受让人的姓名或者名称及住所记载于股东名册。 （2）无记名股票的转让，由股东将该股票交付给受让人后即发生转让的效力。
股份转让的场所	应当在依法设立的证券交易场所进行或者按照国务院规定的其他方式进行。
股份转让的限制	1. 对发起人持有本公司股份转让的限制： （1）发起人持有的本公司股份，自公司成立之日起一年内不得转让。 （2）公司公开发行股份前已发行的股份，自公司股票在证券交易所上市交易之日起一年内不得转让。 2. 对董事、监事、高级管理人员的限制： （1）公司董事、监事、高级管理人员应当向公司申报所持有的本公司的股份及其变动情况，在任职期间每年转让的股份不得超过其所持有本公司股份总数的25%； （2）所持本公司股份自公司股票上市交易之日起一年内不得转让。 （3）上述人员离职后半年内，不得转让其所持有的本公司股份。 （4）公司章程可以对公司董事、监事、高级管理人员转让其所持有的本公司股份作出其他限制性规定。

续表

收购本公司股份	1. 原则：公司不得收购本公司股份。 2. 有下列情形之一的，公司可以回购： （1）减少公司注册资本； （2）与持有本公司股份的其他公司合并； （3）将股份用于员工持股计划或者股权激励； （4）股东因对股东大会作出的公司合并、分立决议持异议，要求公司收购其股份； （5）将股份用于转换上市公司发行的可转换为股票的公司债券； （6）上市公司为维护公司价值及股东权益所必需。 注意： 公司因第（1）项、第（2）项规定的情形收购本公司股份的，应当经股东大会决议；公司因第（3）项、第（5）项、第（6）项规定的情形收购本公司股份的，可以依照公司章程的规定或者股东大会的授权，经三分之二以上董事出席的董事会会议决议。 公司依照规定收购本公司股份后，属于第（1）项情形的，应当自收购之日起十日内注销；属于第（2）项、第（4）项情形的，应当在六个月内转让或者注销；属于第（3）项、第（5）项、第（6）项情形的，公司合计持有的本公司股份数不得超过本公司已发行股份总额的百分之十，并应当在三年内转让或者注销。 公司不得接受本公司的股票作为质押权的标的。

第四节　对上市公司组织机构的特别规定

重要法条及司法解释

《公司法》第120～124条。

《证券法》第15条。

命题分析

“上市公司的组织机构”为股份有限公司中的较为重要的基础考点，独立董事制度则是其中的重中之重。与本节知识点相关的试题所考内容相对比较基础且容易，考生只需对相关法条进行准确记忆，对相关规定有准确理解即可得分。

知识点精讲

一、上市公司概述

（一）概念

上市公司是指所发行的股票经国务院或者国务院授权证券管理部门批准在证券交易所上市交易的股份有限公司。上市公司的股票依照法律、行政法规及证券交易所的交易规则上市交易。

（二）特征

1. 上市公司在性质上属于股份有限公司。

2. 上市公司是符合法定上市条件的股份有限公司。

3. 上市公司所发行的股票在证券交易所上市交易。

二、对上市公司组织机构的特别规定

（一）由股东大会决议的特别事项

1. 上市公司由股东大会决议的特别事项

具体事项	（1）在1年内购买、出售重大资产。 （2）担保金额超过公司资产总额30%。（无时间限制）
决议程序	应当由股东大会作出决议，并经出席会议的股东所持表决权的2/3以上通过。

2. 与有限责任公司、股份有限公司的比较

	有限公司	股份公司	上市公司
由股东大会决议的特别事项	1. 修改公司章程。 2. 增加或者减少注册资本。 3. 公司合并、分立、解散或者变更公司形式。	1. 修改公司章程。 2. 增加或者减少注册资本。 3. 公司合并、分立、解散或者变更公司形式。	1. 股份有限公司的特别事项：（参照左栏内容） 2. 上市公司的特别事项： （1）在1年内购买、出售重大资产。 （2）担保金额超过公司资产总额30%。
表决规则	必须经代表2/3以上表决权的股东通过。	必须经出席会议的股东所持表决权的2/3以上通过。	必须由出席会议的股东所持表决权的2/3以上通过。

（二）董事会秘书制度

1. 概述

（1）上市公司设董事会秘书，负责公司股东大会和董事会会议的筹备、文件保管以及公司股东资料的管理，办理信息披露事务等事宜。

（2）董事会秘书具有公司高级管理人员的身份，也要依法承担忠实义务和勤勉义务①。

（3）在公司组织机构中，董事会秘书隶属于董事会，是协助董事会执行业务的助理机构②。

2. 董事会秘书与董事长秘书

	董事会秘书	董事长秘书
定义	由上市公司设立的负责公司股东大会和董事会会议的筹备、文件保管以及公司股东资料的管理，办理信息披露事务等事宜的高级管理人员。	协助董事长处理各项日常事务的行政人员。
性质	属于公司高级管理人员。	非公司高级管理人员，仅属于普通的行政人员。
隶属关系	隶属于董事会。	隶属于董事长。
承担义务	依法承担忠实义务和勤勉义务。	不要求承担忠实义务和勤勉义务。

---

① 赵旭东主编：《公司法学》，高等教育出版社2015年4月第四版，第298页。

② 赵旭东主编：《公司法学》，高等教育出版社2015年4月第四版，第297页。

（三）关联董事回避制度

1. 上市公司董事与董事会会议决议事项所涉及的企业有关联关系的，不得对该项决议行使表决权，也不得代理其他董事行使表决权。

2. 该董事会会议由过半数的无关联关系董事出席即可举行，董事会会议所作决议须经无关联关系董事过半数通过。

3. 出席董事会的无关联关系董事人数不足 3 人的，应将该事项提交上市公司股东大会审议。

（四）独立董事制度

	具体规则
概念	1. 根据中国证监会 2001 年颁布的《关于在上市公司建立独立董事制度的指导意见》（以下简称《指导意见》），上市公司应当建立独立董事制度。 2. 上市公司独立董事是指不在公司担任除董事以外的其他职务，与其所受聘的上市公司及其主要股东不存在可能妨碍其进行独立客观判断的关系的董事。
义务	1. 独立董事对上市公司及全体股东负有诚信和勤勉的义务。 2. 独立董事应当按照相关法律法规、《指导意见》和公司章程的要求，认真履行职责，维护公司整体利益，尤其要关注中小股东的合法权益不受损害。 3. 独立董事及拟担任独立董事的人士应当按照中国证监会的要求，参加中国证监会及其授权机构所组织的培训。
独立性	1. 独立地履行职责：不受上市公司主要股东、实际控制人或者其他与上市公司存在利害关系的单位或者个人的影响。 2. 独立的法律地位：独立董事由公司的股东大会选举产生，对股东大会负责，不是公司大股东或者高管层的代言人。 3. 独立地发表意见： （1）独立董事对董事、高管的提名、任免、报酬、考核事项以及其认为可能损害中小股东权益的重大事项向董事会或股东大会发表独立意见； （2）对公司关联交易、聘用或者解聘会计师事务所等重大事项进行审核并发表独立意见。①
兼职限制	独立董事原则上最多在 5 家上市公司兼任独立董事，并确保有足够的时间和精力有效地履行独立董事的职责。
上市公司的配备	上市公司董事会成员中应当至少包括 1/3（≥1/3）的独立董事，其中至少包括一名会计专业人士。 （1）会计专业人士是指具有高级职称或注册会计师资格的人士； （2）上市公司独立董事中至少包括一名会计人士，对法律人士不作要求。
任职条件	独立董事应当具备与其行使职权相适应的任职条件。具体而言，担任独立董事应当符合下列基本条件： （1）根据法律、行政法规及其他有关规定，具备担任上市公司董事的资格； （2）具有本《指导意见》所要求的独立性； （3）具备上市公司运作的基本知识，熟悉相关法律、行政法规、规章及规则； （4）具有 5 年以上法律、经济或者其他履行独立董事职责所必需的工作经验； （5）公司章程规定的其他条件。

① 赵旭东主编：《公司法学》，高等教育出版社 2015 年 4 月第四版，第 303 页。

续表

	具体规则
任职资格的限制	根据《指导意见》的规定，独立董事具有以下任职资格的限制： (1) 在上市公司或者其附属企业任职的人员及其直系亲属、主要社会关系（直系亲属是指配偶、父母、子女等；主要社会关系是指兄弟姐妹、岳父母、儿媳女婿、兄弟姐妹的配偶、配偶的兄弟姐妹等）； (2) 直接或间接持有上市公司已发行股份1%以上或者是上市公司前10名股东中的自然人股东及其直系亲属； (3) 在直接或间接持有上市公司已发行股份5%以上的股东单位或者在上市公司前5名股东单位任职的人员及其直系亲属； (4) 最近1年内曾经具有前三项所列举情形的人员； (5) 为上市公司或者其附属企业提供财务、法律、咨询等服务的人员； (6) 公司章程规定的其他人员； (7) 中国证监会认定的其他人员。
任期	1. 独立董事每届任期与该上市公司其他董事任期相同，任期届满，连选可以连任，但是连任时间不得超过6年； 2. 独立董事连续3次未出席董事会会议的，由董事会提请股东大会予以撤换； 3. 除出现上述情况被依法撤换及《公司法》中规定的不得担任董事的情形外，独立董事任期届满前不得无故被免职。提前免职的，上市公司应将其作为特别披露事项予以披露，被免职的独立董事认为公司的免职理由不当的，可以作出公开的声明。
特别职权	独立董事除应当具有公司法和其他相关法律、法规赋予董事的职权外，上市公司还应当赋予独立董事以下特别职权： (1) 重大关联交易（指上市公司拟与关联人达成的总额高于300万元或高于上市公司最近经审计净资产值的5%的关联交易）应由独立董事认可后，提交董事会讨论；独立董事作出判断前，可以聘请中介机构出具独立财务顾问报告，作为其判断的依据。 (2) 向董事会提议聘用或解聘会计师事务所。 (3) 向董事会提请召开临时股东大会。 (4) 提议召开董事会。 (5) 独立聘请外部审计机构和咨询机构。 (6) 可以在股东大会召开前公开向股东征集投票权。 独立董事行使上述职权应当取得全体独立董事的1/2以上同意。如上述提议未被采纳或上述职权不能正常行使，上市公司应将有关情况予以披露。
	独立董事除履行上述职责外，还应当对以下事项向董事会或股东大会发表独立意见： (1) 提名、任免董事； (2) 聘任或解聘高级管理人员； (3) 公司董事、高级管理人员的薪酬； (4) 上市公司的股东、实际控制人及其关联企业对上市公司现有或新发生的总额高于300万元或高于上市公司最近经审计净资产值的5%的借款或其他资金往来，以及公司是否采取有效措施回收欠款； (5) 独立董事认为可能损害中小股东权益的事项； (6) 公司章程规定的其他事项。 独立董事应当就上述事项发表以下几类意见之一：①同意；②保留意见及其理由；③反对意见及其理由；④无法发表意见及其障碍。 如有关事项属于需要披露的事项，上市公司应当将独立董事的意见予以公告，独立董事出现意见分歧无法达成一致时，董事会应将各独立董事的意见分别披露。

例（模拟题） 甲同学和乙同学在学习了上市公司的独立董事制度之后，互相讨论时

有这样的一些观点：

甲认为，①公司董事会成员中应当至少包括1/3的独立董事；②上市公司的独立董事中，至少包括一名会计专业人士和一名法律专业人士。

乙认为，①独立董事在其他上市公司同时兼任独立董事的，不得超过5家；②各独立董事不得直接或间接持有甲公司已发行的股份。

请分析甲、乙观点的正误。

提示：上市公司董事会成员中应当至少包括1/3（≥1/3）的独立董事，其中至少包括一名会计专业人士。由此可知，甲的观点①符合上市公司董事会成员组成的法律规定，正确；上市公司的独立董事之中至少包括一名会计人士，并不需要至少包括一名法律人士。所以，甲的观点②错误。

独立董事原则上最多在5家（其担任独立董事的公司的总数量）上市公司兼任独立董事，这意味着该独立董事在其他上市公司同时兼任独立董事的，不得超过4家。所以，乙的观点①错误；独立董事不得直接或间接持有上市公司已发行股份1%以上或者是上市公司前10名股东中的自然人股东及其直系亲属。此处只是对独立董事的持股比例有限制，并非完全禁止独立董事持有其担任独立董事的上市公司的股份。所以，乙的观点②错误。

由以上解析可知，上市公司的独立董事制度本身难度并不大，只是需要考生精确地掌握该制度的具体规定，从而可以从容应对命题人“偷梁换柱”“鱼目混珠”之命题技巧。

第十章　普通合伙企业法

第一节　设立条件和程序

重要法条及司法解释

《合伙企业法》第 3、14 ~ 19、48、50 条。

命题分析

“设立条件与程序”是合伙企业的基础内容，由于本知识点所涉及内容较为简单，考查较少。

从考查内容分析，本知识点包括合伙人、合伙协议以及合伙出资等内容，考生需要重点掌握合伙出资，合伙企业设立时合伙人可以用货币、实物、知识产权、土地使用权或者其他财产权利出资，也可以用劳务出资，难点是将合伙企业出资规则与设立公司时关于出资的规定区分，例如合伙企业中出资人可以房屋使用权作为出资，不必办理房屋产权过户登记，而在设立公司过程中，股东以房屋所有权出资，应当办理房屋产权过户登记。

知识点精讲

一、合伙人

合伙人的人数	合伙人数应不少于 2 人，人数没有上限限制。由于合伙的人合性质，合伙人之间的信任尤为重要，所以实践中合伙人人数一般不会太多。
合伙人的行为能力	(1) 合伙人为自然人的，应当具有完全民事行为能力。 (2)《合伙企业法》第 48 条第 2 款规定：合伙人被依法认定为无民事行为能力人或者限制民事行为能力人的，经其他合伙人一致同意，可以依法转为有限合伙人，普通合伙企业依法转为有限合伙企业。意味着无民事行为能力人或限制民事行为能力人不能成为合伙企业设立时的创始合伙人。 (3)《合伙企业法》第 50 条规定：合伙人死亡或者被依法宣告死亡的，对该合伙人在合伙企业中的财产份额享有合法继承权的继承人，按照合伙协议的约定或者经全体合伙人一致同意，从继承开始之日起，取得该合伙企业的合伙人资格。意味着无民事行为能力人或限制民事行为能力人可以且只能成为有限合伙人，而不能成为普通合伙人。
法律禁止作为合伙人的情形	(1) 国有独资公司、国有企业、上市公司以及公益性的事业单位、社会团体不得成为普通合伙人。法律并未限制其成为有限合伙人，这意味着其可以成为有限合伙人。 (2) 法律、行政法规禁止从事营利性活动的人，不得成为合伙企业的合伙人，具体包括国家公务员、法官、检察官及警察。

二、合伙协议

概念	指合伙人为设立合伙企业而签订的合同。是合伙企业的法律基础，也是合伙企业设立要件之一。
合伙协议的形式	合伙协议应当载明下列事项： （1）合伙企业的名称和主要经营场所的地点； （2）合伙目的和合伙经营范围； （3）合伙人的姓名或者名称、住所； （4）合伙人的出资方式、数额和缴付期限； （5）利润分配、亏损分担方式； （6）合伙事务的执行； （7）入伙与退伙； （8）争议解决办法； （9）合伙企业的解散与清算； （10）违约责任。
合伙协议的生效	1. 合伙协议经全体合伙人签名、盖章后生效。合伙人按照合伙协议享有权利，履行义务。 2. 修改或者补充合伙协议，应当经全体合伙人一致同意；但是，合伙协议另有约定的除外。 3. 合伙协议未约定或者约定不明确的事项，由合伙人协商决定；协商不成的，依照本法和其他有关法律、行政法规的规定处理。

三、合伙出资

出资的方式	合伙人可以用货币、实物、知识产权、土地使用权或者其他财产权利出资，也可以用劳务出资。
出资的作价	（1）合伙人以实物、知识产权、土地使用权或者其他财产权利出资，需要评估作价的，可以由全体合伙人协商确定，也可以由全体合伙人委托法定评估机构评估。 （2）合伙人以劳务出资的，其评估办法由全体合伙人协商确定，并在合伙协议中载明。
出资的缴付	（1）合伙人应当按照合伙协议约定的出资方式、数额和缴付期限，履行出资义务。 （2）以非货币财产出资的，依照法律、行政法规的规定，需要办理财产权转移手续的，应当依法办理。

例（真题） 甲、乙、丙、丁打算设立一家普通合伙企业。对此，下列哪一表述是正确的？

A. 各合伙人不得以劳务作为出资

B. 如乙仅以其房屋使用权作为出资，则不必办理房屋产权过户登记

C. 该合伙企业名称中不得以任何一个合伙人的名字作为商号或字号

D. 合伙协议经全体合伙人签名、盖章并经登记后生效

提示：《合伙企业法》第16条第1款规定：“合伙人可以用货币、实物、知识产权、土地使用权或者其他财产权利出资，也可以用劳务出资。”故选项A错误。本题为普通合伙企业，故合伙人可以房屋使用权出资，无须办理转移所有权的过户登记。故选项B正确。《合伙企业法》第15条规定：合伙企业名称中应当标明“普通合伙”字样。普通合伙企业名称

中标明“普通合伙”字样即可，其并未禁止将个人姓名作为商号或字号适用，故选项C错误。《合伙企业法》第19条第1款规定：“合伙协议经全体合伙人签名、盖章后生效。合伙人按照合伙协议享有权利，履行义务。”合伙协议生效不以登记为要件，故选项D错误。

第二节　合伙财产的管理、使用及处分

重要法条及司法解释

《合伙企业法》第20～25、31、42、72～74条。

《最高人民法院关于适用〈中华人民共和国婚姻法〉若干问题的解释（二）》第17条。

命题分析

“普通合伙企业合伙财产的管理、使用及处分”是《合伙企业法》的重点内容，有一定考查频率。从考查内容来看，主要包括合伙财产的概念与范围、合伙财产的性质、合伙企业财产的管理、使用以及处分、离婚时合伙财产份额的分割。

其中，最为重要的考点是合伙企业财产份额的转让、出质以及分割的规则，对此，命题人习惯于将其与有限合伙企业、有限责任公司的相关知识点进行混淆性考查，还望考生用心加以区分。

知识点精讲

本节合伙财产的管理、使用及处分针对的是普通合伙企业的合伙财产，而非针对其他类型合伙的合伙财产。但是，涉及具体的知识点，仍会将易混淆的部分汇总比较，以便考生理解记忆。

一、合伙财产的概念与范围

由于合伙并不享有法人资格，无法形成统一的法人财产所有权，故合伙财产的性质比法人财产更为复杂。合伙的财产主要由两部分组成：其一是合伙人出资形成的财产；其二是以合伙企业名义取得的收益和依法取得的其他财产。

	合伙财产
概念	合伙财产指合伙存续期间，合伙人的出资和所有以合伙企业名义取得的收益和依法取得的其他财产。
范围	（1）全体合伙人的出资。合伙人对合伙企业的出资是指各合伙人按照合伙协议实际缴付的出资。 （2）合伙企业成立后解散前，以合伙企业名义取得的全部收益和依法取得的其他财产。

二、合伙企业财产的性质

依据《合伙企业法》第20条的规定，合伙人的出资和所有以合伙企业名义取得的收益均为合伙企业的财产，由全体合伙人共同管理和使用。这一规定仅仅界定了合伙企业财产的范围，既未明确合伙财产的法律性质，也未区分合伙人的出资财产和合伙积累的财产。关于合伙企业财产的性质，实践中应当区分合伙人的出资财产和合伙积累的财产，并对二者作不同的处理。

（一）合伙人出资财产部分的性质

合伙人的出资形式多样，不同的出资所反映的性质不完全一样。

出资形式	出资财产的性质
以现金或明确以财产所有权出资	（1）此种出资意味着所有权的转移，出资人不再享有出资财产的所有权，而由全体合伙人共有。 （2）例如，合伙人以货币出资购买合伙经营所需的设备后，合伙人出资的货币所有权转移而形成全体合伙人对设备的共有权。
以使用权出资	（1）例如，以房屋使用权、商标使用权、专利使用权等权利出资。 （2）出资人并不因出资行为而丧失房屋所有权、商标权、专利权等权利，这些出资财产的所有权仍属于出资人，合伙企业只享有使用和管理权。 （3）对于此类出资，在合伙人退伙或者合伙企业解散时，合伙人原则上有权要求返还原物。
出资形式不明的	对于是以所有权出资还是使用权出资约定不明，而合伙人之间达不成合意的，应当结合合伙存续期间的实际情况予以判断，推定为以所有权出资或者以使用权出资。

（二）合伙积累财产的性质

归属	1. 以合伙企业名义取得的财产，当然包括合伙经营积累的财产，归合伙企业所有，亦即由合伙人共有； 2. 除积累财产外，上述合伙人以所有权出资形成的合伙财产也属于合伙人共有。
合伙财产共有的性质	1. 此种共有应理解为按份共有，即按照各合伙人对合伙企业的出资份额和比例享有权利。 2. 关于“出资份额”之说明： ①这种份额表现为一种潜在的份额，即在合伙企业存续期间合伙人不得以份额比例要求分割财产，也不得以份额大小来决定合伙人对合伙财产的使用和管理方面的权利以及合伙事务执行方面的权利； ②只有在分配合伙企业利润和退伙以及合伙企业解散时，份额比例才具有实际意义，才能作为各合伙人分配利润和分割财产的依据。

三、合伙企业财产的管理、使用与处分

（一）概述

1. 此处所说的“合伙企业财产的管理、使用和处分”是针对普通合伙企业而言的。

2. 合伙企业财产依法由全体普通合伙人共同管理和使用。依据《合伙企业法》第 21 条，这种共同性主要体现在以下两个方面：

（1）合伙人在合伙企业清算前，不得请求分割合伙企业的财产；但是，本法另有规定的除外。这里的“另外规定”主要是指合伙人退伙时可以请求分割合伙企业的财产。

（2）合伙人在合伙企业清算前私自转移或者处分合伙企业财产的，合伙企业不得以此

对抗善意第三人。

3. 合伙企业的财产 VS 合伙企业的财产份额（普通合伙企业）：

	合伙企业的财产	合伙企业的财产份额
概念	指合伙存续期间，合伙人的出资和所有以合伙企业名义取得的收益和依法取得的其他财产。	合伙人基于合伙企业财产由全体合伙人共有的规定而享有的一种抽象形态的权利。
性质	1. 合伙人出资财产部分：不同的出资所反映的性质不完全一样； 2. 合伙经营积累的财产部分：归合伙企业所有，亦即由合伙人共有。	1. 属于一种抽象的权利，不以合伙企业内任何特定财产为权利客体； 2. 属于合伙人身份的象征，享有财产份额的人即是合伙人。
法律意义	1. 合伙企业财产是合伙企业对外承担责任的第一顺位清偿财产； 2. 合伙企业财产不足以清偿到期债务的，由合伙人承担无限连带责任； 3. 合伙人承担连带责任后，其清偿数额超过其亏损承担比例的，有权向其他合伙人追偿。	1. 各合伙人按照其对合伙企业的出资份额或者约定的比例享有权利； 2. 财产份额是合伙人分配利润和分割财产（仅限于退伙时和合伙企业解散时）的依据。
擅自处分	1. 处分标的：合伙人的出资、所有以合伙企业名义取得的收益以及依法取得的其他财产。 2. 处分形式：与一般意义上的处分相同。 3. 处分后果：合伙人在合伙企业清算前私自转移或者处分合伙企业财产的，合伙企业不得以此对抗善意第三人。 【注意】此时不涉及合伙企业的人合性，所以优先保护善意第三人的信赖利益。	1. 处分标的：合伙人在合伙企业中享有的财产份额。] 2. 处分形式：出质 + 对外转让。 3. 处分后果： （1）优先保护合伙企业的人合性。 未经一致同意的，其处分行为无效；由此给善意第三人造成损失的，由行为人依法承担赔偿责任； （2）合伙协议另有约定的除外。

（二）合伙财产份额的转让与强制执行

	普通合伙人	有限合伙人
财产份额的内部转让 （合伙人之间转让）	应当通知其他合伙人。	可以自由转让。
财产份额的外部转让 （向合伙人以外的人转让）	1. 原则 （1）须经其他合伙人一致同意。 （2）在同等条件下，其他合伙人有优先购买权。 2. 例外 以上两点要求，合伙协议另有约定的除外。	1. 应当提前 30 日通知其他合伙人。 2. 其他合伙人没有优先购买权。
注意：合伙人以外的人依法受让合伙人在合伙企业中的财产份额的： （1）此人经修改合伙协议即成为合伙企业的合伙人； （2）此人依照本法和修改后的合伙协议享有权利，履行义务。		

续表

	普通合伙人	有限合伙人
财产份额的强制执行 （合伙人的自有财产不足清偿其与合伙企业无关的债务的： （1）该合伙人可以以其从合伙企业中分取的收益用于清偿； （2）债权人也可以依法请求人民法院强制执行该合伙人在合伙企业中的财产份额用于清偿）	1. 应当通知全体合伙人； 2. 其他合伙人有优先购买权； 3. 其他合伙人未购买，又不同意将该财产份额转让给他人的，依法为该合伙人办理退伙结算，或者办理削减该合伙人相应财产份额的结算。	1. 应当通知全体合伙人； 2. 在同等条件下，其他合伙人有优先购买权。

扩展说明：合伙财产份额转让与有限责任公司股权转让

		有限合伙人	普通合伙人	有限责任公司的股东
对内转让	通知	无须通知	应当通知其他合伙人	无须通知
	同意	自由转，无须其他合伙人同意	无须其他合伙人同意	自由转，无须其他股东同意
	优先购买权	无优先购买权	无优先购买权	无优先购买权
对外转让	通知	提前30日通知	需要通知	书面通知其他股东
	同意	无须同意	须经其他合伙人一致同意	须经其他股东过半数同意
	优先购买权	无优先购买权	有优先购买权	有优先购买权
	推定情形	无此规定	无此规定	30日未答复的，视为同意转让不同意转让，又不购买的，视为同意转让

注意：（1）普通合伙人对外转让其财产份额的规则，合伙协议可以对此另有约定；
（2）有限责任公司股权转让（对外＋对内）的规则，公司章程可以对此另有规定。

例1（真题） 张、王、李、赵各出资四分之一，设立通程酒吧（普通合伙企业）。合伙协议未约定合伙期限。酒吧开业半年后，张某在经营理念上与其他合伙人冲突，遂产生退出想法。下列说法正确的是：

A. 可将其份额转让给王某，且不必事先告知赵某、李某

B. 可经王某、赵某同意后，将其份额转让给李某的朋友刘某

提示：《合伙企业法》第22条第2款规定："合伙人之间转让在合伙企业中的全部或者部分财产份额时，应当通知其他合伙人。"由此可知，合伙人之间转让财产份额可以自由转让，应当通知其他合伙人，选项A错误。《合伙企业法》第22条第1款规定："除合伙协议另有约定外，合伙人向合伙人以外的人转让其在合伙企业中的全部或者部分财产份额时，须经其他合伙人一致同意。"由此可知，张某对外转让其份额仅仅经过王某、赵某同意是不够的，需要其他合伙人一致同意，选项B错误。

（三）合伙财产份额的出质

	具体规则
有限合伙人	（1）原则允许：可以将其在有限合伙企业中的财产份额出质； （2）例外禁止：但是合伙协议另有约定的除外。
普通合伙人	规则内容： （1）合伙人以其在合伙企业中的财产份额出质的，须经其他合伙人一致同意； （2）未经其他合伙人一致同意，其行为无效； （3）由此给善意第三人造成损失的，由行为人依法承担赔偿责任。
	注意事项： （1）此时，对善意第三人的保护要让位于合伙企业的人合性； （2）此时，不存在合伙协议另有约定的情形，上述规则属于法律的强制性规定，不允许合伙人意思自治。

例2（真题） 贾某是一有限合伙企业的有限合伙人。下列哪些选项是正确的？

D. 如果合伙协议没有限制，贾某可以不经过其他合伙人同意而将其在合伙企业中的财产份额出质

提示：《合伙企业法》第72条规定："有限合伙人可以将其在有限合伙企业中的财产份额出质；但是，合伙协议另有约定的除外。"由此可知，选项D正确。但是，考生需要注意"合伙协议有无限制"这一重要条件。

例3（真题） 张某向陈某借款50万元作为出资，与李某、王某成立一家普通合伙企业。二年后借款到期，张某无力还款。对此，下列哪些说法是正确的？

A. 经李某和王某同意，张某可将自己的财产份额作价转让给陈某，以抵销部分债务

B. 张某可不经李某和王某同意，将其在合伙中的份额进行出质，用获得的贷款偿还债务

提示：《合伙企业法》第22条第1款规定："除合伙协议另有约定外，合伙人向合伙人以外的人转让其在合伙企业中的全部或者部分财产份额时，须经其他合伙人一致同意。"由此可知，选项A正确。《合伙企业法》第25条规定："合伙人以其在合伙企业中的财产份额出质的，须经其他合伙人一致同意；未经其他合伙人一致同意，其行为无效，由此给善意第三人造成损失的，由行为人依法承担赔偿责任。"由此可知，普通合伙人以其财产份额出质的，必须经过其他合伙人一致同意，否则无效。所以，选项B错误。

例4（真题） 周橘、郑桃、吴柚设立一家普通合伙企业，从事服装贸易经营。郑桃因炒股欠下王椰巨额债务。下列哪些表述是正确的？

B. 郑桃不必经其他人同意，即可将其合伙财产份额直接抵偿给王椰

C. 王椰可申请强制执行郑桃的合伙财产份额

D. 对郑桃的合伙财产份额的强制执行，周橘和吴柚享有优先购买权

提示：《合伙企业法》第22条第1款规定："除合伙协议另有约定外，合伙人向合伙人以外的人转让其在合伙企业中的全部或者部分财产份额时，须经其他合伙人一致同意。"本题中郑桃将合伙财产份额直接抵偿债务相当于对外转让合伙财产份额，必须经其他合伙人一致同意，选项B错误。《合伙企业法》第42条规定："合伙人的自有财产不足清偿其与合伙企业无关的债务的，该合伙人可以以其从合伙企业中分取的收益用于清偿；债权人也可以依法请求人民法院强制执行该合伙人在合伙企业中的财产份额用于清偿。人民法院强制执行合伙人的财产份额时，应当通知全体合伙人，其他合伙人有优先购买权……"由此可知，选项C、D正确。

（四）离婚时合伙财产份额的分割

法院审理离婚案件时，涉及分割夫妻共同财产中以一方名义在合伙企业中的出资，另一方不是该企业合伙人的，当夫妻双方协商一致，将其合伙企业中的财产份额全部或者部分转让给对方时，按以下情形分别处理：

（1）其他合伙人一致同意的，该配偶依法取得合伙人地位；

（2）其他合伙人不同意转让，在同等条件下行使优先受让权的，可以对转让所得的财产进行分割；

（3）其他合伙人不同意转让，也不行使优先受让权，但同意该合伙人退伙或者退还部分财产份额的，可以对退还的财产进行分割；

（4）其他合伙人既不同意转让，也不行使优先受让权，又不同意该合伙人退伙或者退还部分财产份额的，视为全体合伙人同意转让，该配偶依法取得合伙人地位。

如下表所示：

	是否同意转让	是否行使优先受让权	是否同意退伙或退还部分财产份额	合伙财产份额的处理
1	一致同意			该配偶成为合伙人
2	不同意	行使		分割转让所得的财产
3	不同意	不行使	同意	分割退还的财产
4	不同意	不行使	不同意	该配偶成为合伙人

第三节 合伙事务的执行规则

重要法条及司法解释

《合伙企业法》第26～35、57、58、68、76、96～99条。

命题分析

"合伙事务的执行规则"是《合伙企业法》中典型的重点知识点，几乎每年必考，主要包括合伙事务执行的法律后果、合伙事务执行中的合伙人的权利和义务。其中，考生应当准确记忆查阅权、异议权、监督权、撤销权分别对应的权利主体是何人，即合伙事务执行人与非合伙事务执行人之间的权利区别。此外，考生还应当充分掌握普通合伙企业与有限合伙企业之间有关合伙事务执行规则的区别。

知识点精讲

一、普通合伙事务的执行

（一）合伙事务执行的概述

1. 概念：合伙事务的执行，是指为实现合伙企业的共同目的而进行的对合伙企业业务活动的实施和执行。

2. 性质：执行合伙事务是合伙人的权利，所以，不论合伙人采取哪种出资方式，也不论出资额的多少，每个合伙人对合伙事务的执行都享有同等的权利。

3. 说明：

（1）“合伙人对执行合伙事务享有同等的权利”并不意味着每个合伙人对所有合伙事务均得亲自执行，合伙人可以通过合伙协议或者决议的方式限制某合伙人的事务执行权；

（2）同时，这也并不意味着每一个合伙人都必须同样地执行合伙事务。由于提高执行效率的需要以及合伙人的能力参差不齐的现实情况，合伙事务的执行可以采取灵活的方式，只要全体合伙人同意即可。

（二）合伙事务的执行方式

共同执行	定义：由全体合伙人共同执行合伙事务。
	适用：该方式适合于人数较少的合伙企业。
分别单独执行	由各合伙人分别单独执行合伙事务。
委托执行	定义：每一个合伙人都有权将其对合伙事务的执行权委托给其他合伙人，而自己不参与合伙事务的执行。
	条件：按照合伙协议的约定或者经全体合伙人决定，可以委托一个或者数个合伙人对外代表合伙企业，执行合伙事务。
	适用：该方式适合于人数较多的合伙企业。
	种类： （1）由一名合伙人执行合伙事务。即一名合伙人受托代表全体合伙人执行合伙事务。 （2）由数名合伙人共同执行合伙事务。即由全体合伙人委托数名合伙人执行合伙事务。
	注意：合伙人为法人或者其他组织的，其执行合伙事务由其委托的代表执行。
	法律后果： （1）依法委托一个或者数个合伙人执行合伙事务的，其他合伙人不再执行合伙事务。 （2）不执行合伙事务的合伙人有权监督执行事务合伙人执行合伙事务的情况。

（三）合伙事务执行中的合伙人的权利和义务

普通合伙企业合伙事务执行中合伙人的权利和义务：

	合伙事务执行人	合伙事务非执行人
权利	代表权：执行合伙事务，对外代表合伙企业，其他合伙人不再执行合伙事务。	监督权：不执行合伙事务的合伙人有权监督执行事务合伙人执行合伙事务的情况。
	异议权： （1）合伙人分别执行合伙事务的，执行事务合伙人可以对其他合伙人执行的事务提出异议； （2）提出异议时，应当暂停该项事务的执行； （3）如果发生争议，依照《合伙企业法》第30条规定作出决定。①	撤销权：受委托执行合伙事务的合伙人不按照合伙协议或者全体合伙人的决定执行事务的，其他合伙人可以决定撤销该委托。
	【共同权利】查阅权：合伙人为了解合伙企业的经营状况和财务状况，有权查阅合伙企业会计账簿等财务资料。 **注意：** （1）此处查阅权针对的是普通合伙企业的全体合伙人，且不区分合伙事务的执行人与非执行人而有所差别对待； （2）此处知情权的行使方式是查阅企业的会计账簿等财务资料，未明确规定合伙人是否有权复制上述资料。	
义务	定期报告的义务：执行事务合伙人应当定期向其他合伙人报告事务执行情况以及合伙企业的经营和财务状况。	不得再执行合伙事务的义务：不再执行合伙事务，不能代表合伙企业对外进行交易活动。
	共同义务： （1）竞业禁止的义务：【绝对禁止】普通合伙人不得自营或者同他人合作经营与本合伙企业相竞争的业务。 （2）禁止自我交易的义务：【相对禁止】除合伙协议另有约定或者经全体合伙人一致同意外，普通合伙人不得同本合伙企业进行交易。 （3）忠实义务：【绝对禁止】无论是否执行合伙事务，合伙人不得从事损害本合伙企业利益的活动。	
重点解读：普通合伙与善意第三人之间的关系 （1）内部约定有效 合伙企业内部可以通过合伙协议或者经全体合伙人决定的形式，委托一个或者数个合伙人对外代表合伙企业，执行合伙事务，而其他合伙人不再执行合伙事务。 （2）内部限制不得对抗外部善意第三人 合伙企业对合伙人执行合伙事务以及对外代表合伙企业权利的限制，不得对抗善意第三人。 （3）擅自执行合伙事务有效 非合伙事务执行人违反合伙协议或者全体合伙人的决定，擅自以合伙企业的名义对外进行交易的，除非违反法律、行政法规的强制性规定，双方所签订的合同有效。 总之，处理此类问题关键在于准确区分合伙企业的内外部关系，遵循“内部的归内部，外部的归外部”的规则：只要某合伙人的行为能够认定为合伙企业的行为，其产生的合伙企业债务均由全体合伙人和合伙企业承担无限连带责任。		

① 《合伙企业法》第30条规定：“合伙人对合伙企业有关事项作出决议，按照合伙协议约定的表决办法办理。合伙协议未约定或者约定不明确的，实行合伙人一人一票并经全体合伙人过半数通过的表决办法。本法对合伙企业的表决办法另有规定的，从其规定。”

扩展说明1：有限合伙人与普通合伙人的知情权

类型	知情权
普通合伙人	(1) 内容：为了解合伙企业的经营状况和财务状况，有权查阅合伙企业会计账簿等财务资料。 (2) 注意：合伙人均享有上述知情权，不区分合伙事务执行人和非执行人而有所差别对待。
有限合伙人	(1) 内容：有权查阅有限合伙企业财务会计账簿等财务资料。 (2) 前提条件：仅限于涉及自身利益的前提下。

扩展说明2：有限合伙人与普通合伙人的竞业禁止义务与自我交易义务

	有限合伙人	普通合伙人
自我交易	原则允许，例外禁止： 可以同本有限合伙企业进行交易；但是，合伙协议另有约定的除外。	原则禁止，例外允许： 除合伙协议另有约定或者经全体合伙人一致同意外，合伙人不得同本合伙企业进行交易。
竞业禁止	原则允许，例外禁止： 可以自营或者同他人合作经营与本有限合伙企业相竞争的业务；但是，合伙协议另有约定的除外。	绝对禁止： 合伙人不得自营或者同他人合作经营与本合伙企业相竞争的业务。

例1（真题） 赵、钱、孙、李设立一家普通合伙企业。经全体合伙人会议决定，委托赵与钱执行合伙事务，对外代表合伙企业。对此，下列哪一表述是错误的？

A. 孙、李仍享有执行合伙事务的权限

B. 孙、李有权监督赵、钱执行合伙事务的情况

C. 如赵单独执行某一合伙事务，钱可以对赵执行的事务提出异议

D. 如赵执行事务违反合伙协议，孙、李有权决定撤销对赵的委托

提示：本题中全体合伙人会议已经决定委托赵与钱执行合伙事务，那么赵与钱就是合伙事务的执行人，而孙与李是非合伙事务的执行人。《合伙企业法》第27条规定："依照本法第二十六条第二款规定委托一个或者数个合伙人执行合伙事务的，其他合伙人不再执行合伙事务。不执行合伙事务的合伙人有权监督执行事务合伙人执行合伙事务的情况。"由此可知，孙、李不再享有执行合伙事务的权限，选项A错误，当选。不再执行合伙事务的孙李、有权监督执行合伙事务的赵、钱执行合伙事务的情况，选项B正确，不当选。

《合伙企业法》第29条规定："合伙人分别执行合伙事务的，执行事务合伙人可以对其他合伙人执行的事务提出异议。提出异议时，应当暂停该项事务的执行。如果发生争议，依照本法第三十条规定作出决定。受委托执行合伙事务的合伙人不按照合伙协议或者全体合伙人的决定执行事务的，其他合伙人可以决定撤销该委托。"由此可知，赵单独执行某一

合伙事务，同为合伙事务执行人的钱可以对赵执行的事务提出异议，选项C正确，不当选。如赵执行事务违反合伙协议，不执行合伙事务的孙、李有权决定撤销对赵的委托，选项D正确，不当选。

注意：关于合伙事务执行中合伙人的权利行使，命题人尤其喜欢"张冠李戴"，故意混淆不同权利的行使主体以及行使对象。因此，考生需要尤其注意某项权利是"谁对谁行使"。

（四）合伙事务执行的法律后果

<table>
<tr><th></th><th>合伙事务执行人</th><th>非合伙事务的执行人</th></tr>
<tr><td rowspan="2">法律后果</td><td>由合伙企业承受合伙事务执行的后果：合伙事务执行人执行合伙事务所产生的收益归合伙企业，所产生的费用和亏损由合伙企业承担。</td><td>擅自执行合伙事务的法律后果：
（1）不具有事务执行权的合伙人擅自执行合伙事务，给合伙企业或者其他合伙人造成损失的，依法承担赔偿责任；
（2）当第三人为善意时，该事务执行人的对外民事行为是有效的，其他合伙人也应当为此承担法律责任；
（3）合伙企业以及其他合伙人对外承担责任后，有权向该事务执行人追偿。</td></tr>
<tr><td colspan="2">共同的法律后果（合伙事务执行人＋非合伙事务执行人）：
（1）违反忠实义务的
合伙人执行合伙事务，或者合伙企业从业人员利用职务上的便利，将应当归合伙企业的利益据为己有的，或者采取其他手段侵占合伙企业财产的：
①应当将该利益和财产退还合伙企业；
②给合伙企业或者其他合伙人造成损失的，依法承担赔偿责任。
（2）合伙人违反竞业禁止义务与禁止自我交易义务
合伙人违反《合伙企业法》规定或者合伙协议的约定，从事与本合伙企业相竞争的业务或者与本合伙企业进行交易的：
①该收益归合伙企业所有；
②给合伙企业或者其他合伙人造成损失的，依法承担赔偿责任。
（3）擅自处理须经全体合伙人一致同意始得执行事务的
①合伙人对《合伙企业法》规定或者合伙协议约定必须经全体合伙人一致同意始得执行的事务擅自处理，给合伙企业或者其他合伙人造成损失的，依法承担赔偿责任；
②该合伙事务执行人与合伙企业、其他合伙人以及第三人之间的关系，参照上表"非合伙事务的执行人擅自执行合伙事务的法律后果"进行处理。</td></tr>
</table>

（五）普通合伙企业的经营管理人

1. 经管人员的产生

（1）外聘原则上必须经全体合伙人一致同意

除合伙协议另有约定外，经全体合伙人一致同意，可以聘任合伙人以外的人担任合伙企业的经营管理人员，负责合伙企业的日常经营管理事务。

（2）内聘可以由合伙企业自治

只要合伙协议约定或者经全体合伙人同意，也可以聘请合伙人担任经营管理人员，即使该合伙人不享有合伙事务执行权。

2. 经管人员的责任

被聘任的合伙企业的经营管理人员，超越合伙企业授权范围履行职务，或者在履行职务过程中因故意或者重大过失给合伙企业造成损失的，依法承担赔偿责任。

3. 经管人员履行职务与第三人的关系

（1）原则上，被聘任的合伙企业的经营管理人员应当在合伙企业授权范围内履行职务，对外进行民事活动。

（2）但是，合伙企业对经营管理人员履行职务以及对外代表合伙企业权利的限制，即合伙企业规定的授权范围，属于合伙企业内部协议，不得对抗善意第三人。

注意：合伙企业的经营管理人员履行职务的能力大小由合伙企业的授权范围决定。所以，经营管理人员不当然具有合伙事务的执行权，也不当然能够代表合伙企业对外进行交易活动。总之，其权限大小都得取决于合伙企业的授权范围！

易混淆点：合伙事务执行人 VS 经营管理人员

	合伙事务执行人	经营管理人员
资格	只能是合伙人	可以是合伙人，也可以是合伙人以外的人
职权	由法律规定或合伙协议约定	必须在合伙企业授权范围内履行职务
法律责任	违反法律规定或者合伙协议的约定擅自处理合伙事务的，给合伙企业或者其他合伙人造成损失的，依法承担赔偿责任	超越授权范围或者在履行职务过程中因故意或者重大过失给合伙企业造成损失的，依法承担赔偿责任

例2（真题） 经全体合伙人同意，林某被聘任为酒吧经营管理人，在其受聘期间自主决定采取的下列管理措施符合《合伙企业法》规定的是：

A. 为改变经营结构扩大影响力，将经营范围扩展至法国红酒代理销售业务

B. 为改变资金流量不足情况，以酒吧不动产为抵押，向某银行借款50万元

C. 为营造气氛，以酒吧名义与某音乐师签约，约定音乐师每晚在酒吧表演2小时

D. 为整顿员工工作纪律，开除2名经常被顾客投诉的员工，招聘3名新员工

提示：《合伙企业法》第31条规定："除合伙协议另有约定外，合伙企业的下列事项应当经全体合伙人一致同意：（一）改变合伙企业的名称；（二）改变合伙企业的经营范围、主要经营场所的地点；（三）处分合伙企业的不动产；（四）转让或者处分合伙企业的知识产权和其他财产权利；（五）以合伙企业名义为他人提供担保；（六）聘任合伙人以外的人担任合伙企业的经营管理人员。"选项A属于改变合伙企业的经营范围，选项B属于处分合伙企业的不动产，都应当经全体合伙人一致同意，林某无权自主决定，选项A、B错误，不当选。显然，选项C、选项D均属于合伙企业日常的经营管理事项，经营管理人员有权自主决定，选项C、D正确，当选。

二、有限合伙企业的事务执行

（一）有限合伙企业事务执行规则

1. 合伙事务执行规则的比较：

普通合伙企业	有限合伙企业
任何一个合伙人都有权执行合伙事务，都有权对外代表合伙企业，合伙人对执行合伙事务享有同等的权利。	（1）由普通合伙人来执行有限合伙企业的事务。 （2）有限合伙人不执行合伙事务，也不得对外代表有限合伙企业。

2. 有限合伙人的下列行为（属于有限合伙人的权利），不视为执行合伙事务：

权利类型	具体内容
人事表决权	参与决定普通合伙人入伙、退伙。
经营建议权	对企业的经营管理提出建议。
	参与选择承办有限合伙企业审计业务的会计师事务所。
知情权	获取经审计的有限合伙企业财务会计报告。
	对涉及自身利益的情况，查阅有限合伙企业财务会计账簿等财务资料。
提起诉讼权	在有限合伙企业中的利益受到侵害时，向有责任的合伙人主张权利或者提起诉讼。
	执行事务合伙人怠于行使权利时，督促其行使权利或者为了本企业的利益以自己的名义提起诉讼。
担保权	依法为本企业提供担保。

（二）有限合伙企业事务执行的法律责任（表见普通合伙）

1. 有限合伙人承担责任的形式：

（1）原则：有限合伙人仅以其认缴的出资额为限对合伙企业债务承担责任。

（2）例外：第三人有理由相信有限合伙人为普通合伙人并与其交易的，该有限合伙人对该笔交易承担与普通合伙人同样的责任——无限连带责任。

注意：（1）“有理由相信”的判断标准：有限合伙人行为外观的存在＋第三人对该行为外观产生正当信赖（相对人善意且无过失）。

（2）特别说明：表见的普通合伙仅适用于该种特定的情形，而非从合伙人地位上完全否认有限合伙人的身份，对其他不构成表见普通合伙的情形，有限合伙人仍旧承担有限责任。

2. 有限合伙人擅自执行合伙事务的责任：有限合伙人未经授权擅自以有限合伙企业名义与他人进行交易，给有限合伙企业或者其他合伙人造成损失的，该有限合伙人应当承担赔偿责任。

扩展说明：特殊的普通合伙企业事务执行的法律责任

<table>
<tr><td rowspan="2">特殊的普通合伙企业</td><td>定义：以专业知识和专门技能为客户提供有偿服务的专业服务机构，这些服务机构可以设立为特殊的普通合伙企业，如会计师事务所、律师事务所以及医师事务所。</td></tr>
<tr><td>名称：特殊的普通合伙企业名称中应当标明“特殊普通合伙”字样。</td></tr>
<tr><td rowspan="2">承担责任的形式</td><td>故意或者重大过失造成企业债务的：
（1）一个合伙人或者数个合伙人在执业活动中因故意或者重大过失造成合伙企业债务的，应当承担无限责任或者无限连带责任，其他合伙人以其在合伙企业中的财产份额为限承担责任；
（2）合伙人执业活动中因故意或者重大过失造成的合伙企业债务，以合伙企业财产对外承担责任后，该合伙人应当按照合伙协议的约定对给合伙企业造成的损失承担赔偿责任。</td></tr>
<tr><td>非因故意或者重大过失造成企业债务的：
合伙人在执业活动中非因故意或者重大过失造成的合伙企业债务以及合伙企业的其他债务，由全体合伙人承担无限连带责任。</td></tr>
</table>

本节小结

<table>
<tr><th>企业类型</th><th colspan="5">合伙事务的执行规则</th></tr>
<tr><td rowspan="7">普通合伙企业</td><td>执行方式</td><td colspan="4">共同执行、分别单独执行、委托执行</td></tr>
<tr><td rowspan="4">事务执行中的权利和义务</td><td rowspan="2">执行人</td><td>权利</td><td>代表权、异议权、查阅权</td><td rowspan="4">（1）禁止同业竞争；
（2）限制自我交易。</td></tr>
<tr><td>义务</td><td>定期报告</td></tr>
<tr><td rowspan="2">非执行人</td><td>权利</td><td>监督权、撤销权、查阅权</td></tr>
<tr><td>义务</td><td>不再执行合伙事务</td></tr>
<tr><td>事务执行的法律后果</td><td colspan="4">内部的归内部，外部的归外部。</td></tr>
<tr><td>经营管理人</td><td colspan="4">不一定具有合伙事务的执行权，也不一定能够代表合伙企业对外进行交易活动。</td></tr>
<tr><td rowspan="2">有限合伙企业</td><td>执行规则</td><td colspan="4">（1）有限合伙人不执行合伙事务，也不得对外代表合伙企业。
（2）不视为执行合伙事务：人事表决权、经营建议权、知情权、提起诉讼权以及担保权。</td></tr>
<tr><td>法律后果</td><td colspan="4">表见普通合伙：无限连带责任。</td></tr>
<tr><td>特殊的普通合伙企业</td><td colspan="5">（1）故意或者重大过失的：该合伙人承担无限责任或者无限连带责任，其他合伙人以财产份额为限承担有限责任。
（2）非因故意或者重大过失的：由全体合伙人承担无限连带责任。</td></tr>
</table>

第四节　有限合伙人的权利和义务

重要法条及司法解释

《合伙企业法》第68、70～74、76、77、81、83、84条。

命题分析

“有限合伙人的权利和义务”是历年的考查重点，命题人通常比较青睐于将该知识点与普通合伙人的权利和义务进行比较性考查，于细节处以“鱼目混珠”之方法迷惑考生。此外，合伙协议对合伙人权利义务的例外约定也是历年命题人比较偏爱的知识点。因此，考生需要格外地细心，不可大意！

知识点精讲

一、有限合伙人与企业的交易

关于是否有权同本企业进行交易，《合伙企业法》对有限合伙人与普通合伙人作出如下区别对待：

同本企业进行交易	规则概括	具体内容
有限合伙人	原则允许，例外禁止	可以同本有限合伙企业进行交易；但是，合伙协议另有约定的除外。
普通合伙人	原则禁止，例外允许	除合伙协议另有约定或者经全体合伙人一致同意外，合伙人不得同本合伙企业进行交易。

法律之所以做区别对待，是源于普通合伙人与有限合伙人在企业事务执行中权利的不同。普通合伙人负责合伙企业的日常经营管理，对于企业事务有广泛的参与决定权。因此，为避免合伙企业利益同合伙人个人利益发生冲突，防止普通合伙人通过不正当手段侵夺企业财产，法律一般禁止普通合伙人同企业进行交易。但考虑到企业或许存在市场经营的实际需求，且合伙人同企业进行自我交易亦有可能依据公平合理的价格进行，因此法律例外允许在合伙协议另有约定或经全体合伙人一致同意时，普通合伙人可以进行自我交易。

相比之下，有限合伙人不参与合伙企业的决策，不执行合伙企业的事务，故有限合伙人与合伙企业之间存在直接利益冲突的可能性不大。因此若合伙协议未作特别约定排除，则有限合伙人可以同企业进行自我交易，也不受竞业禁止的限制。

二、同业竞争

关于是否有权自营或者同他人合作经营与本企业相竞争的业务，《合伙企业法》对有限合伙人与普通合伙人作出如下区别对待：

同业竞争	规则概括	具体内容
有限合伙人	原则允许，例外禁止	可以自营或者同他人合作经营与本有限合伙企业相竞争的业务；但是，合伙协议另有约定的除外。
普通合伙人	绝对禁止	合伙人不得自营或者同他人合作经营与本合伙企业相竞争的业务。

由此可知，原则上有限合伙人不受竞业禁止的限制，例外是合伙协议另有约定的情形；而对于普通合伙人而言，《合伙企业法》则绝对禁止其自营或者同他人合作经营与本合伙企业相竞争的业务。基于前文所述相同的理由，法律之所以规定普通合伙人的绝对竞业禁止

义务，除了防止普通合伙人侵夺企业机会、利用企业秘密进行不正当竞争，还因为普通合伙人竞业行为对合伙企业的损害要远远大于其自我交易的行为。

例1（真题） 甲是某有限合伙企业的有限合伙人，持有该企业15%的份额。在合伙协议无特别约定的情况下，甲在合伙期间未经其他合伙人同意实施了下列行为，其中哪一项违反《合伙企业法》规定？

A. 将自购的机器设备出租给合伙企业使用

提示：选项A属于自我交易，有限合伙人原则上可以同所在的合伙企业进行交易。所以，选项A不当选。

三、有限合伙份额出质与转让

关于是否有权出质财产份额，《合伙企业法》对有限合伙人与普通合伙人作出如下区别对待：

出质财产份额	规则概括	具体内容
有限合伙人	原则允许，例外禁止	可以将其在有限合伙企业中的财产份额出质，但是合伙协议另有约定的除外。
普通合伙人	须经其他合伙人一致同意；否则无效	合伙人以其在合伙企业中的财产份额出质的，须经其他合伙人一致同意；未经其他合伙人一致同意，其行为无效，由此给善意第三人造成损失的，由行为人依法承担赔偿责任。

关于是否有权转让财产份额，《合伙企业法》对有限合伙人与普通合伙人作出如下区别对待：

转让财产份额	规则概括	具体内容
有限合伙人	允许，只须提前三十日通知即可（合伙协议不可禁止）	可以按照合伙协议的约定向合伙人以外的人转让其在有限合伙企业中的财产份额，但应当提前三十日通知其他合伙人。
普通合伙人	须经其他合伙人一致同意，除非合伙协议另有约定	除合伙协议另有约定外，合伙人向合伙人以外的人转让其在合伙企业中的全部或者部分财产份额时，须经其他合伙人一致同意。 合伙人之间转让在合伙企业中的全部或者部分财产份额时，应当通知其他合伙人。

无论是份额出质还是转让，均有可能使合伙人退出企业并引入外部的第三人。但对比《合伙企业法》规定的普通合伙人的相应规则可以发现，有限合伙人退出合伙企业相对较容易。这是因为无论有限合伙人将份额转让抑或出质，取得份额的受让人依旧是有限合伙人，不具有经营管理企业的权利，因此不会对合伙企业的运营造成影响，更不会破坏合伙企业的人合性。此外，为了保障有限合伙人的投资自由，法律不对其退出合伙企业作过多的限制，有限合伙人仅需依照相关程序履行通知义务即可。另外需要注意的是，有限合伙人对外转让其财产份额时，其他合伙人并无优先购买权。

为方便对比记忆，现将有限合伙人的权利与义务与普通合伙人的相关知识点总结为如下表格：

行为	有限合伙人	普通合伙人
自我交易	原则上允许，但合伙协议可另作约定。	原则上禁止，但合伙协议或全体合伙人一致同意可另作安排。
同业竞争	原则上允许，但合伙协议可另作约定。	绝对禁止，不允许以其他形式排除适用。
出质财产份额	原则上自由出质，但合伙协议可另作约定。	须经其他合伙人一致同意方可出质。
对外转让财产份额	依据合伙协议的约定，提前30天通知其他合伙人，其他合伙人无优先购买权。	须经其他合伙人一致同意，除非合伙协议另有约定；其他合伙人享有优先购买权。

例2（真题） 甲是某有限合伙企业的有限合伙人，持有该企业15%的份额。在合伙协议无特别约定的情况下，甲在合伙期间未经其他合伙人同意实施了下列行为，其中哪一项违反《合伙企业法》规定？

C. 以自己在合伙企业中的财产份额向银行提供质押担保

D. 提前一个月通知其他合伙人将其部分合伙份额转让给合伙人以外的人

提示：在合伙协议未另作约定的情况下，有限合伙人可以将其财产份额进行出质，选项C符合规定，不当选。有限合伙人对外转让合伙份额，依据合伙协议的约定，提前30天通知其他合伙人，其他合伙人无优先购买权，选项D符合规定，不当选。

四、关联记忆：公司法关于董、监、高的自我交易与竞业禁止的限制

《公司法》规定了董事、监事和高级管理人员的勤勉义务和忠实义务。忠实义务即董事、监事及高级管理人员在经营管理公司事务时，应当尽量避免自身利益与公司利益冲突，在二者发生冲突时，应当将公司利益放在首位。在忠实义务的具体项下，包括自我交易的禁止，禁止篡夺公司机会及竞业禁止等义务。这与我们上面讲到的合伙人的竞业禁止与自我交易禁止相近。

具体而言，自我交易禁止是指董事、高级管理人员不得违反公司章程的规定或者未经股东会、股东大会同意，与本公司订立合同。竞业禁止是指未经股东会或者股东大会同意，不得自营或者为他人经营与所任职公司同类的业务。

考生若理解了制度背后的立法原因和目的，相应知识点便不易混淆了。

五、有限合伙人的权利

《合伙企业法》并未明确列举有限合伙人的权利，只是在“不视为执行合伙事务的有限合伙人行为”中间接规定了其权利。具体而言，有限合伙人不执行合伙事务，不得对外代表有限合伙企业；但是，有限合伙人享有以下权利：

人事表决权	参与决定普通合伙人入伙、退伙。
经营建议权	对企业的经营管理提出建议。
	参与选择承办有限合伙企业审计业务的会计师事务所。

续表

知情权	获取经审计的有限合伙企业财务会计报告。
	对涉及自身利益的情况，查阅有限合伙企业财务会计账簿等财务资料。
提起诉讼权	在有限合伙企业中的利益受到侵害时，向有责任的合伙人主张权利或者提起诉讼。
	执行事务合伙人怠于行使权利时，督促其行使权利或者为了本企业的利益以自己的名义提起诉讼。
担保权	依法为本企业提供担保。

例 3（真题） 甲是某有限合伙企业的有限合伙人，持有该企业 15% 的份额。在合伙协议无特别约定的情况下，甲在合伙期间未经其他合伙人同意实施了下列行为，其中哪一项违反《合伙企业法》规定？

B. 以合伙企业的名义购买汽车一辆归合伙企业使用

提示：有限合伙人不执行合伙事务，不得对外代表合伙企业，所以甲无权以合伙企业的名义购买汽车，选项 B 违反了规定，当选。

六、有限合伙人的责任承担

一般原则	有限合伙人以其认缴的出资额为限对合伙企业债务承担有限责任。
表见普通合伙	若有限合伙人的行为足以使第三人合理相信其为普通合伙人，并且与之进行交易，就该笔交易而言，有限合伙人承担与普通合伙人相同的责任，即无限连带责任。（此时并不意味着完全否认有限合伙人的身份）
擅自执行合伙事务	有限合伙人擅自以有限合伙企业的名义与他人进行交易，给本合伙企业或者其他合伙人造成损失的，应当承担赔偿责任。
个人债务的清偿	1. 个人债务的定义：与合作企业无关的债务。 2. 个人债务的清偿规则：首先，由其自有财产清偿；不足部分，可以采以下两种方式进行清偿： （1）收益清偿：该合伙人可以以其从有限合伙企业中分取的收益用于清偿； （2）强制清偿：债权人也可以依法请求人民法院强制执行该合伙人在有限合伙企业中的财产份额用于清偿。 ①人民法院强制执行有限合伙人的财产份额时，应当通知全体合伙人。 ②在同等条件下，其他合伙人有优先购买权。
退伙时的责任承担	对基于其退伙前的原因发生的有限合伙企业债务，以其退伙时从有限合伙企业中取回的财产承担责任。
新入伙的责任承担	新入伙的有限合伙人对入伙前有限合伙企业的债务，以其认缴的出资额为限承担责任。
有限合伙人转为普通合伙人	对其作为有限合伙人期间有限合伙企业发生的债务承担无限连带责任。
普通合伙人转为有限合伙人	对其作为普通合伙人期间合伙企业发生的债务承担无限连带责任。

第十一章　个人独资企业法

重要法条及司法解释

《中华人民共和国个人独资企业法》。

命题分析

《个人独资企业法》内容较为简单，以往考查不多。从考查内容来看，试题围绕个人独资企业在设立、投资人及事务管理、解散与清算等方面的特殊规定等内容进行考查，这无疑也是考生复习法考需要重点掌握的知识。试题中经常会出现综合考查的题目，考生在学习本部分的内容时还应当掌握个人独资企业与一人有限公司和合伙企业在设立条件、运行机制、责任承担方式等方面的差别。此外考生要注意个人独资企业的责任消灭制度，即个人独资企业解散后，原投资人对个人独资企业存续期间的债务仍应承担偿还责任，但债权人在5年内未向债务人提出赔偿请求的，该责任消灭，该制度是个人独资企业特有的制度，容易成为考点。

知识点精讲

一、个人独资企业概述

概念	简称“独资企业”，是指由一个自然人投资，全部资产为投资人所有的营利性经济组织。
特征	（1）投资主方面的特征。个人独资企业仅由一个自然人投资设立。 （2）财产性质方面的特征。个人独资企业的全部财产为投资人个人所有，投资人是企业财产的唯一所有者。 （3）民事责任承担方面的特征。个人独资企业的投资人以其个人财产对企业债务承担无限责任。 （4）主体资格方面的特征。个人独资企业不具有法人资格。尽管独资企业有自己的名称或商号，并以企业名义从事经营行为和参加诉讼活动，但它不具有独立的法人地位。

总结：个人独资企业与一人有限公司、合伙企业的区别

	个人独资企业	一人有限公司	合伙企业
出资人	只能由自然人出资设立。	既可以由自然人出资设立，也可以由法人出资设立，还可以由国家出资设立。	自然人、法人、其他组织均可出资成为合伙人
主体资格	属于非法人组织，不具有法人资格。	作为公司的一种，是企业法人，在公司成立时取得法人资格。	不具有法人资格。
责任承担	投资人对企业债务承担无限责任。	投资人仅以出资额为限对公司负责。	普通合伙人承担无限连带责任，有限合伙人承担有限责任。

续表

	个人独资企业	一人有限公司	合伙企业
设立法律依据	依照个人独资企业法设立。	依照公司法设立。	依照合伙企业法设立。

二、个人独资企业的设立

设立条件	根据《个人独资企业法》第8条的规定，设立独资企业须具备以下5个方面的条件： （1）投资人为一个自然人。 （2）有合法的企业名称。 （3）有投资人申报的出资。 （4）有固定的生产经营场所和必要的生产经营条件。 （5）有必要的从业人员。
设立程序	个人独资企业的设立采取直接登记制。 1. 个人独资企业设立申请 投资人申请设立独资企业，应向登记机关提交下列文件： 设立申请书；个人独资企业设立申请书应当载明下列事项：①企业的名称和住所；②投资人的姓名和居所；③投资人的出资额和出资方式；④经营范围。 投资人身份证明；生产经营场所使用证明等文件。委托代理人申请设立登记时，应当出具投资人的委托书和代理人的合法证明。 2. 登记机关核准登记与企业成立 （1）个人独资企业实行准则设立的原则，即个人独资企业依个人独资企业法规定的条件设立。 （2）登记机关应当在收到设立申请文件之日起15日内，对符合本法规定条件的，予以登记，发给营业执照；对不符合本法规定条件的，不予登记，并应当给予书面答复，说明理由。 （3）个人独资企业的营业执照的签发日期，为个人独资企业成立日期。 （4）个人独资企业存续期间登记事项发生变更的，应当在作出变更决定之日起的15日内依法向登记机关申请办理变更登记。
个人独资企业的分支机构	独资企业的分支机构是指独资企业在住所地以外设立的从事业务活动的办事机构。独资企业分支机构的设立与登记程序与独资企业的设立程序大体相同。 1. 设立申请与登记。个人独资企业设立分支机构，应当由投资人或者其委托的代理人向分支机构所在地的登记机关申请登记，领取营业执照。 2. 登记备案。分支机构经核准登记后，应将登记情况报该分支机构隶属的个人独资企业的登记机关备案。 3. 个人独资企业分支机构民事责任的承担。分支机构的民事责任由设立该分支机构的个人独资企业承担。

三、个人独资企业的投资人及事务管理

（一）个人独资企业的投资人

投资人的条件	（1）个人独资企业投资人是指以其财产投资设立独资企业的自然人。投资人只能是一个自然人，投资的财产必须是私人所有的财产。 （2）法律、行政法规禁止从事营利性活动的人，不得作为投资人申请设立个人独资企业。我国现行法律、行政法规所禁止从事营利性活动的人包括：法官、检察官、人民警察、国家公务员。

续表

投资人的权利	(1) 个人独资企业投资人对企业财产享有所有权。 (2) 个人独资企业的投资人的有关权利可以依法进行转让或继承。
投资人的责任	(1) 个人独资企业投资人对企业债务承担无限责任。 (2) 个人独资企业投资人在申请企业设立登记时明确以其家庭共有财产作为个人出资的，应当依法以家庭共有财产对企业债务承担无限责任。

（二）个人独资企业的事务管理

个人独资企业事务管理的方式	1. 投资人有权自主选择企业事物的管理形式。个人独资企业事务管理主要有三种模式： (1) 自行管理。即由投资人本人对本企业的经营事物直接进行管理。 (2) 委托管理。即委托其他具有民事行为能力的人负责企业的事务管理。 (3) 聘任管理。即聘用其他具有民事行为能力的人负责企业的事务管理。 2. 委托或聘用管理应签订书面合同。 (1) 投资人委托或者聘用他人管理个人独资企业事务，应当与受托人或者被聘用的人签订书面合同，明确委托的具体内容和授予的权利范围。 (2) 投资人为头或者聘用的人员管理个人独资企业事物时违反双方订立的合同，给投资人造成损害的，应承担民事赔偿责任。 3. 投资人对受托人或者被聘用的人员职权的限制，不得对抗善意第三人。 4. 个人独资企业应当依法设置会计账簿，进行会计核算。
受托人和被聘用的管理人的作为义务与不作为义务	1. 受托人或者被聘用的人员应当履行诚信、勤勉义务，按照与投资人签订的合同负责个人独资企业的事务管理。 2. 投资人委托或者聘用的管理个人独资企业事务的人员不得有下列行为： (1) 利用职务上的便利，索取或者收受贿赂； (2) 利用职务或者工作上的便利侵占企业财产； (3) 挪用企业的资金归个人使用或者借贷给他人； (4) 擅自将企业资金以个人名义或者以他人名义开立账户储存； (5) 擅自以企业财产提供担保； (6) 未经投资人同意，从事与本企业相竞争的业务； (7) 未经投资人同意，同本企业订立合同或者进行交易； (8) 未经投资人同意，擅自将企业商标或者其他知识产权转让给他人使用； (9) 泄露本企业的商业秘密； (10) 法律、行政法规禁止的其他行为。 3. 投资人委托或者聘用的人员违反上述规定，侵犯个人独资企业财产权益的，责令退还侵占的财产；给企业造成损失的，依法承担赔偿责任；有违法所得的，没收违法所得；构成犯罪的，依法追究刑事责任。

四、个人独资企业的解散与清算

个人独资企业的解散事由	个人独资企业有下列情形之一时，应当解散： (1) 投资人决定解散； (2) 投资人死亡或者被宣告死亡，无继承人或者继承人决定放弃继承； (3) 被依法吊销营业执照； (4) 法律、行政法规规定的其他情形。

续表

个人独资企业的清算	清算人的产生	由投资人自行清算或者由债权人申请人民法院指定清算人进行清算。
	通知与公告程序	投资人自行清算的，应当在清算前15日内书面通知债权人，无法通知的，应当予以公告。债权人应当在接到通知之日起30日内，未接到通知的应当在公告之日起60日内，向投资人申报其债权。
	财产清偿程序	1. 个人独资企业解散的，财产应当按照下列顺序清偿： （1）所欠职工工资和社会保险费用； （2）所欠税款； （3）其他债务。 2. 个人独资企业财产不足以清偿债务的，投资人应当以其个人的其他财产予以清偿。
	责任消灭制度	个人独资企业解散后，原投资人对个人独资企业存续期间的债务仍应承担偿还责任，但债权人在5年内未向债务人提出偿债请求的，该责任消灭。
	注销登记制度	1. 个人独资企业清算结束后，投资人或者人民法院指定的清算人应当编制清算报告，并于15日内到登记机关办理注销登记。 2. 注销登记一旦完成，个人独资企业即宣告消灭。

例（真题） 为开拓市场需要，个人独资企业主曾水决定在某市设立一个分支机构，委托朋友霍火为分支机构负责人。关于霍火的权利和义务，下列哪一表述是正确的？

A. 应承担该分支机构的民事责任

B. 可以从事与企业总部相竞争的业务

C. 可以将自己的货物直接出卖给分支机构

D. 经曾水同意可以分支机构财产为其弟提供抵押担保

提示：《个人独资企业法》第14条第3款规定："分支机构的民事责任由设立该分支机构的个人独资企业承担。"分支机构的民事责任实际上还是应由投资人承担。选项A错误。《个人独资企业法》第20条规定：投资人委托或者聘用的管理个人独资企业事务的人员不得有下列行为：……（五）擅自以企业财产提供担保；（六）未经投资人同意，从事与本企业相竞争的业务；（七）未经投资人同意，同本企业订立合同或者进行交易……根据该法条的规定，霍火不可以从事与企业总部相竞争的业务，选项B错误；霍火将自己的货物直接出卖给分支机构属于同本企业进行交易，违反法律规定，选项C错误；选项D经投资人同意可以分支机构财产为其弟提供抵押担保，正确。

第十二章　企业破产法

第一节　破产申请和受理

重要法条及司法解释

《破产法》第 7、11 条。

《最高人民法院关于适用〈中华人民共和国企业破产法〉若干问题的规定（一）》第 1 ~9 条。

命题分析

“破产申请和受理”往年有一定的考查频率，主要的考察内容有：破产原因、破产程序的申请人及破产申请受理后的法律效果。其中针对破产原因这一知识点，考生应准确掌握破产法及相关司法解释的规定。此外，三大程序的申请人区分和三大程序的转换也是热门考点，可以和第五、六节内容进行综合掌握，这也要求考生应当及时归纳总结。破产案件受理后的法律效果这一知识点也不容忽视，其中的“个别清偿无效”部分可以和撤销权等知识点结合记忆。

知识点精讲

一、破产案件的申请

破产申请是破产申请人依法向人民法院请求裁定债务人适用破产程序的行为。

1. 破产申请不是破产程序开始的标志，而是破产程序开始的条件。

2. 破产程序的开始以法院受理为准。

（一）债权人申请

债权人的申请资格	提出破产申请的债权人的请求权应具备以下条件： （1）须为具有给付内容的请求权； （2）须为法律上可强制执行的请求权； （3）须为已到期的请求权。 债权人申请不具有集体诉讼的性质，提出破产申请的摘取人只能行使自己的请求权。

续表

债权人申请的实质条件	(1) 债权人除要提交证明自身债权依法存在的证据以及破产申请书外，还应当举证证明债务人存在未清偿到期债务的有关证据。 (2) 债权人无须证明债务人资产不足以清偿全部债务或者明显缺乏清偿能力。因为此类事实是企业内部情况，债权人作为外部人难以掌握《最高人民法院关于适用〈中华人民共和国企业破产法〉若干问题的规定（一）》第6条第1款：债权人申请债务人破产的，应当提交债务人不能清偿到期债务的有关证据。债务人对债权人的申请未在法定期限内向人民法院提出异议，或者异议不成立的，人民法院应当依法裁定受理破产申请。

（二）债务人申请

债务人有破产法规定的破产原因的，可以向人民法院提出重整、和解或者破产清算申请。

破产原因	(1) 债务人不能清偿到期债务 + 资产不足以清偿全部债务。 (2) 债务人不能清偿到期债务 + 明显缺乏清偿能力。
	不能清偿的构成要件： (1) 债务人因丧失清偿能力而无法清偿债务，即不能以财产、信用或者能力等任何方式清偿债务； (2) 债务人不能清偿的是已到偿还期限、提出清偿要求且无合理争议或者经生效法律文书确定的债务； (3) 债务不限于以货币支付为标的，但必须是能够以货币评价即能够折合为货币的债务，否则因其债务形式在破产程序中无法得到偿还，宣告债务人破产无实际意义； (4) 债务人在较长期间内持续不能清偿，而不是因一时的资金周转困难等问题暂时中止支付。 资产不足以偿还全部债务（或者资不抵债）： 债务人的资产负债表，或者审计报告、资产评估报告等显示其全部资产不足以偿付全部负债的，但有相反证据足以证明债务人资产能够偿付全部负债的除外。 明显缺乏清偿能力： (1) 因资金严重不足或者财产不能变现等原因，无法清偿债务； (2) 法定代表人下落不明且无其他人员负责管理财产，无法清偿债务； (3) 经人民法院强制执行，无法清偿债务； (4) 长期亏损且经营扭亏困难，无法清偿债务； (5) 导致债务人丧失清偿能力的其他情形。

例1（真题） 中南公司不能清偿到期债务，债权人天一公司向法院提出对其进行破产清算的申请，但中南公司以其账面资产大于负债为由表示异议。天一公司遂提出各种事由，以证明中南公司属于明显缺乏清偿能力的情形。下列哪些选项符合法律规定的关于债务人明显缺乏清偿能力、无法清偿债务的情形?

A. 因房地产市场萎缩，构成中南公司核心资产的房地产无法变现

B. 中南公司陷入管理混乱，法定代表人已潜至海外

C. 天一公司已申请法院强制执行中南公司财产，仍无法获得清偿

D. 中南公司已出售房屋质量纠纷多，市场信誉差

提示：《最高人民法院关于适用〈中华人民共和国企业破产法〉若干问题的规定（一）》第4条规定："债务人账面资产虽大于负债，但存在下列情形之一的，人民法院应当认定其明显缺乏清偿能力：（一）因资金严重不足或者财产不能变现等原因，无法清偿债务；（二）法定代表人下落不明且无其他人员负责管理财产，无法清偿债务；（三）经人民

法院强制执行，无法清偿债务；（四）长期亏损且经营扭亏困难，无法清偿债务；（五）导致债务人丧失清偿能力的其他情形。”

由此可知，选项A符合情形（一），选项B符合情形（二），选项C符合情形（三），因此，选项A、B、C正确。

（三）清算责任人申请

申请情形	企业法人已解散但未清算或者未清算完毕，资产不足以清偿债务，依法负有清算责任的人应当向人民法院申请破产清算。
清算责任人范围	《公司法》：有限责任公司的股东、股份有限公司的董事或者股东大会确定的人员以及特定情形下人民法院指定有关人员组成的清算组。 《合伙企业法》：全体合伙人、经全体合伙人过半数同意指定的一个或者数个合伙人以及特定情形下人民法院指定有关人员组成的清算人。

注意：破产清算程序是清算责任人的唯一选择。

（四）出资人申请

情形	债权人申请对债务人进行破产清算的，在人民法院受理破产申请后、宣告债务人破产前，债务人或者出资额占债务人注册资本1/10以上的出资人，可以向人民法院申请重整。
原则	出资人不得直接申请企业破产。
例外	特定条件下，出资人可以申请程序转换，即“清算转重整”： （1）初始程序：由债权人启动，申请对债务人进行破产清算程序。 （2）时间：法院受理破产申请后、宣告债务人破产前。 （3）出资人资格：出资额占债务人注册资本1/10以上。

总结：三大程序的申请人区分

	破产清算	重整	和解
债权人	√	√	×
债务人	√	√	√
出资人	×	√	×
清算责任人	√	×	×

例2（真题） 关于破产案件受理后、破产宣告前的程序转换，下列哪一表述是正确的？

A. 如为债务人申请破产清算的案件，债权人可以申请和解

B. 如为债权人申请债务人破产清算的案件，债务人可以申请重整

C. 如为债权人申请债务人重整的案件，债务人可以申请破产清算

D. 如为债权人申请债务人破产清算的案件，债务人的出资人可以申请和解

提示：《企业破产法》第95条第1款规定："债务人可以依照本法规定，直接向人民法院申请和解；也可以在人民法院受理破产申请后、宣告债务人破产前，向人民法院申请和解。"因此，和解的申请权在债务人，无论谁申请破产清算，债权人和债务人的出资人都无权申请和解。选项A、选项D错误。

《企业破产法》第70条规定；"债务人或者债权人可以依照本法规定，直接向人民法院申请对债务人进行重整。债权人申请对债务人进行破产清算的，在人民法院受理破产申请后、宣告债务人破产前，债务人或者出资额占债务人注册资本十分之一以上的出资人，可以向人民法院申请重整。"因此选项B正确。重整程序发动后，不论是债权人还是债务人都不能申请破产清算，选项C错误。

例3（真题） 关于破产清算、重整与和解的表述，下列哪些选项是正确的？

A. 债务人一旦被宣告破产，则不可能再进入重整或者和解程序

B. 破产案件受理后，只有债务人才能提出和解申请

C. 即使债务人未出现现实的资不抵债情形，也可申请重整程序

D. 重整是破产案件的必经程序

提示：《企业破产法》第70条第2款规定："债权人申请对债务人进行破产清算的，在人民法院受理破产申请后、宣告债务人破产前，债务人或者出资额占债务人注册资本1/10以上的出资人，可以向人民法院申请重整。"第95条第1款规定："债务人可以依照本法规定，直接向人民法院申请和解；也可以在人民法院受理破产申请后、宣告债务人破产前，向人民法院申请和解。"据此可知，人民法院受理破产申请后、宣告破产前可以进入重整或和解程序，但是一旦被宣告破产，则不能再进入重整或和解程序。选项A正确。根据《企业破产法》第95条第1款的规定，破产案件受理后，只有债务人才能提出和解申请，选项B正确。

《企业破产法》第2条规定："企业法人不能清偿到期债务，并且资产不足以清偿全部债务或者明显缺乏清偿能力的，依照本法规定清理债务。企业法人有前款规定情形，或者有明显丧失清偿能力可能的，可以依照本法规定进行重整。"据此可知，企业法人有明显丧失清偿能力可能的，即使未出现现实的资不抵债情形，也可申请重整程序，选项C正确。

《企业破产法》第7条第1款规定："债务人有本法第2条规定的情形，可以向人民法院提出重整、和解或者破产清算申请。"因此，重整并非破产案件的必经程序，选项D错误。

（五）破产申请的撤回

撤回时间	人民法院受理破产申请前，申请人可以请求撤回。
法院审查	法院对申请人提出的撤回申请的请求有权审查，并以裁定的形式决定是否准许其撤回申请。
费用承担	法院准许申请人撤回申请的，在撤回前已经支付的费用，由申请人承担。

（六）破产申请的接收

接收破产申请的工作规范	1. 法院收到破产申请时，应向申请人出具收到申请及所附证据的书面凭证； 2. 人民法院认为申请人应当补充、补正相关材料的，应当自收到破产申请之日起5日内告知申请人； 3. 当事人补充、补正相关材料的期间不计入受理期限。

续表

破产申请未被接收的补救方法	1. 申请人可以向上一级人民法院提出破产申请的情形： （1）人民法院未接收申请人提出的破产申请； （2）人民法院未向申请人出具收到申请及所附证据的书面凭证； （3）人民法院未在法定期限内作出是否受理的裁定。 2. 上一级人民法院接到破产申请后，应当： （1）责令下级法院依法审查并及时作出是否受理的裁定； （2）下级法院仍不作出是否受理裁定的，上一级人民法院可以径行作出裁定。

二、破产案件的受理

（一）受理时限

债权人提出破产申请	（1）债权人提出破产申请的，人民法院应当自收到申请之日起 5 日内通知债务人； （2）债务人对申请有异议的，应当自收到人民法院的通知之日起 7 日内向人民法院提出；人民法院应当自异议期满之日起 10 日内裁定是否受理。
债务人或清算责任人提出破产申请	债务人或清算责任人提出破产申请的情形下，人民法院应当自收到破产申请之日起 15 日内裁定是否受理。
特殊情况	有特殊情况需要延长以上两款规定的裁定受理期限的，经上一级人民法院批准，可以延长 15 日。

（二）受理审查

形式审查	（1）申请人是否具备破产申请资格； （2）债务人是否为依法可适用企业破产程序的主体； （3）受案法院对本案是否有管辖权； （4）申请文件是否符合要求。
实质审查	审查债务人是否存在破产原因。

（三）申请的驳回

裁定不受理破产申请	（1）人民法院通过形式审查和实质审查，认为不符合破产条件的，应当依法作出不受理的裁定； （2）人民法院裁定不受理破产申请的，应当自裁定作出之日起 5 日内送达申请人并说明理由；申请人对裁定不服的，可以自裁定送达之日起 10 日内向上一级人民法院提起上诉。
受理后驳回破产申请	（1）人民法院受理破产申请后至破产宣告前，经审查发现债务人不不具备破产原因的，可以裁定驳回申请； （2）申请人对裁定不服的，可以自裁定送达之日起 10 日内向上一级人民法院提起上诉。

（四）管理人的任命

管理人应当在人民法院裁定受理破产申请时同时指定（详见第二节“管理人”）。

三、破产案件受理后的法律效果

（一）债务人有关人员的义务

义务范围	自人民法院受理破产申请的裁定送达债务人之日起至破产程序终结之日，债务人的有关人员承担下列义务： （1）妥善保管其占有和管理的财产、印章和账簿、文书等资料； （2）根据人民法院、管理人的要求进行工作，并如实回答询问； （3）列席债权人会议并如实回答债权人的询问； （4）未经人民法院许可，不得离开住所地； （5）不得新任其他企业的董事、监事、高级管理人员。
“有关人员”	（1）通常指企业的法定代表人； （2）经人民法院决定，可以包括企业的财务管理人员和其他经营管理人员。

（二）个别清偿无效

1. 人民法院受理破产申请后，债务人对个别债权人的债务清偿无效。
2. “个别清偿”，是指案件受理后，未经集体程序的单独清偿行为。
3. 个别清偿无效的情况下，接受清偿的债权人负有返还因该清偿所得财产利益的义务。

例4（真题） 甲公司向乙银行贷款100万元，由A公司和B公司作为共同保证人，并以甲公司的厂房作抵押担保。其后，甲公司因严重资不抵债而向法院申请破产。法院裁定受理破产申请，并指定了破产管理人。下列哪些选项是正确的？

A. 管理人可以优先清偿乙银行的债务

B. 如A公司已代甲公司偿还了乙银行贷款，则其可向管理人申报100万元债权

C. 如乙银行不申报债权，则A公司或B公司均可向管理人申报100万元债权

D. 如乙银行已申报债权并获40万元分配，则剩余60万债权因破产程序终结而消灭

提示：《企业破产法》第16条规定：“人民法院受理破产申请后，债务人对个别债权人的债务清偿无效。”因此，管理人不能优先清偿乙银行的债务，选项A错误；第51条规定：“债务人的保证人或者其他连带债务人已经代替债务人清偿债务的，以其对债务人的求偿权申报债权。债务人的保证人或者其他连带债务人尚未代替债务人清偿债务的，以其对债务人的将来求偿权申报债权。但是，债权人已经向管理人申报全部债权的除外。”由此，选项B和选项C是正确的。第110条规定：“享有本法第一百零九条规定权利的债权人行使优先受偿权利未能完全受偿的，其未受偿的债权作为普通债权；放弃优先受偿权利的，其债权作为普通债权。”由此，保证人因依法继续承担60万元债务的清偿责任，选项D错误。本题正确答案是选项B、C。

（三）对管理人为给付

1. 人民法院受理破产申请后，债务人的债务人或者财产持有人应当向管理人清偿债务或者交付财产；

2. 债务人的债务人或者财产持有人故意违反前款规定向债务人清偿债务或者交付财

产，使债权人受到损失的，不免除其清偿债务或者交付财产的义务。

（四）待履行合同的处理

概念		待履行合同是指破产程序开始前成立的尚未履行或者尚未履行完毕的合同。
管理人的选择权	概念	管理人对已经开始履行但双方均未履行完毕的合同，有权选择继续履行或解除合同。
	条件	（1）为双务合同； （2）为破产申请受理前成立的合同； （3）双方尚未履行或均未履行完毕。
	权限	管理人只能决定合同继续履行或者解除。
	行使与消灭	（1）管理人自破产申请受理之日起2个月内享有选择权； （2）管理人自破产申请受理之日起2个月内未通知对方当事人，或者自收到对方当事人催告之日30日内未答复的，视为解除合同。
	法定性	管理人的待履行合同选择权是法定权利，当事人不得事先以约定的方式加以排除或限制。
相对人的权利	催告权	（1）管理人怠于行使选择权的情况下，相对人可以要求管理人作出履行或者不履行的表示； （2）催告后30日，管理人未答复的，推定解除合同。
	担保要求权	（1）管理人决定继续履行合同的，对方当事人应当履行； （2）但是，对方当事人有权要求管理人提供担保。管理人不提供担保的，视为解除合同。

（五）对诉讼程序的影响

保全解除和执行中止	（1）破产程序优先于民事保全和民事执行程序； （2）人民法院受理破产申请后，有关债务人财产的保全措施应当解除，执行程序应当中止。
民事诉讼或仲裁的中止	（1）人民法院受理破产申请后，已经开始而尚未终结的有关债务人的民事诉讼或者仲裁应当中止； （2）在管理人接管债务人的财产后，该诉讼或者仲裁继续进行。
破产程序开始后的民事诉讼	人民法院受理破产申请后，有关债务人的民事诉讼，只能向受理破产申请的人民法院提起。

第二节　管理人

重要法条及司法解释

《破产法》第22～29、69条。

《最高人民法院关于适用〈中华人民共和国企业破产法〉若干问题的规定（二）》第9、

13～20条。

《最高人民法院关于适用〈中华人民共和国企业破产法〉若干问题的规定（三）》第6～9条。

命题分析

本节知识点属于常规考点，考查频率与其他几节相比并不高，但试题难度同样不容小觑。“管理人的资格”是重点之一，“管理人的职责和义务”这一知识点也经常与“债权人会议”“撤销权”等重难点结合出题。近年来考试主要通过细节和综合性来提高考题难度，考生需要准确掌握法条的细节，并将前后知识点进行串联复习。

知识点精讲

一、管理人的任命

管理人的概念	管理人是指为实现破产程序的目的而设定的履行法定职能的机构，管理人在破产程序中负责管理、处分债务人财产和其他事务。
管理人的任命	（1）任命方式：管理人由人民法院指定。 （2）任命时间：管理人应当在人民法院裁定受理破产申请时同时指定。 （3）指定管理人和确定管理人报酬的办法，由最高人民法院规定。 （4）管理人的更换：债权人会议认为管理人不能依法、公正执行职务或者有其他不能胜任职务情形的，可以申请人民法院予以更换。

二、管理人的资格

积极资格	【由机构担任管理人】 （1）由有关部门、机构的人员组成的清算组担任。 （2）由依法设立的律师事务所、会计师事务所、破产清算事务所等社会中介机构担任。
	【由个人担任管理人】 （1）人民法院根据债务人的实际情况，可以在征询有关社会中介机构的意见后，指定该机构具备相关专业知识并取得执业资格的人员担任管理人。 （2）个人担任管理人的，应当参加执业责任保险。
消极资格	有下列情形之一的，不得担任管理人： （1）因故意犯罪受过刑事处罚； （2）曾被吊销相关专业执业证书； （3）与本案有利害关系； （4）人民法院认为不宜担任管理人的其他情形。

例1（真题） 根据《破产法》规定，关于破产管理人，下列哪些选项是错误的？

A. 自然人不得担任破产管理人

B. 破产管理人可以由法院指定或者债务人聘请，也可以由债权人会议聘请

C. 破产管理人应当在法院的指导下开展工作

D. 破产管理人的报酬由管理人与债权人会议协商确定

提示：《企业破产法》第 24 条规定："管理人可以由有关部门、机构的人员组成的清算组或者依法设立的律师事务所、会计师事务所、破产清算事务所等社会中介机构担任。人民法院根据债务人的实际情况，可以在征询有关社会中介机构的意见后，指定该机构具备相关专业知识并取得执业资格的人员担任管理人。"因此，管理人可由个人担任，选项 A 错误。第 22 条规定管理人由人民法院指定，不能由债务人和债权人会议聘请，选项 B 错误。

《企业破产法》第 23 条规定："管理人依照本法规定执行职务，向人民法院报告工作，并接受债权人会议和债权人委员会的监督。"管理人是依照法律规定自行执行事务，而不是在法院指导下开展工作，选项 C 错误。第 28 条规定：管理人的报酬由人民法院确定。因此选项 D 错误。答案为选项 A、B、C、D。

三、管理人的职责

一般职责	（1）接管债务人的财产、印章和账簿、文书等资料； （2）调查债务人财产状况，制作财产状况报告； （3）决定债务人的内部管理事务； （4）决定债务人的日常开支和其他必要开支； （5）在第一次债权人会议召开之前，决定继续或者停止债务人的营业； （6）管理和处分债务人的财产； （7）代表债务人参加诉讼、仲裁或者其他法律程序； （8）提议召开债权人会议； （9）债权申报登记册的制作与对债权的全面审查； （10）破产期间对债权表、债权申报登记册及债权申报材料的保管； （11）对已生效法律文书确定债权的确认； （12）人民法院认为管理人应当履行的其他职责。
特别职责	（1）决定待履行合同的解除或继续履行； （2）对债务人在破产程序前的不正当财产处分行使撤销权和追回权； （3）接受债权申报、调查职工债权和编制债权表； （4）重整期间主持债务人营业或对债务人自行营业进行监督； （5）制备重整计划草案； （6）申请人民法院批准重整计划草案； （7）监督重整计划的执行等。

四、管理人的义务

忠实义务与勤勉义务	忠实义务，也称"诚信义务"，是指管理人在执行职务时，应当最大限度地维护债务人财产和全体债权人的利益，不欺瞒，不谋私利。
	勤勉义务，也称"善管义务"，是指管理人在履行职务的过程中，应当以善良管理人的注意，认真、谨慎、合理、高效地处理事务，不疏忽，不懈怠。

续表

报告义务	一般报告义务： （1）管理人依照本法规定执行职务，向人民法院报告工作，并接受债权人会议和债权人委员会的监督； （2）管理人应当列席债权人会议，向债权人会议报告职务执行情况，并回答询问。
	特殊报告义务。 1. 管理人实施下列行为，应当及时报告债权人委员会： （1）涉及土地、房屋等不动产权益的转让； （2）探矿权、采矿权、知识产权等财产权的转让； （3）全部库存或者营业的转让； （4）借款； （5）设定财产担保； （6）债权和有价证券的转让； （7）履行债务人和对方当事人均未履行完毕的合同； （8）放弃权利； （9）担保物的取回； （10）对债权人利益有重大影响的其他财产处分行为。 未设立债权人委员会的，管理人实施前款规定的行为应当及时报告人民法院。 2. 第一次债权人会议尚未召开，或者债权人会议未设立债权人委员会的，应当报告人民法院。
不辞任义务	1. 管理人没有正当理由不得辞去职务； 2. 管理人辞去职务应当经人民法院许可。

例2（真题） 某破产案件中，债权人向法院提出更换管理人的申请。申请书中指出了如下事实，其中哪些属于主张更换管理人的正当事由？

A. 管理人列席债权人会议时，未如实报告债务人财产接管情况，并拒绝回答部分债权人询问

B. 管理人将债务人的一处房产转让给第三人，未报告债权人委员会

C. 债权人对债务人在破产申请前曾以还债为名向关联企业划转大笔资金的情况多次要求调查，但管理人一再拖延

D. 管理人将对外追收债款的诉讼业务交给其所在律师事务所办理，并单独计收代理费

提示：根据《企业破产法》第 23 条的规定，管理人有依法履行职务并在列席债权人会议时，向债权人会议报告职务执行情况并回答询问的义务。选项 A 中，管理人不如实报告债务人财产接管情况，并拒绝回答部分债权人询问的行为违反了法律规定的法定义务，属于《破产法》第 22 条第 2 款规定的不能依法、公正执行职务的情况。债权人可以以此为由申请更换管理人。因此，选项 A 正确。选项 B 没有向债权人会议报告不动产权益的转让情况，选项 C 中，对于债权人的合理调查请求一再拖延，都构成了管理人义务的违反，因此选项 A、B、C 可选。

《企业破产法》第 24 条规定，管理人可以由有关部门、机构的人员组成的清算组或者依法设立的律师事务所、会计师事务所、破产清算事务所等社会中介机构担任。据此可知，律师事务所可以担任破产企业的管理人，如果管理人是律师事务所来担任的，那么管理人将对外追收债款的诉讼业务交给其所在律师事务所办理，并单独计收代理费的行为是合法的，不属于债权人申请更换管理人的理由。因此，选项 D 错误。

第三节 债务人财产

重要法条及司法解释

《破产法》第30～43条。

《最高人民法院关于适用〈中华人民共和国企业破产法〉若干问题的规定（一）》第6、8条。

《最高人民法院关于适用〈中华人民共和国企业破产法〉若干问题的规定（二）》第1～5、11～17、20、24、26～30、41～46条。

《最高人民法院关于适用〈中华人民共和国企业破产法〉若干问题的规定（三）》第1～3条。

命题分析

“债务人财产”一节可谓是《破产法》中难度最大、内容最复杂烦琐的必考点，最受出题人青睐。考生需要重点掌握的知识点包括债务人财产的范围、撤销权、取回权、抵销权，其中针对撤销权、取回权、抵销权等内容，考生应当准确记忆行使的条件、行使的期限、除外适用情形等，命题人通常喜欢从关键时间点着手考查其对相关权利行使的影响。例如“受理破产申请1年内”和“受理破产申请前6个月内”这两个关键时间点对管理人行使撤销权的影响。因此，考生应当在脑海中形成一个清晰的时间脉络，以此来串联相关知识点。

此外，随着考试难度的增大与考查内容的不断深入，本节知识点易与《公司法》结合命题。

知识点精讲

一、债务人财产的范围

破产申请受理时属于债务人的全部财产，以及破产申请受理后至破产程序终结前债务人取得的财产，为债务人财产。

破产申请受理时属于债务人的全部财产	（1）有形财产、无形财产、货币和有价证券、投资权益和债权（包括可以用货币估价并可以依法转让的债权、股权、知识产权、用益物权等财产和财产权益）； （2）未成为担保物和已成为担保物的财产； （3）位于中华人民共和国境内和境外的财产。
破产申请受理后至破产程序终结前债务人取得的财产	（1）程序开始后债务人财产的增值； （2）程序开始后收回的财产； （3）债务人的出资人在尚未完全履行出资义务的情况下补交的出资。

续表

不能认定为债务人财产的情形	(1) 债务人基于仓储、保管、承揽、代销、借用、寄存、租赁等合同或者其他法律关系占有、使用的他人财产; (2) 债务人在所有权保留买卖中尚未取得所有权的财产; (3) 所有权专属于国家且不得转让的财产; (4) 其他依照法律、行政法规不属于债务人的财产。

例1 (真题) 甲公司严重资不抵债，因不能清偿到期债务向法院申请破产。下列哪一财产属于债务人财产?

A. 甲公司购买的一批在途货物，但尚未支付货款

B. 甲公司从乙公司租用的一台设备

C. 属于甲公司但已抵押给银行的一处厂房

D. 甲公司根据代管协议合法占有的委托人丙公司的两处房产

提示:《企业破产法》第39条规定，人民法院受理破产申请时，出卖人已将买卖标的物向作为买受人的债务人发运，债务人尚未收到且未付清全部价款的，出卖人可以取回在运途中的标的物。但是，管理人可以支付全部价款，请求出卖人交付标的物。据此可知，在运输途中且债务人还没有支付货款的货物属于出卖人的财产，出卖人可以行使取回权，不属于债务人的财产。因此，选项A错误。

《企业破产法》第38条规定:"人民法院受理破产申请后，债务人占有的不属于债务人的财产，该财产的权利人可以通过管理人取回。但是，本法另有规定的除外。"本题中，甲公司从乙公司租用的一台设备以及甲公司根据代管协议合法占有的委托人丙公司的两处房产，均不属于甲公司的财产，其负有返还的义务，故选项B、D错误。

被设定了抵押的财产所有权仍归原所有人，所以该厂房仍然属于债务人财产，只不过抵押权人享有别除权，所以选项C正确。

二、撤销权和追回权

(一) 撤销权和追回权的追诉对象

当债务人无力清偿债务或有无力清偿债务之虞时，债权人对债务人的财产存在着公平受偿的期待，此时保持债务人责任财产的圆满状态则非常重要。为防止债务人不正当减少其责任财产，从而侵犯到债权人及其他利益相关人的利益的行为，法律授予了破产管理人撤销权和追回权。

1. 撤销权的追诉对象

(1) 可撤销的欺诈破产行为

可撤销的欺诈破产行为是指人民法院受理破产申请前1年内，涉及债务人财产的下列行为，管理人有权请求人民法院予以撤销:

①无偿转让财产的;

②以明显不合理的价格进行交易的;

③对没有财产担保的债务提供财产担保的;

④对未到期的债务提前清偿的；

⑤放弃债权的。

在正常情况下，企业的上述行为虽然会减损自身财产，但基于意思自治原则，法律无权进行干涉。但当企业出现经营危机时，上述行为所损害的就不仅是企业自身，而是包括众多债权人在内的利益相关人的合法利益，因此管理人有权予以撤销。

需要注意的是，《最高人民法院关于适用〈中华人民共和国企业破产法〉若干问题的规定（二）》对于以上部分情形被撤销后如何进一步处理做出了安排。针对选项 B，交易被撤销后，买卖双方应当依法返还从对方获取的财产或者价款，对于债务人应返还受让人已支付价款所产生的债务，受让人有权请求作为共益债务予以清偿。

针对选项 D，破产申请受理前一年内债务人提前清偿的未到期债务，在破产申请受理前已经到期，管理人不得请求撤销该清偿行为。但是该清偿行为发生在破产申请受理前六个月内且债务人出现破产情形的除外（即属于下文所述的可撤销的个别清偿行为的情形）。

时间段 AC 是破产申请受理前 1 年内，时间段 BC 是破产申请受理前 6 个月。

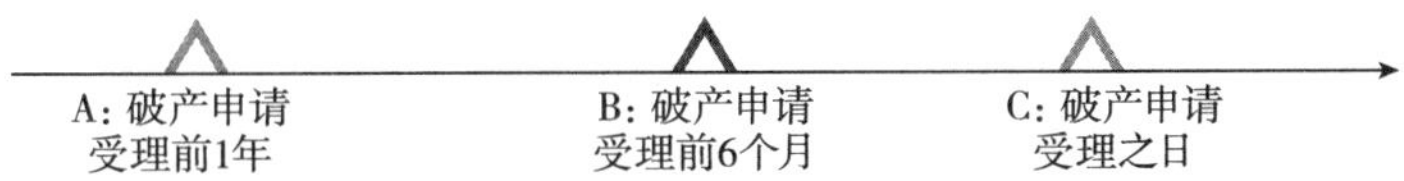

▲个别清偿**未到期**的债务：①若清偿日在时间段 AC 之内（破产申请受理前 1 年内），该债务在 C 点以后（破产申请受理之后）才到期的，属于可撤销清偿；②一般地，若清偿日在时间段 AC 之内（破产申请受理前 1 年内），该债务在 C 点之前（破产申请受理之前）已经到期的，属于有效清偿；但是，如果清偿时债务人已经出现破产原因，则作如下处理：

A. 若债务人已经出现了破产原因，而清偿日在时间段 AB 之内，该债务在 C 点之前（破产申请受理之前）已经到期，则属于有效清偿，不得撤销。

B. 若债务人已经出现了破产原因，而清偿日在时间段 BC 之内（破产申请受理前 6 个月内），此时债务即使在 C 点之前（破产申请受理之前）到期，也属于可撤销清偿。

▲个别清偿**已经到期**的债务：清偿日在时间段 AB 之内，则属于有效清偿。若清偿日在 BC 之内，则可能构成可撤销的偏颇性清偿行为。

（2）可撤销的个别清偿行为（可撤销的偏颇性清偿行为）

人民法院受理破产申请前 6 个月内，债务人已经出现不能清偿到期债务，并且资产不足以清偿全部债务或者明显缺乏清偿能力的情形，仍对个别到期债权进行清偿的，管理人有权请求人民法院予以撤销。但是个别清偿使债务人财产受益的除外。

简而言之，构成可撤销的个别清偿行为需要满足 3 个条件：破产申请受理前 6 个月内 + 出现破产原因 + 清偿已到期债权。

但是以下几种情形的个别清偿是有效的：

①债务人对以自有财产设定担保物权的债权进行的个别清偿，但是债务清偿时担保财产的价值低于债权额的除外；

②债务人经诉讼、仲裁、执行程序对债权人进行的个别清偿，但是债务人与债权人恶意串通损害其他债权人利益的除外；

③债务人为维系基本生产需要而支付水费、电费等的；

④债务人支付劳动报酬、人身损害赔偿金的；

⑤使债务人财产受益的其他个别清偿。

	可撤销的破产欺诈行为 （法院受理破产申请1年内）	可撤销的个别清偿行为 （法院受理破产申请前6个月内）
具体情形	（1）无偿转让财产的； （2）以明显不合理的价格进行交易的； （3）对没有财产担保的债务提供担保的； （4）对未到期的债务提前清偿的； （5）放弃债权的。	法院受理破产申请前6个月内，债务人已经具备破产原因的情形，仍对个别债权人（已到期债权）进行清偿，管理人有权撤销。
例外	对未到期的债务提前清偿的，若该债务在破产申请受理前已经到期的，不予撤销。但是，该清偿行为发生在破产申请受理前6个月内且债务人出现破产原因的，可以撤销。	（1）债务人对以自有财产设定担保物权的债权进行的个别清偿，但清偿时担保财产的价值低于债权额除外； （2）债务人经诉讼、仲裁、执行程序对债权人进行的个别清偿，但债务人与债权人恶意串通损害其他债权人利益的除外； （3）债务人为维系基本生产需要而支付水费、电费等的个别清偿； （4）债务人支付劳动报酬、人身损害赔偿金的个别清偿； （5）使债务人财产受益的其他个别清偿。
行使后果	（1）债务人所实施的财产处分行为无效； （2）管理人行使撤销权所对应的财产，列入债务人财产。	

例2（真题） 2010年8月1日，某公司申请破产。8月10日，法院受理并指定了管理人。该公司出现的下列哪一行为属于《破产法》中的欺诈破产行为，管理人有权请求法院予以撤销？

A. 2009年7月5日，将市场价格100万元的仓库以30万元出售给母公司

B. 2009年10月15日，将公司一辆价值30万元的汽车赠与甲

C. 2010年5月5日，向乙银行偿还欠款50万元及利息4万元

D. 2010年6月10日，以协议方式与债务人丙相互抵销20万元债务

提示：本题中法院受理申请的时间为2010年8月10日，选项A中该公司虽然于2009年7月5日将公司财产以不合理低价卖给母公司，但是并未发生在法院受理申请前1年内，管理人无权申请撤销，选项A不正确。选项B中该公司于2009年10月15日将财产赠与甲，发生在法院受理申请前1年内，管理人有权申请撤销，选项B正确。本题中选项C、D的个别清偿行为虽然发生在法院受理破产申请前6个月内，但是题干中并未给出该公司已经达到破产标准这一条件，且个别清偿行为不属于严格意义上的欺诈破产行为，所以选项C、D不正确。

（3）无效的欺诈破产行为

债务人有以下两种行为时，因其主观恶意更大，且对债权人的损害也更为严重，因此无论何时发生，任何人在任何时候均得主张该行为无效：

①为逃避债务而隐匿、转移财产的；

②虚构债务或者承认不真实的债务的。

2. 追回权的追诉对象

（1）债务人的责任财产包括股东已经认缴而未实际缴纳的股款，对此部分财产，管理

人可行使追回权使债务人的财产恢复圆满状态。

（2）人民法院受理破产申请后，债务人的出资人尚未完全履行出资义务的，管理人应当要求该出资人缴纳所认缴的出资，而不受出资期限的限制。

（3）出资人无权以认缴出资尚未届至公司章程规定的缴纳期限或者违反出资义务已经超过诉讼时效为由抗辩。即出资不受诉讼时效的限制。

（4）管理人可以代表债务人提起诉讼，要求公司的发起人和负有监督股东履行出资义务的董事、高级管理人员，或者协助抽逃出资的其他股东、董事、高级管理人员、实际控制人等，对股东违反出资义务或者抽逃出资承担相应责任，并将追回的财产归入债务人财产。

（二）对企业管理层的特别追回权

1. 概述

当债务人出现不能清偿到期债务，并且资不抵债或者明显缺乏清偿能力的情形时，债务人的董事、监事和高级管理人员等仍有可能利用自身职务的便利或权力而获取非正常收入或侵占企业的财产。对此部分财产，管理人应当追回。

2. 非正常收入

非正常收入是指在债务人出现破产原因之时，其董事、监事和高级管理人员利用职权获取的收入。具体而言，包括以下三类：

（1）绩效奖金；

（2）普遍拖欠职工工资情况下获取的工资性收入；

（3）其他非正常收入。

3. 处理

管理人追回此部分财产后，应当按照如下规则进行处理：

（1）董事、监事和高级管理人员，因返还绩效奖金和其他非正常收入所形成的债权，作为普通破产债权清偿。

（2）董事、监事和高级管理人员，因返还工资性收入所形成的债权：

A. 对于按照该企业职工平均工资计算的部分，作为拖欠职工工资清偿；

B. 对于高于该企业职工平均工资计算的部分，作为普通破产债权清偿。

（3）对于董事、监事和高级管理人员侵占的财产，由管理人直接追回。

三、取回权和抵销权

（一）取回权

1. 概念及特征

概念	取回权是指从管理人接管的财产中取回不属于债务人的财产的请求权。
特征	（1）是对特定物的返还请求权； （2）是以物权为基础的请求权； （3）是在破产程序中行使的特别请求权； （4）取回权标的物在被取回前，视同债务人财产，由管理人管理和支配； （5）取回权不参加债权申报。

2. 取回权的种类与行使

<table>
<tr><td rowspan="5">一般取回权</td><td colspan="2">人民法院受理破产申请后，债务人占有的不属于债务人的财产，该财产的权利人可以通过管理人取回。</td></tr>
<tr><td>合法占有但不属于债务人的财产</td><td>（1）范围：债务人基于仓储、保管、承揽、代销、借用、寄存、租赁等合同或其他法律关系占有、使用的他人财产。
（2）行使时间：应在破产财产变价方案或者和解协议、重整计划草案提交债权人会议表决前向管理人提出；权利人在上述期限后主张取回相关财产的，应当承担延迟行使取回权增加的相关费用。</td></tr>
<tr><td>不法占有的他人财产</td><td>即无合法根据而占有的属于他人的财产。</td></tr>
<tr><td>基于所有权保留买卖协议的取回</td><td>（1）范围：债务人在所有权保留买卖中尚未取得所有权的财产。
（2）行使时间：应在破产财产变价方案或者和解协议、重整计划草案提交债权人会议表决前向管理人提出；权利人在上述期限后主张取回相关财产的，应当承担延迟行使取回权增加的相关费用。</td></tr>
<tr><td>变价款取回权</td><td>对债务人占有的权属不清的鲜活易腐等不易保管的财产或者不及时变现价值将严重贬损的财产，管理人及时变价并提存变价款后，有关权利人可就该变价款行使取回权。</td></tr>
<tr><td>出卖人取回权</td><td colspan="2">（1）人民法院受理破产申请时，出卖人已将买卖标的物向作为买受人的债务人发运，债务人尚未收到且未付清全部价款的，出卖人可以取回在运途中的标的物；
（2）但是，管理人可以支付全部价款，请求出卖人交付标的物。</td></tr>
<tr><td>取回权的行使</td><td colspan="2">应在破产财产变价方案或者和解协议、重整计划草案提交债权人会议表决前向管理人提出。</td></tr>
</table>

所有权保留买卖合同中，一方当人破产的处理：合同由破产管理人决定

<table>
<tr><td>出卖人破产</td><td>（1）管理人决定继续履行的，买受人应当按照原合同的约定支付价款或履行其他义务。
（2）买受人未依约支付价款或者履行完毕其他义务，或者将标的物出卖、出质或者作出其他不当处分，给出卖人造成损害，出卖人管理人可依法主张取回标的物。但是，买受人已经支付标的物总价款75%以上或者第三人善意取得标的物所有权或者其他物权的除外。
（3）因以上情形未能取回标的物，出卖人管理人可以依法主张买受人继续支付价款、履行完毕其他义务，以及承担相应赔偿责任的。
（4）管理人决定解除所有权保留买卖合同，并可要求买受人向其交付买卖标的物的。
（5）买受人以其不存在未依约支付价款或者履行完毕其他义务，或者将标的物出卖、出质或者作出其他不当处分情形抗辩的，人民法院不予支持。
（6）买受人依法履行合同义务并将买卖标的物交付出卖人管理人后，买受人已支付价款损失形成的债权作为共益债务清偿。但是，买受人违反合同约定，出卖人管理人主张上述债权作为普通破产债权清偿的，人民法院应予支持。</td></tr>
<tr><td>买受人破产</td><td>（1）管理人决定继续履行所有权保留买卖合同的，原买卖合同中约定的买受人支付价款或者履行其他义务的期限在破产申请受理时视为到期，买受人管理人应当及时向出卖人支付价款或者履行其他义务。
（2）买受人管理人无正当理由未及时支付价款或者履行完毕其他义务，或者将标的物作出其他不当处分，给出卖人造成损害，出卖人主张取回标的物的，人民法院应予支持。但是，买受人已支付标的物总价款百分之75%以上或者第三人善意取得标的物所有权或者其他物权的除外。
（3）因本条第2款规定未能取回标的物，出卖人依法主张买受人继续支付价款、履行完毕其他义务，以及承担相应赔偿责任的，人民法院应予支持。对因买受人未支付价款或者未履行完毕其他义务，以及买受人管理人将标的物出卖、出质或者作出其他不当处分导致出卖人损害产生的债务，出卖人主张作为共益债务清偿的，人民法院应予支持。</td></tr>
</table>

续表

买受人破产	（1）管理人决定解除所有权保留买卖合同，出卖人主张取回买卖标的物的，人民法院应予支持。 （2）出卖人取回买卖标的物，买受人管理人主张出卖人返还已支付价款的，人民法院应予支持。取回的标的物价值明显减少给出卖人造成损失的，出卖人可从买受人已支付价款中优先予以抵扣后，将剩余部分返还给买受人；对买受人已支付价款不足以弥补出卖人标的物价值减损损失形成的债权，出卖人主张作为共益债务清偿的，人民法院应予支持。

总结：债务人违反转让占有的他人财产

<table>
<tr><th colspan="2">情形</th><th colspan="2">处理</th></tr>
<tr><td rowspan="2">无权处分发生在破产受理前</td><td>第三人善意取得</td><td colspan="2">原权利人无法取回该财产，因财产损失形成的债权，作为普通债权清偿。</td></tr>
<tr><td>第三人未善意取得</td><td colspan="2">原权利人可追回财产，对因第三人已支付对价而产生的债务，作为普通债权清偿。</td></tr>
<tr><td rowspan="2">无权处分发生在破产受理后</td><td>第三人善意取得</td><td colspan="2">原权利人无法取回该财产，因管理人或相关人员执行职务导致原权利人损害产生的债务，作为共益债务清偿。</td></tr>
<tr><td>第三人未善意取得</td><td colspan="2">原权利人可追回财产，对因第三人已支付对价而产生的债务，作为共益债务清偿。</td></tr>
<tr><td rowspan="3">占有物毁损、灭失，获得保险金</td><td>保险金等尚未交付给债务人，或代偿物已经交付但能与债务人财产区分的</td><td colspan="2">权利人主张取回就此获得的保险金、赔偿金、代偿物的，人民法院应予以支持。</td></tr>
<tr><td rowspan="2">保险金等已经交付给债务人，或代偿物已经交付且不能与债务人财产区分</td><td>财产毁损、灭失发生在破产申请受理前</td><td>权利人因财产损失形成的债权，作为普通债权清偿。</td></tr>
<tr><td>财产毁损、灭失发生在破产申请受理后</td><td>因管理人或相关人员执行职务导致原权利人损害产生的债务，作为共益债务清偿。</td></tr>
</table>

例3（真题） 甲公司依据买卖合同，在买受人乙公司尚未付清全部货款的情况下，将货物发运给乙公司。乙公司尚未收到该批货物时，向法院提出破产申请，且法院已裁定受理。对此，下列哪些选项是正确的？

A. 乙公司已经取得该批货物的所有权

B. 甲公司可以取回在运货物

C. 乙公司破产管理人在支付全部价款情况下，可以请求甲公司交付货物

D. 货物运到后，甲公司对乙公司的价款债权构成破产债权

提示：《企业破产法》第39条规定了出卖人取回权。本题中乙公司尚未收到货物并且未付清全部价款，并未取得该批货物的所有权，甲公司享有取回权，所以选项A错误，选项B正确。但是乙公司管理人可以通过支付全部价款的方式请求甲公司交付货物，货物运到乙公司后，所有权即转移给乙公司，甲公司对乙公司享有的请求支付价款的债权只能是破产债权。所以选项C、D正确。

（二）抵销权

1. 概念及行使规则

概念	破产债权人在破产宣告前对债务人负有债务的，不论债的种类与到期时间，可以在清算分配以破产债权抵销其所负债务的权利。
行使规则	1. 抵销权的前提：在破产受理前，双方互有债权债务。 2. 抵销权的行使以债权申报为必要条件，即债权人需向管理人提出破产抵销的主张。 3. 破产抵销权只能由债权人提出。 4. 破产抵销权的生效日期： 管理人收到债权人提出的主张债务抵销的通知后，经审查无异议的，抵销自管理人收到通知之日起生效。 管理人对抵销主张有异议的，应当在约定的异议期限内或者自收到主张债务抵销的通知之日起3个月内向人民法院提起诉讼。无正当理由逾期提起的，人民法院不予支持。 人民法院判决驳回管理人提起的抵销无效诉讼请求的，该抵销自管理人收到主张债务抵销的通知之日起生效。 5. 行使抵销权后，未抵销的债权列入破产债权，参加破产分配。

2. 不适用破产抵销权的情形

债务人的债务人在破产申请受理后取得他人对债务人的债权的	【例外】具有本类不得抵销情形的债权人，主张以其对债务人特定财产享有优先受偿权的债权，与债务人对其不享有优先受偿权的债权抵销的，可以抵销。 【例外之例外】用以抵销的债权大于债权人享有优先受偿权财产价值的除外。
债权人已知债务人有不能清偿到期债务或者破产申请的事实，对债务人负担债务的	（1）互负债权债务的形成时间为破产申请受理前1年内； （2）互负的债权债务到期时间为破产申请受理后； （3）债权人为恶意，即已知债务人有不能清偿到期债务或者破产申请的事实，仍然对债务人负担债务。
	【例外】 （1）债权人因为法律规定或者有破产申请1年前所发生的原因而负担债务的除外。 （2）具有本类不得抵销情形的债权人，主张以其对债务人特定财产享有优先受偿权的债权，与债务人对其不享有优先受偿权的债权抵销的，可以抵销。 【例外之例外】用以抵销的债权大于债权人享有优先受偿权财产价值的除外。
债务人的债务人已知债务人有不能清偿到期债务或者破产申请的事实，对债务人取得债权的	（1）互负债权债务的形成时间为破产申请受理前1年内； （2）互负的债权债务到期时间为破产申请受理后； （3）债务人的债务人为恶意，即已知债务人有不能清偿到期债务或者破产申请的事实，仍然对债务人取得债权。
	【例外】 债务人的债务人因为法律规定或者有破产申请1年前所发生的原因而取得债权的除外。
债务人的股东主张以法定的两类债务与债务人对其负有的债务抵销的	债务人的股东主张以下列债务与债务人对其负有的债务抵销，债务人管理人提出异议的，人民法院应予支持： （1）债务人股东因欠缴债务人的出资或者抽逃出资对债务人所负的债务； （2）债务人股东滥用股东权利或者关联关系损害公司利益对债务人所负的债务。
破产申请受理前6个月内，债务人企业出现破产原因，债务人以抵销方式进行个别清偿，其抵销的债权债务属于恶意取得	（1）互负债权债务的形成时间为破产申请受理前1年内； （2）互负的债权债务清偿时间为破产申请受理前6个月内； （3）管理人可在破产申请受理之日起3个月内向人民法院提起诉讼，主张该抵销无效。

四、破产别除权

概念	别除权是指债权人因其债权设有物权担保或者享有特别优先权，而在破产程序中就债务人特定财产享有的优先受偿权利。
类型	（1）担保物权：我国现行法律规定的担保物权能在破产程序中享有别除权的有抵押权、质权和留置权。 （2）特别优先权：特别优先权在法律性质上属于实体性优先权，具有物权担保的一般属性，属于法定担保物权。例如《合同法》第286条。
适用规则	（1）对破产人的特定财产享有担保权的权利人，对该特定财产享有优先受偿的权利。 因别除权人的优先受偿权 限定于担保物价值的范围内，若担保物在其行使权利前灭失，优先受偿权则随之消灭，别除权人对破产人的债权只能作为普通债权受偿，但第三人包括管理人对担保物灭失负有赔偿责任的除外。 别除权行使后，若担保物的价值大于其所担保的债权，剩余部分应当交回管理人，用以清偿破产费用、共益债务和其他破产债权。 （2）债权人行使优先受偿权利未能完全受偿的，其未受偿的债权作为普通债权；放弃优先受偿权利的，其债权作为普通债权。 （3）人民法院受理破产申请后，管理人可以通过清偿债务或者提供为债权人接受的担保，取回质物、留置物。上述债务清偿或者替代担保，在质物或者留置物的价值低于被担保的债权额时，以该质物或者留置物当时的市场价值为限。 （4）在重整期间，对债务人的特定财产享有的担保权暂停行使。但是，担保物有损坏或者价值明显减少的可能，足以危害担保权人权利的，担保权人可以向人民法院请求恢复行使担保权。
破产申请受理后的借款	为了鼓励对债务人继续经营提供资金支持，实现市场资源的优化配置，《最高人民法院关于适用〈中华人民共和国企业破产法〉若干问题的规定（三）》第2条明确规定，破产申请受理后，管理人或者自行管理的债务人为债务人继续营业的借款，符合法定程序的，可以优先于普通破产债权清偿。同时，为了维护正常的商业交易秩序，尽量避免对此前已设立的担保物权造成不利影响，同解释规定该新发生的借款，不得优先于此前已设立的担保物权。若债务人要为该新借款设定抵押担保，而抵押物此前已经为其他债权人设定抵押的，担保物权人之间应当按照《物权法》第199条规定的清偿顺序实现权利。

五、破产费用和共益债务

（一）破产费用和共益债务的概念及范围

	破产费用	共益债务
概念	破产程序开始后，为保证破产程序的顺利进行以及为全体债权人的共同利益而从债务人财产中优先支付的费用。	破产程序中为全体债权人的共同利益而管理、变价和分配破产财产而负担的债务。
范围	（1）破产案件的诉讼费用； （2）管理、变价和分配债务人财产的费用； （3）管理人执行职务的费用、报酬和聘用工作人员的费用。	（1）因管理人或者债务人请求对方当事人履行双方均未履行完毕的合同所产生的债务； （2）债务人财产受无因管理所产生的债务； （3）因债务人不当得利所产生的债务； （4）为债务人继续营业而应支付的劳动报酬和社会保险费用以及由此产生的其他债务； （5）管理人或者相关人员执行职务致人损害所产生的债务； （6）债务人财产致人损害所产生的债务。

（二）破产费用和共益债务的清偿

随时清偿	破产费用和共益债务由债务人财产随时清偿。
破产费用优先	债务人财产不足以清偿所有破产费用和共益债务的，先行清偿破产费用。
比例清偿	债务人财产不足以清偿所有破产费用或者共益债务的，按照比例清偿。
程序终结	（1）债务人财产不足以清偿所有破产费用的，管理人应当提请人民法院终结破产程序； （2）人民法院应当自收到请求之日起15日内裁定终结破产程序，并予以公告。

六、强制清算费用

根据《企业破产法》第41条的规定，破产费用发生在人民法院受理破产后。公司从强制清算转入破产程序，原强制清算中发生的清算费用，因发生在人民法院受理破产申请前，本不应属于破产费用，但是，公司强制清算案件在案件性质上类似于企业破产案件，所产生的费用与破产费用性质相同，且强制清算中已经完成的清算事项的效力，若无违反《企业破产法》及其司法解释的情形，在破产程序中应予以确认。因此，破产申请受理前债务人尚未支付的公司强制费用、未终结的执行程序中产品的评估费、公告费、保管费等执行费用可以惨遭破产费用从债务人财产中随时清偿。

而破产申请受理前发生的案件受理费、执行申请费并非为全体债权人的共同利益，故只能作为破产债权进行清偿（《最高人民法院关于适用〈中华人民共和国企业破产法〉若干问题的规定（三）》第1条）。

例4（真题） 某公司经营不善，现进行破产清算。关于本案的诉讼费用，下列哪一说法是错误的？

A. 在破产申请人未预先交纳诉讼费用时，法院应裁定不予受理破产申请

B. 该诉讼费用可由债务人财产随时清偿

C. 债务人财产不足时，诉讼费用应先于共益费用受清偿

D. 债务人财产不足以清偿诉讼费用等破产费用的，破产管理人应提请法院终结破产程序

提示：《最高人民法院关于适用〈中华人民共和国企业破产法〉若干问题的规定（一）》第8条规定："破产案件的诉讼费用，应根据企业破产法第四十三条的规定，从债务人财产中拨付。相关当事人以申请人未预先交纳诉讼费用为由，对破产申请提出异议的，人民法院不予支持。"由此可知，破产案件的诉讼费用无须预交。所以，选项A错误。

《企业破产法》第41条规定："人民法院受理破产申请后发生的下列费用，为破产费用：（1）破产案件的诉讼费用……"第43条规定："破产费用和共益债务由债务人财产随时清偿。债务人财产不足以清偿所有破产费用和共益债务的，先行清偿破产费用。债务人财产不足以清偿所有破产费用或者共益债务的，按照比例清偿。债务人财产不足以清偿破产费用的，管理人应当提请人民法院终结破产程序。"所以，选项B、C、D正确。

第四节　债权申报的范围

重要法条及司法解释

《企业破产法》第44~58条、第59条第3款。

《最高人民法院关于适用〈中华人民共和国企业破产法〉若干问题的规定（三）》第4~5条、第7~9条。

命题分析

“债权申报的范围”为综合性重点知识点，有一定考查频率，试题相对比较容易，只要考生掌握了基本的规定就能得分。尽管如此，仍需全面、深入、准确掌握之。

知识点精讲

一、债权申报的期限

（一）概念

债权申报期限是允许债权人向法院申报其债权的固定期间。限定债权申报期间，对于破产程序及时、顺利进行是必要的。

（二）我国的规定

我国破产法对债权申报的期限实行法定范围内的法院酌定主义，具体规定如下：

（1）人民法院受理破产申请后，确定债权人申报债权的期限。

（2）债权申报期限自人民法院发布受理破产申请公告之日起计算，最短不得少于30日，最长不得超过3个月。

（3）债权人应当在人民法院确定的债权申报期限内向管理人申报债权。

二、债权申报的范围

（一）可申报债权的一般规定

1. 一般规定

可申报债权需要满足以下几点要求：

（1）须为以财产给付为内容的请求权

①给付标的为劳务或不作为的请求权，不能申报；

②因为行为人不履行或不适当履行产生的赔偿请求权，可以申报。

（2）须为以债务人财产为受偿基础的请求权

①此处的债务人的财产是指受破产程序约束的财产；

②信托财产或法律规定不受破产程序约束的财产不是此处债务人的财产；

③是否有财产担保，不影响债权的申报资格。

(3) 须为法院受理破产申请前成立的债权

①债权的到期时间不影响债权申报资格；

②未到期的债权，在破产案件受理时视为到期。

(4) 须为平等民事主体之间的请求权

①对债务人的罚款等财产性行政性处罚，不得申报；

②但是在破产程序结束后，如果债务人因为重整或者和解而继续存续，处罚机关可以根据情况决定是否执行原来的处罚决定。

(5) 须为合法有效的债权

因此下列债权不得申报：

①存在合同法或其他法律规定无效原因的债权；

②诉讼时效已经届满的债权；

③无证据或证据为虚假的债权、有相反证据证明为虚假的债权（申报人提供的证据材料不足以证明其真实性和有效性的债权，在补足证据前推定为不得申报）。

2. 违反一般规定的后果

(1) 不具备上述条件的债权被申报的，管理人有权提出异议。

(2) 申报人坚持申报的，管理人可以在债权表中另页记载，并载明所发现的问题，以供债权人会议作出决定。

(3) 必要时，管理人可以请求人民法院裁定不予确认。

（二）可申报债权的范围

	范围	处理
可申报的债权	未到期的债权，可以申报。	在破产申请受理时视为到期。
	利息请求权，可以申报。	(1) 附利息的债权自破产申请受理时起停止计息。 (2) 破产申请受理前的利息，随本金一同申报。
	有担保的债权，可以申报。	债权人申报债权时，应当书面说明债权的数额和有无财产担保，并提交有关证据。
	待定债权，可以申报。	(1) 概念：待定债权是指其效力有待确定的债权。 (2) 类型：待定债权包括附条件、附期限的债权和诉讼、仲裁未决的债权。 (3) 要求：申报时必须说明其待定的状况。
	连带债权，可以申报。	(1) 申报方式：连带债权人可以由其中一人代表全体连带债权人申报债权，也可以共同申报债权。 (2) 申报要求：申报的债权是连带债权的，应当书面说明债权的数额和有无财产担保，并提交有关证据。

续表

	范围	处理
可申报的债权	连带债务人的代位求偿权，可以申报。	(1) 法理说明：根据连带债务的性质，连带债务的全体债务人均有义务清偿全部债务，如其中一人已经清偿了全部债务，该债务人有权向其他连带债务人追偿其应当承担的份额。 (2) 现时求偿权的申报：债务人的保证人或者其他连带债务人已经代替债务人清偿债务的，以其对债务人的求偿权申报债权。 (3) 将来求偿权的申报：债务人的保证人或者其他连带债务人尚未代替债务人清偿债务的，以其对债务人的将来求偿权申报债权。但是，债权人已经向管理人申报全部债权的除外。
	连带债务的债权人，可以申报。	(1) 法定情形：在连带债务人之一破产时，其债权人有权在破产程序中申报债权。 (2) 分别申报：连带债务人数人被裁定适用破产程序的，其债权人有权就全部债权分别在各破产案件中申报债权。
	待履行合同相对人的赔偿请求权，可以申报。	管理人或者债务人依照本法规定解除合同的，对方当事人以因合同解除所产生的损害赔偿请求权申报债权。
	善意受托人的请求权，可以申报。	债务人是委托合同的委托人，被裁定适用破产程序，受托人不知该事实，继续处理委托事务的，受托人以由此产生的请求权申报债权。
	票据付款人的请求权，可以申报。	债务人是票据出票人，被裁定适用破产程序的，该票据的付款人继续付款或者承兑的，付款人以由此产生的请求权申报债权。
	保证人破产时，可以申报。	保证人被裁定进入破产程序的，债权人有权申报其对保证人的保证债权。
	债务人、保证人均被裁定进入破产程序的，可以申报。	债务人、保证人均被裁定进入破产程序的，债权人有权向债务人、保证人分别申报债权。

补充说明：(1) 保证人破产时，债权人申报债权：

保证人被裁定进入破产程序的，债权人有权申报其对保证人的保证债权。主债务未到期的，保证债权在保证人破产申请受理时视为到期。一般保证的保证人的先诉抗辩权受到限制。但债权人在一般保证人破产程序中的分配额应予提存，待一般保证人应承担的保证责任确定后再按照破产清偿比例予以分配。

保证人被确定应当承担保证责任的，保证人的管理人可以就保证人实际承担的清偿额向主债务人或其他债务人行使求偿权。

(2) 债务人、保证人均被裁定进入破产程序时，债权人的债权申报与受偿：

在申报时债权人已经实际获得的清偿，无论以何种方式或者程序受到的清偿，均应当予以扣除。申报后债权人在其他破产程序中获得的清偿可以不予扣除，但债权人受偿的总额不得超过其债权总额。若债权人最终获得的清偿数额超过其债权总额，超过部分，应当按照不当得利予以返还。

保证人履行保证责任后不再享有求偿权。

例1（真题） 2011年9月1日，某法院受理了湘江服装公司的破产申请并指定了管理人，管理人开始受理债权申报。下列哪些请求权属于可以申报的债权?

A. 甲公司的设备余款给付请求权，但根据约定该余款的支付时间为2011年10月30日

B. 乙公司请求湘江公司加工一批服装的合同履行请求权

C. 丙银行的借款偿还请求权，但该借款已经设定财产抵押担保

D. 当地税务机关对湘江公司作出的8万元行政处罚决定

提示:《企业破产法》第46条第1款规定:“未到期的债权，在破产申请受理时视为到期”，选项A正确。根据可申报债权的一般规定，可申报债权须为以财产给付为内容的请求权，给付标的为劳务或者不作为的请求权，不可申报。选项B中乙公司对湘江公司的债权不是以财产给付为内容，而是以提供加工服务为内容，不属于破产债权，选项B错误。有担保的债权，可以申报，选项C正确。根据可申报债权的一般规定，可申报的债权须为平等民事主体之间的请求权。对债务人的罚款等财产性行政性处罚，不得申报，选项D错误。

例2（真题） 甲公司向乙银行贷款100万元，由A公司和B公司作为共同保证人，并以甲公司的厂房作抵押担保。其后，甲公司因严重资不抵债而向法院申请破产。法院裁定受理破产申请，并指定了破产管理人。下列哪些选项是正确的?

B. 如A公司已代甲公司偿还了乙银行贷款，则其可向管理人申报100万元债权

C. 如乙银行不申报债权，则A公司或B公司均可向管理人申报100万元债权

提示:《企业破产法》第51条规定:“债务人的保证人或者其他连带债务人已经代替债务人清偿债务的，以其对债务人的求偿权申报债权。债务人的保证人或者其他连带债务人尚未代替债务人清偿债务的，以其对债务人的将来求偿权申报债权。但是，债权人已经向管理人申报全部债权的除外。”由此可知，如保证人A公司已代甲公司偿还了乙银行贷款，则其可向管理人申报100万元债权；如果乙银行不申报债权，则A公司或B公司均可向管理人申报100万元债权。所以，选项B、选项C正确。

（三）不可申报的债权的范围

	范围	说明
不可申报债权	职工债权，不必申报。	1. 类型：债务人所欠职工的工资和医疗、伤残补助、抚恤费用，所欠的应当划入职工个人账户的基本养老保险、基本医疗保险费用，以及法律、行政法规规定应当支付给职工的补偿金。 2. 处理： （1）不必申报，由管理人调查后列出清单并予以公示； （2）职工对清单记载有异议的，可以要求管理人更正； （3）管理人不予更正的，职工可以向人民法院提起诉讼。

续表

	范围	说明
不可申报债权	非合法有效的债权，不得申报。	下列非合法有效债权，不得申报： （1）存在合同法或其他法律规定无效原因的债权。 （2）诉讼时效已经届满的债权。 （3）无证据或证据为虚假的债权、有相反证据证明为虚假的债权（申报人提供的证据材料不足以证明其真实性和有效性的债权，在补足证据前推定为不得申报）。
	权利本身不是债权，不得申报。	以下权利不是债权，不得申报： （1）破产费用、共益债务（本质是费用）。 （2）取回权（本质是物权）。 （3）罚款（属于行政处罚）、罚金（属于刑事处罚）、违约金。 **注意：**惩罚性违约金不可作为破产债权申报，但补偿性违约金可以；前者往往高于实际损失，允许其申报对其他债权人不公平。 （4）债权人参加债权人会议的费用（本质是费用，自付）。
	非以财产给付为内容的债权，不得申报。	（1）给付标的为劳务或不作为的请求权，不能申报。 （2）因为行为人不履行或不适当履行产生的赔偿请求权，可以申报。
	破产申请受理后，债务人欠缴款产生的滞纳金。	（1）债务人未履行生效法律文书应当加倍支付的迟延利息。 （2）劳动保险金的滞纳金。

例3（真题） 辽沈公司因不能清偿到期债务而申请破产清算。法院受理后，管理人开始受理债权人的债权申报。对此，下列哪一债权人申报的债权属于应当受偿的破产债权？

A. 债权人甲的保证人，以其对辽沈公司的将来求偿权进行的债权申报

B. 债权人乙，以其已超过诉讼时效的债权进行的债权申报

C. 债权人丙，要求辽沈公司作为承揽人继续履行承揽合同进行的债权申报

D. 某海关，以其对辽沈公司进行处罚尚未收取的罚款进行的债权申报

提示：《企业破产法》第51条第2款规定："债务人的保证人或者其他连带债务人尚未代替债务人清偿债务的，以其对债务人的将来求偿权申报债权。但是，债权人已经向管理人申报全部债权的除外"，选项A正确。诉讼时效已经届满的债权，不得申报，选项B错误。可申报的债权须为以财产给付为内容的请求权。债权人丙要求辽沈公司作为承揽人继续履行承揽合同进行的债权申报，其请求内容为行为给付，属于不可申报的债权类型，选项C错误。可申报的债权须为平等民事主体之间的请求权，某海关对债务人的罚款等财产性行政性处罚，不得申报，选项D错误。

总结：债权申报的范围主要包括可申报债权的范围和不可申报债权的范围两个知识点。考生可以从法理上，也就是可申报债权的一般规定出发来判断某债权是否可以作为破产债权进行申报。

可以申报的债权	（1）未到期的债权。 （2）利息请求权。 （3）有担保的债权。 （4）待定债权：附条件、附期限的债权和诉讼，仲裁未决的债权。 （5）连带债权人的债权。 （6）连带债务人的代位求偿权。 （7）待履行合同相对人的赔偿请求权。 （8）善意受托人的请求权。 （9）票据付款人的请求权。 （10）保证人被裁定进入破产程序的保证债权。 （11）债务人、保证人均被裁定进入破产程序时债权人有权向债务人、保证人分别申报债权。
不可申报的债权	（1）职工债权。 （2）无效的债权。 （3）诉讼时效已经届满的债权。 （4）无证据或证据为虚假的债权、有相反证据证明为虚假的债权。 （5）破产费用和共益债权。 （6）取回权。 （7）罚金、罚款、违约金。 （8）债权人参加债权人会议的费用。 （9）给付标的为劳务或不作为的债权。 （10）债务人欠缴款项产生的滞纳金（债务而未履行生效法律文书应当加倍支付的迟延利息和劳动保险金的滞纳金）。

三、债权申报的方式

1. 债权人申报债权时，应当书面说明债权的数额和有无财产担保，并提交如下有关证据：

（1）债权证明。即证明债权的真实性、有效性的文件，如合同、借据、法院判决等。

（2）身份证明。债权人自己申报的，应当提交合法有效的身份证明，代理申报人应当提交委托人的有效证明文件、授权委托书和债权证明。

（3）担保证明。申报的债权有财产担保的，应当提交证明财产担保的证据。

2. 破产案件受理后，债权人向人民法院提起新诉讼的，应予驳回。其起诉不具有债权申报的效力。

四、逾期申报和未申报的后果

1. 债权人应当在人民法院确定的债权申报期限内向管理人申报债权。

2. 在人民法院确定的债权申报期限内，债权人未申报债权的，按照如下规则进行处理：

（1）债务人破产程序尚未终结的：在破产财产最后分配之前，债权人可以补充申报；

（2）债务人破产程序已经终结的：除非债务人有保证人或者其他连带债务人，该未申报债权成为永久履行不能；

（3）债务人重整的：该未申报债权在重整计划执行期间不得行使权利；在重整计划执

行完毕以后，可以按照重整计划规定的同类债权的清偿条件行使权利；

（4）债务人和解的：该未申报债权在和解协议执行期间不得行使权利；在和解协议执行完毕以后，可以按照和解协议规定的清偿条件行使权利；

（5）补充分配不具有溯及力：此前已进行的分配，不再对其补充分配；

（6）补充申报费用自费：为审查和确认补充申报债权的费用，由补充申报人承担。

五、债权人、债务人的异议权

《企业破产法》第58条规定了债权人、债务人的异议权，但是，对于异议的具体方式未有明确规定。《最高人民法院关于适用〈中华人民共和国企业破产法〉若干问题的规定（三）》对此进行了明确，即债务人、债权人对债权表记载的债权有异议的，应当说明理由和法律依据。经管理人解释或调整后，异议人仍然不服的，或者管理人不予解释或调整的，异议人应当在债权人会议核查结束后15日内向人民法院提起债权确认的诉讼。当事人之间在破产申请受理前订立有仲裁条款或仲裁协议的，应当向选定的仲裁机构申请确认债权债务关系。

债务人对债权表记载的债权有异议向人民法院提起诉讼的，应将被异议债权人列为被告。债权人对债权表记载的他人债权有异议的，应将被异议债权人列为被告；债权人对债权表记载的本人债权有异议的，应将债务人列为被告。

对同一笔债权存在多个异议人，其他异议人申请参加诉讼的，应当列为共同原告。

第五节 重整程序

重要法条及司法解释

《破产法》第70～94条。

《最高人民法院关于适用〈中华人民共和国企业破产法〉若干问题的规定（二）》第40条。

《最高人民法院关于适用〈中华人民共和国企业破产法〉若干问题的规定（三）》第2条。

命题分析

重整制度是破产法的三大程序中可考性最强的程序。从考查内容来看，以往命题要围绕重整程序的启动、重整期间营业保护的特别规定与重整计划等知识点展开。针对重整程序的启动，考生需要掌握具体的细节，针对重整计划这一重点，考生需要全面记忆重整计划的制定、表决、通过、生效、执行等。

知识点精讲

一、重整原因

重整是指对可能或已经发生破产原因濒于破产但又有再生希望的债务人，通过对各方利害关系人的利益协调，实施的旨在挽救其生存的积极程序。

重整原因有以下三种：

（1）债务人不能清偿到期债务 + 资产不足以清偿全部债务；

（2）债务人不能清偿到期债务 + 明显缺乏清偿能力；

（3）债务人有明显丧失清偿能力可能的。

二、重整程序的发动

申请人	直接申请：债务人或债权人可直接向人民法院申请对债务人进行重整。
	间接申请：债权人申请对债务人进行破产清算的，在人民法院受理破产申请后、宣告债务人破产前，债务人或者出资额占债务人注册资本1/10以上的出资人，可以向人民法院申请重整。

三、重整期间营业保护的特别规定

（一）重整期间的概念

重整期间是指重整程序开始后的一个法定期间，自人民法院裁定债务人重整之日起至重整程序终止。

重整计划制备阶段	（1）人民法院裁定债务人重整之日起，至债务人或管理人向人民法院和债权人会议提交重整计划草案时止； （2）通常为6个月，有正当理由的，经债务人或管理人请求，人民法院可以裁定延期3个月。
重整计划通过阶段	（1）自重整计划草案提交时起，至债权人会议表决后人民法院裁定批准或者不批准并终止重整程序，或者依据表决未通过的事实裁定终止重整程序时止； （2）该期间无法定期间，由人民法院酌情决定。

（二）重整期间营业保护的特别规定

对担保物权的限制	（1）重整期间，对债务人的特定财产享有的担保权暂停行使。 （2）但是，担保物有损坏或者价值明显减少的可能，足以危害担保权人权利的，担保权人可以向人民法院请求恢复行使担保权。
新借款	（1）在重整期间，债务人或者自行管理的债务人可以为继续营业而借款的，符合法定程序的，可优先于普通破产债权清偿。但不得优先于此前已经设立的担保物权。 （2）此担保无论重整是否成功，均有效。
取回权限制	债务人合法占有的他人财产，该财产的权利人在重整期间要求取回的，应当符合事先约定的条件。
对出资人和管理层的权利限制	（1）重整期间，债务人的出资人不得请求投资收益分配。 （2）重整期间，债务人的董事、监事、高级管理人员不得向第三人转让其持有的债务人的股权。但是，经人民法院同意的除外。

四、重整计划的通过和批准

（一）概念

重整计划是指债务人、债权人和其他利害关系人通过协商，就债务人的债务清偿和企业拯救作出的协议。

（二）重整计划的制备与提交

重整计划的制备人	（1）债务人自行管理财产和营业事务的，由债务人制作重整计划草案。 （2）管理人负责管理财产和营业事务的，由管理人制作重整计划草案。 （3）在制备过程中，应当听取债权人、出资人、职工代表及专家的意见。
重整计划的内容	（1）债务人的经营方案。 （2）债权分类。（详见重整计划的通过与批准——分组表决） （3）债权调整方案。 （4）债权受偿方案。 （5）重整计划的执行期限。 （6）重整计划执行的监督期限。 （7）有利于债务人重整的其他方案。
重整计划的提交	（1）债务人或者管理人应当自人民法院裁定债务人重整之日起6个月内，同时向人民法院和债权人会议提交重整计划草案。 （2）该期限届满，经债务人或者管理人请求，有正当理由的，人民法院可以裁定延期3个月。

（三）重整计划的通过与批准

会议召集	人民法院应当自收到重整计划草案之日起30日内召开债权人会议，对重整计划草案进行表决。
分组表决	【债权分类】 债权人会议依照债权分类，分组对重整计划草案进行表决： （1）对债务人的特定财产享有担保权的债权。 （2）债务人所欠职工的工资和医疗、伤残补助、抚恤费用，所欠的应当划入职工个人账户的基本养老保险、基本医疗保险费用，以及法律、行政法规规定应当支付给职工的补偿金。 （3）债务人所欠税款。 （4）普通债权。 人民法院在必要时可以决定在普通债权组中设小额债权组对重整计划草案进行表决。
	【表决规则】 出席会议的同一表决组的债权人过半数同意重整计划草案，并且其所代表的债权额占该组债权总额的2/3以上的，即为该组通过重整计划草案。 总结：双重多数决（人数过半 + 债权额2/3）。
通过重整计划	各表决组均通过重整计划草案时，重整计划即为通过。
人民法院批准	（1）自重整计划通过之日起10日内，债务人或者管理人应当向人民法院提出批准重整计划的申请。 （2）人民法院经审查认为符合本法规定的，应当自收到申请之日起30日内裁定批准，终止重整程序，并予以公告。 （3）经法院裁定批准的重整计划，对债务人和全体债权人均有约束力。

续表

人民法院批准	【强行批准】 1. 基于协商的再次表决：部分表决组未通过重整计划草案的，债务人或者管理人可以同未通过重整计划草案的表决组协商。该表决组可以在协商后再表决一次。双方协商的结果不得损害其他表决组的利益。 2. 再次表决未通过后的审查批准：未通过重整计划草案的表决组拒绝再次表决或者再次表决仍未通过重整计划草案，但重整计划草案符合下列条件的，债务人或者管理人可以申请人民法院批准重整计划草案。 按照重整计划草案，担保债权就该特定财产将获得全额清偿，其因延期清偿所受的损失将得到公平补偿，并且其担保权未受到实质性损害，或者该表决组已经通过重整计划草案； 按照重整计划草案，职工债权和税收债权将获得全额清偿，或者相应表决组已经通过重整计划草案； 按照重整计划草案，普通债权所获得的清偿比例，不低于其在重整计划草案被提请批准时依照破产清算程序所能获得的清偿比例，或者该表决组已经通过重整计划草案； 重整计划草案对出资人权益的调整公平、公正，或者出资人组已经通过重整计划草案； 重整计划草案公平对待同一表决组的成员，并且所规定的债权清偿顺序不违反破产清算程序中的法定清偿顺序的； 债务人的经营方案具有可行性。 人民法院经审查认为重整计划草案符合以上规定的，应当自收到申请之日起30日内裁定批准，终止重整程序，并予以公告。

五、重整程序的终止

重整程序的终止可分为重整计划提交前终止与法院裁定终止两大类：

重整计划提交表决前终止	继续重整存在重大障碍，即在重整期间，有下列情形之一的，经管理人或者利害关系人请求，人民法院应当裁定终止重整程序，并宣告债务人破产： （1）债务人的经营状况和财产状况继续恶化，缺乏挽救的可能性； （2）债务人有欺诈、恶意减少债务人财产或者其他显著不利于债权人的行为； （3）由于债务人的行为致使管理人无法执行职务。
	债务人或者管理人未按期提出重整计划草案的，人民法院应当裁定终止重整程序，并宣告债务人破产。（超过6+3月提交期限）
法院裁定终止	（1）法院经审查认为重整计划符合破产法规定的，终止重整程序，并予以公告。 （2）重整计划顺利执行，法院终止重整程序，企业开始执行重整计划，企业恢复生产经营。
	重整计划草案未获得通过且未获得强行批准，或者已通过的重整计划未获得批准的，人民法院应当裁定终止重整程序，并宣告债务人破产。

六、重整程序的执行

执行人	（1）债务人负责执行； （2）人民法院裁定批准重整计划后，已接管财产和营业事务的管理人应当向债务人移交财产和营业事务。

续表

监督人	(1) 自人民法院裁定批准重整计划之日起，在重整计划规定的监督期内，由管理人监督重整计划的执行。 (2) 监督期内，债务人应向管理人报告重整计划执行情况和债务人财务状况。 (3) 监督期届满时，管理人应当向人民法院提交监督报告。自监督报告提交之日起，管理人的监督职责终止。 (4) 管理人向人民法院提交的监督报告，重整计划的利害关系人有权查阅。 (5) 经管理人申请，人民法院可以裁定延长重整计划执行的监督期限。
执行完毕的法律效果	按照重整计划减免的债务，自重整计划执行完毕时起，债务人不再承担清偿责任。
执行不能的法律效果	(1) 债务人不能执行或者不执行重整计划的，人民法院经管理人或者利害关系人请求，应当裁定终止重整计划的执行，并宣告债务人破产。 (2) 人民法院裁定终止重整计划执行的，债权人在重整计划中作出的债权调整的承诺失去效力。债权人因执行重整计划所受的清偿仍然有效，债权未受清偿的部分作为破产债权。 (3) 前款规定的债权人，只有在其他同顺位债权人同自己所受的清偿达到同一比例时，才能继续接受分配。 (4) 重整计划因执行不能而终止，并宣告债务人破产的，为重整计划的执行提供的担保继续有效。

第六节　破产清算程序

重要法条及司法解释

《破产法》第 107 ~ 124 条。

《最高人民法院关于适用〈中华人民共和国企业破产法〉若干问题的规定（三）》第 15 条。

命题分析

破产清算程序的考查频率不高，破产清偿顺序和别除权是为数不多的几个考点，考试作一般掌握即可。此外，本节的另一种命题思路为，将三类破产程序结合考查，如三大程序的申请人区分和三大程序的相互转换，这要求考生对以上知识点要综合理解并记忆。

知识点精讲

一、破产宣告

概念	法院对债务人具备破产原因的事实作出的具有法律效力的认定。标志着破产案件进入破产清算程序，不可逆转。

续表

时间	1. 宣告债务人破产的裁定应当做成民事裁定书。 2. 法院应当自裁定作出之日起5日内送达债务人和管理人。 3. 法院应当自裁定作出之日起10日内通知已知债权人，并予以公告。
后果	1. 名称变化：被宣告破产后，债务人称为破产人，债务人财产称为破产财产，人民法院受理破产申请时对债务人享有的债权称为破产债权。 2. 破产宣告后，开始清偿破产债权。 3. 破产宣告后，只能进入破产清算程序。（宣告前，程序之间可转换） 4. 对债权人： 有财产担保的债权人即别除权人可以由担保物获得清偿； 无财产担保的债权人依破产分配方案获得清偿。
程序问题	1. “宣告破产”可由重整、和解程序转化。 2. 也可直接申请破产清算程序。

总结：三大程序的转换

重整转清算	1. 时间：破产宣告前。 2. 方式：经管理人或利害关系人请求，法院裁定终止重整程序，宣告债务人破产。 3. 具体情况： 债务人的经营状况和财产状况继续恶化，缺乏挽救的可能性； 债务人有欺诈、恶意减少债务人财产或其他显著不利于债权人的行为； 由于债务人的行为致使管理人无法执行职务； 债务人不能执行或不执行重整计划的。
清算转重整	1. 时间：破产宣告前。 2. 转换情形：债权人申请对债务人进行破产清算的，在人民法院受理破产申请后、宣告债务人破产前，债务人或者出资额占债务人注册资本1/10以上的出资人，可以向人民法院申请重整。
和解转清算	1. 时间：破产宣告前。 2. 情形：债务人不能执行或不执行和解协议的，经和解债权人请求，法院应当裁定终止和解协议的执行，并宣告债务人破产。
清算转和解	1. 时间：破产宣告前。 2. 情形：债务人可以在人民法院受理破产申请后、宣告债务人破产前，向人民法院申请和解。

二、别除权

概念	债权人不依照破产程序，而由破产财产中的特定财产单独优先受偿的权利。
特征	1. 以担保权为权利基础； 2. 以实现债权为目的； 3. 以破产人的特定财产为标的物； 4. 别除权的行使不参加集体清偿程序； 5. 别除权标的物不计入破产财产。

续表

<table>
<tr><td>行使条件</td><td colspan="2">1. 债权和担保权合法成立和生效。
2. 债权和担保权符合破产法的规定：
必须指向破产人及其财产。
必须成立于破产宣告前。
（例外：为继续营业借款和待履行合同的继续履行而设定的担保）
不存在破产法上的无效或可撤销事由。
3. 债权已依法申报并获得确认。</td></tr>
<tr><td rowspan="3">行使方法</td><td>别除权人占有标的物</td><td>行使别除权可以不仅管理人同意，以标的物折价抵偿债务，或将标的物拍卖、变卖后以价款偿还债务。</td></tr>
<tr><td>别除权人未占有标的物</td><td>需向管理人主张权利，经管理人同意，取得对抵押物的占有，以标的物折价抵偿债务，或将标的物拍卖、变卖后以价款偿还债务。</td></tr>
<tr><td colspan="2">（1）别除权标的物折价或拍卖、变卖后，其价款超过债权数额部分，应归入破产财产；其价款不足清偿全部债务的，不足部分作为破产债权，通过清算分配程序受偿。
（2）享有别除权的债权人行使优先受偿权利未能完全受偿的，其未受偿的债权作为普通债权；放弃优先受偿权利的，其债权作为普通债权。</td></tr>
</table>

三、破产财产变价

<table>
<tr><td>概念</td><td>管理人将非金钱的破产财产，通过合法当时加以出让，使之转化为金钱形态，以便于清算分配。</td></tr>
<tr><td>方法</td><td>1. 破产财产估价：由具备合法的评估资格或评估师进行。
2. 破产变价方案：管理人应当事先制作财产管理或者变价方案，提交债权人会议进行表决，债权人会议表决未通过的，管理人不得处分。管理人实施处分前，应当提前十日书面报告债权人委员会或者人民法院，由债权人委员会或者人民法院确认后实施。
3. 变卖原则：
变价出售破产财产应当通过拍卖进行。但债权人会议另有决议的除外。
破产企业可以全部或者部分变价出售。企业变价出售时，可以将其中的无形资产和其他财产单独变价出售。
按国家规定不能拍卖或限制转让的，应当按照国家规定的方式处理。</td></tr>
</table>

四、破产分配

<table>
<tr><td>概念</td><td>破产管理人将变价后的破产财产，根据符合法定顺序并经合法程序确定的分配方案，对全体破产债权人进行公平清偿的程序。</td></tr>
<tr><td>破产清偿顺序</td><td>破产财产在优先清偿破产费用和共益债务后，依照下列顺序清偿：
（1）破产人所欠职工的工资和医疗、伤残补助、抚恤费用，所欠的应当划入职工个人账户的基本养老保险、基本医疗保险费用，以及法律、行政法规规定应当支付给职工的补偿金（劳动者依法或者依据劳动合同对企业享有的补偿金请求权）。
（破产企业的董事、监事和高级管理人员的工资按照该企业职工的平均工资计算）
（2）破产人欠缴的除前项规定以外的社会保险费用和破产人所欠税款。
（3）普通破产债权。
破产财产不足以清偿同一顺序的清偿要求的，按照比例分配。</td></tr>
</table>

续表

<table>
<tr><td rowspan="1">破产分配方案</td><td colspan="2">1. 制备：由管理人负责进行。
2. 通过：管理人应当及时拟订破产财产分配方案，提交债权人会议讨论；由出席会议的有表决权的债权人的过半数通过，并且其所代表的债权额必须占无财产担保债权总额1/2以上。债权人会议通过破产财产分配方案后，由管理人将该方案提请人民法院裁定认可。
3. 执行：由管理人执行。</td></tr>
<tr><td rowspan="2">破产分配额的提存</td><td>概念</td><td>管理人在执行破产分配时，因为存在某种法律或事实上的障碍，依法将给付标的物交给提存机关或者人民法院指定的机构，以留待进一步处理。</td></tr>
<tr><td>情形</td><td>1. 附条件债权的提存：在最后分配公告日，生效条件未成就或者解除条件成就的，应当分配给其他债权人；生效条件成就或解除条件未成就的，应当交付债权人。
2. 未受领分配额的提存：债权人自最后分配公告之日起满2个月仍不领取的，视为放弃受领分配的权利，管理人或人民法院应当将提存的分配额分配给其他债权人。
3. 诉讼未决债权的提存：自破产程序终结之日起满2年仍不能受领分配的，人民法院应当将提存的分配额分配给其他人。</td></tr>
</table>

五、破产程序的终结

<table>
<tr><td>概念</td><td colspan="2">破产程序不可逆转地归于结束。</td></tr>
<tr><td rowspan="2">终结事由</td><td rowspan="2">（1）重整计划执行完毕
（2）人民法院裁定认可和解协议；
（3）债务人有不予宣告破产的法定事由；
（4）债务人财产不足以清偿破产费用；
（5）破产人无财产可供分配；
（6）破产财产分配完毕。</td><td>第1～3项终结事由发生于破产宣告前。
第4项终结事由可发生在任何阶段。
第5、6项终结事由发生于破产宣告后。</td></tr>
<tr><td>因第1～3项终结程序的，无须办理企业注销登记。因第4～6项终结程序的，必须办理注销登记。</td></tr>
<tr><td>程序</td><td colspan="2">（1）债务人财产不足以清偿破产费用、破产人无财产可供分配或破产财产分配完毕的，管理人应当请求人民法院裁定终结破产程序。
（2）人民法院应当自收到管理人终结破产程序的请求之日起15日内作出是否终结破产程序的裁定。裁定终结的，应当予以公告。
（3）管理人应当自破产程序终结之日起10日内，持人民法院终结破产程序的裁定，向破产人的原登记机关办理注销登记。
（4）管理人于办理注销登记完毕的次日终止执行职务。但是，存在诉讼或者仲裁未决情况的除外。
（5）破产人的保证人和其他连带债务人，在破产程序终结后，对债权人依照破产清算程序未受清偿的债权，依法继续承担清偿责任。</td></tr>
</table>

六、追加分配

概念	在破产分配完成，破产程序终结以后，对新发现的属于破产人而可用于破产分配的财产，由人民法院按照破产程序的相关规则对尚未获得满足的破产请求权进行清偿的补充性程序。
情形	（1）发现有依照本法第31～33条以及第36条规定应当追回的财产的；（如为逃避债务而隐匿、转移财产、虚构债务或者承认不真实的债务的） （2）发现破产人有应当供分配的其他财产的。（存在以上情形，但财产数量不足以支付分配费用的，不再进行追加分配，由人民法院将其上交国库）
除斥期间	追加分配的除斥期间为2年。

例（真题） 某建筑公司因严重资不抵债向法院申请破产救济。关于该案破产财产范围和清偿顺序等，下列哪些选项是错误的？

A. 该公司所欠民工工资应当列入破产费用先行清偿

B. 该公司租用甲公司的一套建筑设备不能列入破产财产

C. 该公司的一批脚手架已抵押给某银行，该批脚手架不能列入破产财产

D. 该公司员工对该公司的投资款只能作为普通债权受偿

提示：《企业破产法》第113条规定："破产财产在优先清偿破产费用和共益债务后，依照下列顺序清偿：（一）破产人所欠职工的工资和医疗、伤残补助、抚恤费用，所欠的应当划入职工个人账户的基本养老保险、基本医疗保险费用，以及法律、行政法规规定应当支付给职工的补偿金；"该法第41条规定："人民法院受理破产申请后发生的下列费用，为破产费用：（一）破产案件的诉讼费用；（二）管理、变价和分配债务人财产的费用；（三）管理人执行职务的费用、报酬和聘用工作人员的费用。"本题中，农民工的工资并不属于破产费用，其受偿顺序应当在破产费用之后。所以选项A错误。

《企业破产法》第30条规定："破产申请受理时属于债务人的全部财产，以及破产申请受理后至破产程序终结前债务人取得的财产，为债务人财产。"该法第107条第2款规定："债务人被宣告破产后，债务人称为破产人，债务人财产称为破产财产。"该法第38条规定："人民法院受理破产申请后，债务人占有的不属于债务人的财产，该财产的权利人可以通过管理人取回。但是，本法另有规定的除外。"该建筑公司租用甲公司的建筑设备属于"债务人占有的不属于债务人的财产"，无法列入破产财产。所以选项B正确。另外，由于抵押物的所有权并没有发生改变，因此其仍然属于该建筑公司所有，属于破产财产范围。所以选项C说法错误。员工对公司投资后是作为公司股东身份存在的，并不是债权人，不能作为债权人受偿，所以选项D错误。

第十三章　票据法

第一节　票据的特征

重要法条及司法解释

《票据法》第6、12～14条。

命题分析

“票据的特征”一节为票据法的重点之一，其中“票据的要式性、流通性和无因性”是命题人比较偏爱的考查重点，“票据的要式性”这一知识点往往和“汇票的记载事项”“票据行为”等知识点结合出题，并且以上考题通常是以汇票为载体出题，这要求考生应对票据法的整体结构脉络有宏观把握，并学会将前后知识点融会贯通。

知识点精讲

一、票据的概念

票据是指由出票人签发的、约定由自己或委托他人于见票时或确定的日期，向持票人或收款人无条件支付一定金额的有价证券，我国票据法上的票据仅指汇票、本票和支票。

二、票据的特征

（一）票据的无因性

1. 概述：票据是无因证券。票据上的法律关系是一种单纯的金钱支付关系，权利人享有票据权利只以持有符合票据法规定的有效票据为必要，至于票据赖以发生的原因则在所不问。即使原因关系无效或者有瑕疵，均不影响票据的效力。所以，票据权利人在行使票据权利时，无须证明给付原因，票据债务人也不得以原因关系无效或者存在瑕疵对抗善意第三人。

2. 例外：票据的无因性并不是绝对的，即在特定情形下，票据义务人可以对与其存在一定关系的特定持票人进行抗辩。

<table>
<tr><th colspan="2">票据无因性的例外：票据的对人抗辩</th></tr>
<tr><td colspan="2">（1）概念：又称主观的抗辩和相对的抗辩，是指因票据义务人与特定的票据权利人之间存在一定关系而发生的抗辩。
（2）抗辩来源：票据当事人之间存在的一定个人因素的关系，而非票据本身。
（3）抗辩限制：仅能对特定的票据权利人主张。</td></tr>
<tr><th>抗辩种类</th><th>具体内容</th></tr>
<tr><td>对与自己有直接原因关系的持票人</td><td>（1）票据债务人可以对不履行约定义务的与自己有直接债权债务关系的持票人，进行抗辩。
（2）在票据原因关系无效、不存在或者消灭的情况下，票据债务人可以对有直接原因关系的票据权利人提出抗辩。
（3）在直接当事人之间，如果存在票据债务人未受领对价或已经进行了相当于票据金额的给付时，票据债务人可以提出抗辩。</td></tr>
<tr><td>对违反特别约定的有关当事人</td><td>在当事人就空白票据的补充、票据的支付条件等有特别约定的情况下，有关当事人违反相应的约定而要求票据债务人履行票据义务，票据债务人可以提出抗辩。</td></tr>
<tr><td>对因欺诈或胁迫行为而持有票据的人</td><td>在票据行为人因欺诈或者胁迫而为票据行为的情况下，受欺诈或者胁迫的票据债务人可以向因欺诈或胁迫行为而持有票据的人或者就欺诈胁迫行为有恶意或者重大过失的持票人，提出抗辩。</td></tr>
<tr><td>对凭借非正当途径取得票据的人</td><td>在持票人所持有的票据是因盗窃、捡拾等非正当途径取得时，全体票据债务人可以向该持票人提出抗辩。</td></tr>
<tr><td>对知情人</td><td>在持票人明知存在抗辩事由而取得票据的情况下，票据债务人可以对持票人进行抗辩。</td></tr>
</table>

例1（真题） 潇湘公司为支付货款向楚天公司开具一张金额为20万元的银行承兑汇票，付款银行为甲银行。潇湘公司收到楚天公司货物后发现有质量问题，立即通知甲银行停止付款。另外，楚天公司尚欠甲银行贷款30万元未清偿。下列哪些说法是错误的？

B. 根据票据的无因性原理，甲银行不得以楚天公司尚欠其贷款未还为由拒绝付款

C. 如甲银行在接到潇湘公司通知后仍向楚天公司付款，由此造成的损失甲银行应承担责任

D. 潇湘公司有权以货物质量瑕疵为由请求甲银行停止付款

提示：本题的解题关键在于：第一，票据的无因性，是指票据关系不受票据原因关系的影响；第二，票据无因性的例外，在本题中是指票据债务人有权对与其有直接债权债务关系并且不履行约定义务的持票人提出抗辩。所以，本题的解题关键在于准确界定潇湘公司、楚天公司以及甲银行三者之间的关系——是票据关系还是票据原因关系？票据原因关系是直接的吗？具体判断思路如下：

《票据法》第13条第2款规定："票据债务人可以对不履行约定义务的与自己有直接债权债务关系的持票人，进行抗辩。"本题中甲银行与楚天公司有直接债权债务关系，楚天公司尚欠甲银行贷款30万元未清偿，甲银行可以以此为由进行抗辩，选项B错误，当选。

票据是无因证券，票据上的法律关系是一种单纯的金钱支付关系，权利人享有票据权利仅以持有符合票据法规定的有效票据为必要。至于票据赖以发生的原因则在所不问。即使原因关系无效或有瑕疵，均不影响票据的效力。本题中票据债务人甲银行不得以潇湘公司与楚天公司之间的原因关系存在瑕疵为由对抗楚天公司的付款请求权。所以，甲银行在

接到潇湘公司的通知后仍有付款义务，由此造成的损失甲银行不需要承担责任。选项C错误，当选。潇湘公司与楚天公司之间的货物买卖关系属于票据原因关系，楚天公司与甲银行之间的关系属于票据关系，潇湘公司无权以票据原因关系存在瑕疵为由请求承兑行停止付款。所以，选项D错误，当选。

（二）票据的独立性

票据的独立性主要是指票据行为的独立性，即票据行为是独立生效的法律行为。具体而言，票据上存在多个票据行为时，各个票据行为独立发生效力，互不影响，一行为的无效，不会致使其他有效行为变为无效，有效行为的行为人仍须对其票据行为负责。①

票据的独立性主要体现在以下三个方面：

第一，无民事行为能力人或者限制民事行为能力人在票据上签章的，其签章无效，但是不影响其他签章的效力；

第二，票据上有伪造、变造的签章的，不影响票据上其他真实签章的效力；

第三，票据债务人之保证人，就其在票据上的签名和记载事项负担保证责任，保证行为不因被保证债务的无效而无效。

例2（真题） 甲向乙开具金额为100万元的汇票以支付货款。乙取得该汇票后背书转让给丙，丙又背书转让给丁，丁再背书转让给戊。现查明，甲、乙之间并无真实交易关系，丙为未成年人，票据金额被丁变造。下列哪些选项是正确的?

B. 尽管丙为未成年人，但其在票据上的签章仍然有效

C. 尽管票据金额已被丁变造，但该汇票仍然有效

提示：《票据法》第6条规定："无民事行为能力人或者限制民事行为能力人在票据上签章的，其签章无效，但是不影响其他签章的效力"，选项B错误。《票据法》第14条第2款规定："票据上有伪造、变造的签章的，不影响票据上其他真实签章的效力"，选项C正确。

（三）票据的要式性

1. 票据制作格式和记载事项的要式性。我国票据的法律法规严格规定了票据的制作格式和记载的事项，不按照票据法及相关法规的规定进行票据事项的记载，则会影响票据的效力，甚至会导致票据无效。

---

① 赵旭东主编：《商法学》，高等教育出版社2015年12月第三版，第313页。

（1）汇票的记载事项

<table>
<tr><th></th><th>具体内容</th><th>未记载的法律后果</th></tr>
<tr><td>绝对必要记载事项</td><td>（1）表明“汇票”的字样；
（2）无条件支付的委托；
（3）确定的金额；
（4）付款人名称；
（5）收款人名称；
（6）出票日期；
（7）出票人签章。</td><td>汇票上未记载前款规定事项之一的，汇票无效。</td></tr>
<tr><td rowspan="3">相对必要记载事项</td><td>付款日期。</td><td>付款日期为见票即付。</td></tr>
<tr><td>付款地。</td><td>付款地为付款人的营业场所、住所或者经常居住地。</td></tr>
<tr><td>出票地。</td><td>出票地为出票人的营业场所、住所或者经常居住地。</td></tr>
</table>

（2）本票的记载事项

<table>
<tr><th></th><th>具体内容</th><th>未记载的法律后果</th></tr>
<tr><td>绝对必要记载事项</td><td>（1）表明“本票”的字样；
（2）无条件支付的承诺；
（3）确定的金额；
（4）收款人名称；
（5）出票日期；
（6）出票人签章。</td><td>本票上未记载前款规定事项之一的，本票无效。</td></tr>
<tr><td rowspan="3">相对必要记载事项</td><td>付款日期。</td><td>限于见票即付，不另记载付款日期。</td></tr>
<tr><td>付款地。</td><td>付款地为出票人的营业场所。</td></tr>
<tr><td>出票地。</td><td>出票地为出票人的营业场所。</td></tr>
</table>

（3）支票的记载事项

<table>
<tr><th></th><th>具体内容</th><th>未记载的法律后果</th></tr>
<tr><td rowspan="2">绝对必要记载事项</td><td>（1）表明“支票”的字样；
（2）无条件支付的委托；
（3）确定的金额；
（4）付款人名称；
（5）出票日期；
（6）出票人签章。</td><td>支票上未记载前款规定事项之一的，支票无效。</td></tr>
<tr><td colspan="2">支票上的金额可以由出票人授权补记，未补记前的支票，不得使用。</td></tr>
<tr><td rowspan="4">相对必要记载事项</td><td>收款人名称。</td><td>经出票人授权，可以补记。</td></tr>
<tr><td>付款日期。</td><td>限于见票即付，不另记载付款日期（另行记载付款日期的，该记载无效）。</td></tr>
<tr><td>付款地。</td><td>付款地为付款人的营业场所。</td></tr>
<tr><td>出票地。</td><td>出票地为出票人的营业场所、住所或者经常居住地。</td></tr>
</table>

2. 票据行为的要式性。在票据上所为的一切行为，如出票、背书、保证、承兑、付款、追索等，也必须按照法律规定的程序和方式进行，否则无效。具体而言，如下表所示：

	定义	票据行为的要式性要求
出票	出票是指出票人签发票据并将其交付给收款人的票据行为。	1. 出票行为的有效条件：汇票的出票人必须与付款人具有真实的委托付款关系，并且具有支付汇票金额的可靠资金来源。 2. 出票的禁止性要求：不得签发无对价的汇票用以骗取银行或者其他票据当事人的资金。
背书	背书是指在票据背面或者粘单上记载有关事项并签章的票据行为。	1. 记载事项：背书由背书人签章并记载背书日期。背书未记载日期的，视为在汇票到期日前背书。 2. 记名背书：汇票以背书转让或者以背书形式将一定的汇票权利授予他人行使时，必须记载被背书人名称。 3. 背书须连续：以背书转让的汇票，背书应当连续。 4. 不得附条件背书：背书不得附有条件。背书时附有条件的，所附条件不具有汇票上的效力。 5. 不得部分背书、分别背书：将汇票金额的一部分转让的背书或者将汇票金额分别转让给二人以上的背书无效。 6. 不得背书转让的情形： 汇票被拒绝承兑、被拒绝付款或者超过付款提示期限的，不得背书转让； **注意：**背书转让的，背书人应当承担汇票责任。
承兑	承兑是指汇票付款人承诺在汇票到期日支付汇票金额的票据行为。	1. 付款人承兑的程序： （1）付款人的承兑期间： ①付款人对向其提示承兑的汇票，应当自收到提示承兑的汇票之日起3日内承兑或者拒绝承兑； ②付款人收到持票人提示承兑的汇票时，应当向持票人签发收到汇票的回单。回单上应当记明汇票提示承兑日期并签章。 （2）承兑的记载： ①付款人承兑汇票的，应当在汇票正面记载“承兑”字样和承兑日期并签章； ②见票后定期付款的汇票，应当在承兑时记载付款日期； ③汇票上未记载承兑日期的，以付款人收到的提示承兑汇票之日起第3日为承兑日期。 2. 不得附条件承兑： ①付款人承兑汇票，不得附有条件； ②承兑附有条件的，视为拒绝承兑。
保证	汇票保证是指汇票债务人以外的第三人，担保特定的票据债务人能够履行票据债务的票据行为。	1. 汇票保证的记载事项和方法：保证人必须在汇票或者粘单上记载下列事项：①表明“保证”的字样；②保证人名称和住所；③被保证人的名称；④保证日期；⑤保证人签章。 2. 未记载事项的推定： （1）未记载被保证人名称的，已承兑的汇票，承兑人为被保证人；未承兑的汇票，出票人为被保证人； （2）未记载保证日期的，出票日期为保证日期。 3. 保证的限制：保证不得附有条件；附有条件的，不影响对汇票的保证责任。

续表

	定义	票据行为的要式性要求
付款	票据付款，仅指付款人或承兑人在票据到期时，对持票人所进行的票据金额的支付。	1. 提示付款的期限： （1）持票人应当按照下列期限提示付款： ①见票即付的汇票，自出票日起 1 个月内向付款人提示付款； ②定日付款、出票后定期付款或者见票后定期付款的汇票，自到期日起 10 日内向承兑人提示付款。 （2）持票人未按照前款规定期限提示付款的，在作出说明后，承兑人或者付款人仍应当继续对持票人承担付款责任。 （3）通过委托收款银行或者通过票据交换系统向付款人提示付款的，视同持票人提示付款。 2. 付款的程序： （1）付款人即时足额付款的义务：持票人依据票据法规定的提示期限提示付款的，付款人必须在当日足额付款。 （2）持票人的签收： ①持票人获得付款的，应当在汇票上签收，并将汇票交给付款人。②持票人委托银行收款的，受委托的银行将代收的汇票金额转账收入持票人账户，视同签收。 （3）付款人的审查义务：付款人及其代理付款人付款时，应当审查汇票背书的连续，并审查提示付款人的合法身份证明或者有效证件。 （4）付款的币种： ①汇票金额为外币的，按照付款日的市场汇价，以人民币支付。 ②汇票当事人对汇票支付的货币种类另有约定的，从其约定。
追索	追索权是指持票人在提示承兑或者提示付款，而未获承兑或未获付款时，依法向其前手请求偿还票据金额及其他金额的权利。	1. 追索权的发生 （1）到期追索：汇票到期被拒绝付款的，持票人可以对背书人、出票人以及汇票的其他债务人行使追索权。 （2）期前追索：汇票到期日前，有下列情形之一的，持票人也可以行使追索权： ①汇票被拒绝承兑的； ②承兑人或者付款人死亡、逃匿的； ③承兑人或者付款人被依法宣告破产的或者因违法被责令终止业务活动的。 2. 追索权的行使 （1）提供证明文件：持票人行使追索权时，应当提供被拒绝承兑或者被拒绝付款的有关证明。 （2）拒绝事由的通知： ①持票人应当自收到被拒绝承兑或者被拒绝付款的有关证明之日起 3 日内，将被拒绝事由书面通知其前手。 ②其前手应当自收到通知之日起 3 日内书面通知其再前手。 （3）追索的限制： ①持票人为出票人的，对其前手无追索权。 ②持票人为背书人的，对其后手无追索权。

（四）票据的设权性

票据是设权证券。票据权利的产生必须首先做成证券。在票据做成之前，票据权利是不存在的，即“没有票据，就没有票据权利”。票据权利是随着票据的做成同时产生的，享有票据权利的前提是持有票据。

易混淆点辨析：设权性 VS 证权性

	设权性	证权性
概念	票据权利的产生必须首先作成相应的票据，即在票据作成之前，票据权利是不存在的。	首先必须有权利的存在，证券作成的目的仅仅是为了证明权利的存在。
代表	汇票、支票、本票。	股票、债券。
关系	以票据为例：出票人作成票据——交付给持票人——持票人享有权利。	以股票为例：股东以出资的方式取得股权——公司成立——签发股票。

（五）票据的流通性

1. 流通是票据的一项基本功能。票据较民法上的一般财产权利，流通方式更加灵活简便。

2. 流通性的定义：票据上的权利，经背书或者单纯交付即可让与他人，无须依民法有关债权让与的有关规定。

3. 流通方式：

（1）对于无记名票据，单纯交付即可转让票据权利；

（2）对于记名票据，须经背书交付才能转让票据权利。

（六）票据的文义性

1. 概念：票据的文义性是指票据上所记载的当事人的权利义务必须严格按照票据上所记载的文义确定。

2. 具体要求：

（1）不允许依据票据记载以外的事实，对行为人的意思，作出与票据所载文义相反的解释，或者对票据所载文义进行补充或变更。

（2）即使票据的书面记载内容与票据的事实相悖，也必须以该记载事项为准。例如，当票据上记载的出票日与实际出票日不一致，也必须以票据上记载的出票日为准。

例3（模拟题） 票据具有无因性、要式性、文义性、设权性、流通性、独立性等特征。请判断以下描述分别对应票据的哪个特征？

（1）票据赖以产生的原因基础关系的瑕疵不会影响票据本身的效力。

（2）没有票据，就没有票据权利。

（3）票据行为的出票方式存在瑕疵则会影响票据的效力。

（4）票据当事人的权利义务以票据上记载的文字内容为准，即使票据的事实与票据上记载的文字内容不一致，也以文字内容为准。

（5）无论是汇票、本票还是支票都必须能够自由转让。

（6）在一张票据上存在多个票据行为时，各个票据行为单独发生效力互不影响。

提示：

（1）票据的无因性。

（2）票据的设权性。

（3）票据的要式性。

（4）票据的文义性。

（5）票据的流通性。

（6）票据的独立性。

第二节　票据权利

重要法条及司法解释

《票据法》第 11 ~ 17 条。

命题分析

“票据权利”历年考查不多，其中具有较大考试价值的为“票据权利的瑕疵”，其中又以票据的伪造和变造最为重要，考生需要理解并掌握伪造和变造行为并不影响票据的效力，并且准确辨别两者之间的差别。此外，“票据权利的消灭”中的票据时效问题也不容忽视。而票据权利的取得、行使与保全等知识点只需进行简单记忆，为一般重点。

知识点精讲

一、票据权利的取得

票据权利是指持票人向票据债务人请求支付票据金额的权利，包括付款请求权和追索权。

原始取得	概念	持票人不经其他任何前手权利人，而最初取得票据权利。
	取得方式	【发行取得】权利人依据出票人的出票行为，而原始取得票据权利。 发行取得是最主要的原始取得方式，也是其他取得方式的基础。
		【善意取得】票据受让人依据票据法规定的转让方式，善意地从无处分权人处取得票据，从而取得票据权利： （1）票据从无权利人处取得； （2）必须是依票据法规定的票据转让方式取得； （3）受让人为善意（善意与否依受让人取得票据时的情况判断）； （4）受让人支付对价。
继受取得	概念	受让人从有处分权的前手权利人处取得票据，从而取得票据权利
	取得方式	【票据法上的继受取得】依票据法规定的转让方式，从有票据处分权的前手权利人处取得票据，从而取得票据权利。 如：背书转让。
		【非票据法上的继受取得】非依票据法规定的转让方式，而是依民事权利的转让方式取得票据权利，不能得到票据法对合法持票人权利的特别保护，不能主张抗辩切断、善意取得等。 如：依赠与而取得。

补充： 对价原则

（1）票据的取得，必须给付对价，即应当给付票据双方当事人认可的相对应的代价。

（2）对价原则的例外：因税收、继承、赠与可以依法无偿取得票据的，不受对价的限制，但是享有的票据权利不得优于其前手的权利。

二、票据权利的行使和保全

票据权利的行使	票据权利人请求票据义务人履行义务，从而实现其票据权利。 票据权利人应当进行票据提示：即向票据债务人出示票据。
票据权利的保全	票据权利人为防止票据权利丧失所进行的行为： （1）按期提示票据。持票人在法定期间内提示票据请求付款被拒绝的，方可行使追索权；期前追索的进行也以按期提示请求承兑被拒绝为条件之一。 （2）做成拒绝证书。持票人提示承兑或者提示付款被拒绝时，承兑人或付款人必须出具证明：如退票理由书、拒绝证明、有关机关出具的合法证明。 （3）中断时效：与普通民事债权相同，诉讼可以中断时效。

三、票据权利的消灭

<table>
<tr><td>概念</td><td colspan="2">因一定的事由而使票据上的付款请求权和追索权失去其法律意义。</td></tr>
<tr><td rowspan="4">票据权利消灭的事由</td><td colspan="2">1. 付款。
2. 追索义务人清偿票据债务及追索费用。
3. 票据时效期间届满：
（1）持票人对票据的出票人和承兑人的权利，自票据到期日起2年。
见票即付的汇票、本票，自出票日起2年；
持票人对支票出票人的权利，自出票日起6个月；
持票人对前手的追索权，自被拒绝承兑或者被拒绝付款之日起6个月；
持票人对前手的再追索权，自清偿日或者被提起诉讼之日起3个月。
（票据的出票日、到期日由票据当事人依法确定）</td></tr>
<tr><td>4. 票据记载事项欠缺。</td><td rowspan="2">持票人因超过票据权利时效或者因票据记载事项欠缺而丧失票据权利的，仍享有民事权利，可以请求出票人或者承兑人返还其与未支付的票据金额相当的利益。</td></tr>
<tr><td>5. 保全手续欠缺。</td></tr>
<tr><td colspan="2">6. 其他：票据物质形态的消灭、民法上一般债权的消灭事由（抵销、混同等）。</td></tr>
</table>

四、票据权利的瑕疵

票据的伪造	概念：假借他人名义，在票据上为一定的票据行为，一般指伪造票据签章。 效力： 1. 票据上有伪造的签章的，不影响票据上其他真实签章的效力。 2. 伪造人和被伪造人均不承担票据责任（但伪造人应根据刑法和民法的规定承担法律责任）。

续表

票据的变造	概念：无票据记载事项变更权限的人，对票据上的记载事项加以变更，从而使票据法律关系的内容发生改变。 效力： 1. 被变造后的票据依然有效。 2. 票据上有变造的签章的，不影响票据上其他真实签章的效力。 3. 票据上其他记载事项被变造的，在变造之前签章的人，对原记载事项负责；在变造之后签章的人，对变造之后的记载事项负责；不能辨别是在票据被变造之前或者之后签章的，视同在变造之前签章。
票据的更改	概念：将票据上的记载事项加以更改的行为。 效力： 1. 票据金额、日期、收款人名称不得更改，更改的票据无效； 2. 除了以上三项，对票据上的其他记载事项，原记载人可以更改，更改时由原记载人签章证明。
票据的涂销	概念：将票据上的记载事项涂抹消除的行为。 效力： 1. 有涂销权人的涂销： （1）权利人故意所为的涂销行为，实质上为票据内容的更改； （2）非故意所为的涂销行为，依其未涂销时的记载事项发生法律效力。 2. 无涂销权人的涂销：属于变造或伪造行为，按相应规定处理。

辨析：票据变造 & 票据更改

票据变造	无权人变更
票据更改	有权人变更

例 1（真题） 甲向乙开具金额为 100 万元的汇票以支付货款。乙取得该汇票后背书转让给丙，丙又背书转让给丁，丁再背书转让给戊。现查明，甲、乙之间并无真实交易关系，丙为未成年人，票据金额被丁变造。下列哪些选项是正确的？

A. 尽管甲、乙之间没有真实交易，但该汇票仍然有效

B. 尽管丙为未成年人，但其在票据上的签章仍然有效

C. 尽管票据金额已被丁变造，但该汇票仍然有效

D. 戊不能向甲、乙行使票据上的追索权

提示：汇票属于票据的一种，具有无因性。权利人享有票据权利只以持有符合票据法规定的有效票据为必要，至于票据赖以发生的原因则在所不问，票据行为的效力不受原因关系是否有效的影响，所以选项 A 正确。《票据法》第 9 条第 2 款规定，票据金额、日期、收款人名称不得更改，更改的票据无效。因此票据金额被丁变造，票据无效。所以选项 C 错误。票据有效是票据承担责任的基础，票据无效，当事人之间就不存在票据关系。本题中戊不能依据无效的票据主张追索权。所以选项 D 正确。

《票据法》第 6 条规定："无民事行为能力人或者限制民事行为能力人在票据上签章的，其签章无效，但是不影响其他签章的效力。"丙为未成年人，系无民事行为能力人或限制行为能力人，其在票据上的签章无效，但不影响其他签章的效力。所以选项 B 错误。

题外话：本题提示采用了司法部当年颁布的标准答案AD，但该答案一直存在颇多争议，多数人认为本题的正确答案应为AC。本题争议点主要在于选项C：①票据更改是同一主体进行的。②票据变造是不同主体进行的。综合这两点，可以认定本题所述行为是"票据变造"。另依据《票据法》第14条第3款规定，可得出选项C的表述是正确的。

在实践中，多数票据变造都是对票据金额、日期的变造，如果认为此类变造导致票据无效，则《票据法》第14条似乎就失去了存在的价值。鉴于此题目，建议考生在备考时，应扎实掌握"票据更改"与"票据变造"这两个法律概念的区别。

例2（真题） 甲公司签发一张汇票给乙，票面记载金额为10万元，乙取得汇票后背书转让给丙，丙取得该汇票后又背书转让给丁，但将汇票的记载金额由10万元变更为20万元。之后，丁又将汇票最终背书转让给戊。其中，乙的背书签章已不能辨别是在记载金额变更之前，还是在变更之后。下列哪些选项是正确的?

A. 甲应对戊承担10万元的票据责任

B. 乙应对戊承担20万元的票据责任

C. 丙应对戊承担20万元的票据责任

D. 丁应对戊承担10万元的票据责任

提示：《票据法》第14条规定："票据上的记载事项应当真实，不得伪造、变造。伪造、变造票据上的签章和其他记载事项的，应当承担法律责任。票据上有伪造、变造的签章的，不影响票据上其他真实签章的效力。票据上其他记载事项被变造的，在变造之前签章的人，对原记载事项负责；在变造之后签章的人，对变造之后的记载事项负责；不能辨别是在票据被变造之前或者之后签章的，视同在变造之前签章。"甲在金额变造之前签章，对原金额承担责任；不能确定乙的签章是在变造前还是变造后，故对变造前的金额承担责任。所以选项AC正确，选项BD错误。

第三节　票据抗辩与补救

重要法条及司法解释

《票据法》第13、15条。

命题分析

"票据抗辩与补救"是票据法中"当之无愧"的重点之一。其中，考生需要注意，失票救济的三大救济手段彼此独立，各自的适用规则需要重点掌握，并且三种程序之间没有必然的前后衔接，挂失止付并非公示催告和民事诉讼的前置程序。此外，随着考题难度的加大，知识点综合考查成为趋势，票据的无因性与票据抗辩需要重点掌握，考生应当准确理解并记忆票据抗辩事由中对物抗辩和对人抗辩的具体规则。

知识点精讲

一、票据抗辩的种类

票据抗辩是票据债务人根据票据法的规定对票据债权人拒绝履行义务的行为。

（一）对物的抗辩

对物的抗辩	
概念	因票据本身所存在的事由而发生的抗辩。
具体类型	（1）票据欠缺法定必要记载事项，或者有法定禁止记载事项。 （2）背书不连续，持票人不能从形式上证明自己的合法持票人身份。 （3）票据变造情况下，变造前签章的票据债务人可以对变造后的票据记载事项主张抗辩。 （4）票据伪造情况下，被伪造的签章人可以提出抗辩。 （5）票据尚未到期，票据债务人可以主张抗辩（但仅是延缓权利主张，并非否定权利主张）。 （6）票据上记载票据债权消灭的。 （7）法院作出的除权判决已经发生法律效力。 （8）无民事行为能力、限制民事行为能力人所为的签章无效。 （9）无权代理或越权代理。 （10）票据因时效完成而消灭或欠缺保全手续而消灭。

（二）对人的抗辩

对人的抗辩	
概念	（1）因票据义务人与特定的票据权利人之间存在一定关系而发生的抗辩； （2）抗辩来源于票据当事人之间存在的一定个人因素的关系，而非票据本身； （3）仅能对特定的票据权利人主张。
具体类型	（1）票据债务人可以对不履行约定义务的与自己有直接债权债务关系的持票人，进行抗辩。 （2）在票据原因关系无效、不存在或者消灭的情况下，票据债务人可以对有直接原因关系的票据权利人提出抗辩； （3）在直接当事人之间，如果存在票据债务人未受领对价或已经进行了相当于票据金额的给付时，票据债务人可以提出抗辩； （4）在当事人就空白票据的补充、票据的支付条件等有特别约定的情况下，有关当事人违反相应的约定而要求票据债务人履行票据义务，票据债务人可以提出抗辩。
	在票据行为人因欺诈或者胁迫而为票据行为的情况下，受欺诈或者胁迫的票据债务人可以向因欺诈或胁迫行为而持有票据的人或者就欺诈胁迫行为有恶意或者重大过失的持票人，提出抗辩。
	在持票人所持有的票据是因盗窃、捡拾等非正当途径取得时，全体票据债务人可以向该持票人提出抗辩。
	在持票人明知存在抗辩事由而取得票据的情况下，票据债务人可以对持票人进行抗辩。

例3（真题） 甲公司购买乙公司电脑20台，向乙公司签发金额为10万元的商业承兑汇票一张，丁公司在汇票上签章承诺："本汇票已经本单位承兑，到期日无条件付款"。当该汇票的持票人行使付款请求权时，下列哪一说法是正确的？

A. 如该汇票已背书转让给丙公司，丙公司恰好欠汇票付款人某银行10万元到期贷款，则银行可以提出抗辩而拒绝付款

B. 如该汇票已背书转让给丙公司，则甲公司可以乙公司交付的电脑质量存在瑕疵为抗辩理由拒绝向丙公司付款

C. 因该汇票已经丁公司无条件承兑，故丁公司不可能再以任何理由对持票人提出抗辩

D. 甲公司在签发汇票时可以签注“以收到货物为付款条件”

提示：《票据法》第13条第2款规定，票据债务人可以对不履行约定义务的与自己有直接债权债务关系的持票人，进行抗辩。如果丙与付款银行有直接的债权债务关系的话，银行可以以此提出抗辩，拒绝付款。因此，选项A正确。

《票据法》第13条第1款规定，票据债务人不得以自己与出票人或者与持票人的前手之间的抗辩事由，对抗持票人。但是，持票人明知存在抗辩事由而取得票据的除外。甲公司不能以自己与持票人丙公司的前手乙公司的抗辩事由对抗持票人丙公司，选项B错误。

《票据法》第44条规定，付款人承兑汇票后，应当承担到期付款的责任。本题中丁公司已经对汇票进行了承兑，成了第一付款人，应当承担到期付款的票据责任。但是并非任何情况下都不能对抗持票人，根据《票据法》第13条第2款的规定可知，如果丁公司与持票人之间有直接的债权、债务关系时，如果持票人没有履行相应的债务，那么丁公司可以以此为由对抗持票人的付款请求。因此，选项C错误。

《票据法》第19条规定第1款规定，汇票是出票人签发的，委托付款人在见票时或者在指定日期无条件支付确定的金额给收款人或者持票人的票据。另外《票据法》第22条第（二）项规定，无条件支付的委托是汇票的必要记载事项。汇票出票时不能记载附条件的付款，否则会导致该汇票无效。因此，选项D错误。

二、票据抗辩的限制

<table>
<tr><td>概念</td><td>票据抗辩的限制又称抗辩切断制度，是指即使出现可以抗辩的事由，但是票据债务人不得用来抗辩持票人。</td></tr>
<tr><td rowspan="2">规则</td><td>【对出票人的抗辩切断】
（1）票据债务人不得以自己与出票人之间的抗辩事由，对抗持票人（一般存在与汇票关系中）。
（2）但是，持票人明知存在抗辩事由而取得票据的除外。</td></tr>
<tr><td>【对持票人前手的抗辩切断】
（1）据债务人不得以自己与持票人的前手之间的抗辩事由，对抗持票人；
（2）前手不限于持票人的直接前手，包括任何前手。
（3）但是，持票人明知存在抗辩事由而取得票据的除外。</td></tr>
</table>

三、票据丧失与补救

（一）概念

票据的丧失与补救是指在票据权利人因某种原因丧失对票据的实际占有，使票据权利的行使遭遇障碍，为使权利人的票据权利能够实现，而对其提供特别的法律救济。包括挂失止付、公示催告、提起诉讼。

（二）挂失止付

概念	票据权利人在丧失对票据的占有后，为保护自己的权利，防止可能发生的损害，保护自己的票据权利，通知票据上的付款人，请求其停止票据支付的行为。
当事人	（1）提起人为丧失票据的人，即失票人。 （2）相对人为丧失的票据上记载的付款人。 （无法确定付款人或代理付款人的票据，不能挂失止付）
效力	（1）使收到止付通知的付款人承担暂停票据付款的义务。 （2）票据本身并不因挂失止付而无效，失票人的票据责任不因此免除，票据权利也不能因此得到恢复。 （3）挂失止付不是公示催告程序和诉讼程序的必经程序。 （4）失票人应当在通知挂失止付后3日内，也可以在票据丧失后，依法向人民法院申请公示催告，或者向人民法院提起诉讼。

（三）公示催告

<table>
<tr><td>概念</td><td colspan="2">在票据等有价证券丧失的场合，由法院依照申请人的申请，向未知的利害关系人发出公告，告知其如果未在一定期间申报权利、提出证券，则法院会通过判决的形式宣告其无效，从而催促利害关系人申报权利、提出证券。</td></tr>
<tr><td rowspan="2">公示催告的申请</td><td>申请条件</td><td>确有票据丧失的事实；
票据权利确实存在；
不存在利害关系人的权利争执。</td></tr>
<tr><td>申请人</td><td>票据的合法权利人，包括票据上所载的收款人、能够以背书连续证明自己为合法持票人的被背书人。</td></tr>
<tr><td>公示催告的进行</td><td colspan="2">1. 审查：申请人提出公示催告的申请的，有管辖权的法院应对该申请进行必要审查。符合规定的，应当受理；不符合规定的，应在7日内裁定驳回申请。
2. 公告：法院受理公示催告的申请后，应当在3日内发出公告，催促利害关系人申报权利。
公示催告的期间：
（1）国内票据：自公告发布之日起60日；
（2）涉外票据：可根据情况适当延长，最长不超过90日。
4. 发出止付通知：法院受理公示催告的申请后，应当立即向票据付款人发出止付通知。</td></tr>
<tr><td rowspan="2">公示催告的终结</td><td colspan="2">【法院裁定终结公示催告程序】
公示催告期间，有人提出权利申报或对相关票据主张权利，法院应当立即裁定中止公示催告。</td></tr>
<tr><td colspan="2">【法院判决终结公示催告程序】
催告期满，无人提出票据、进行权利申报或者主张票据权利的，经当事人申请，人民法院作出除权判决。</td></tr>
</table>

（四）普通诉讼程序

1. 票据遗失后，已经知道现实持有人的，失票人不能申请公示催告，但可以通过普通民事诉讼程序，提起返还票据的诉讼。

2. 失票人失票后，在票据权利时效届满前，可提供相应担保，请求出票人补发票据或请求债务人付款。

例 1（真题） 2008 年 8 月，出票人甲向乙签发一张汇票，乙不慎将其遗失。丙拾得该汇票，在伪造乙的签章后背书转让给丁。关于该事例，下列哪一选项是正确的？

A. 乙应当先办理挂失止付，再在 3 日内向法院申请公示催告

B. 若甲得知票据遗失的事实，其有权向法院申请公示催告

C. 无论是否已经启动公示催告程序，若丁不知丙伪造签章的事实而受让该汇票，其构成善意取得

D. 丙的行为构成民法上的欺诈，乙可以主张撤销

提示：《票据法》第 15 条第 3 款规定："失票人应当在通知挂失止付后三日内，也可以在票据丧失后，依法向人民法院申请公示催告，或者向人民法院提起诉讼。"可知，挂失止付并非公示催告的必经程序，也可以在票据丧失后直接进行，选项 A 中认为"应当"先办理挂失支付，所以选项 A 错误；同时，根据《民诉解释》第 444 条规定："民事诉讼法第二百一十八条规定的票据持有人，是指票据被盗、遗失或者灭失前的最后持有人。"可知，本题中票据遗失前的最后持有人为乙，因此乙有权向法院申请公示催告，所以选项 B 正确。

《民事诉讼法》第 220 条第 2 款规定："公示催告期间，转让票据权利的行为无效。"一旦启动公示催告程序，公示催告期间转让票据权利的行为是无效行为，不构成善意取得，所以选项 C 错误。《票据法》第 14 条第 2 款规定："票据上有伪造、变造的签章的，不影响票据上其他真实签章的效力。"票据上有伪造的签章并不导致票据无效。本题中，丁可以通过善意取得方式取得票据权利，对于丙伪造乙签章的行为，造成乙损失的，乙与丙只能通过民事诉讼解决该民事争议，而乙无权主张撤销票据，所以选项 D 错误。

例 2（真题） 2005 年 10 月 5 日，甲、乙签订房屋买卖合同，约定年底前办理房屋过户登记。乙签发一张面额 80 万元的转账支票给甲以支付房款。一星期后，甲提示银行付款。2006 年 1 月中旬，甲到银行要求支付支票金额，但此时甲尚未将房屋登记过户给乙。对此，下列哪些说法是正确的？

A. 尽管甲尚未履行房屋过户登记义务，但银行无权拒绝支付票据金额

B. 如甲向乙主张票据权利，因甲尚未办理房屋的过户登记，乙可拒付票据金额

C. 如被银行拒付，甲可根据房屋买卖合同要求乙支付房款

D. 如该支票遗失，甲即丧失票据权利

提示：《票据法》第 90 条规定，支票限于见票即付，不得另行记载付款日期。另行记载付款日期的，该记载无效。第 91 条规定，支票的持票人应当自出票日起十日内提示付款；异地使用的支票，其提示付款的期限由中国人民银行另行规定。超过提示付款期限的，付款人可以不予付款；付款人不予付款的，出票人仍应当对持票人承担票据责任。本案中，甲在乙签发支票一个星期后，已经提示银行付款，根据见票即付的规定，银行无权拒绝支付票据金额。而且，根据票据的无因性，银行不能因为甲尚未履行房屋过户登记义务，而拒绝支付，选项 A 正确。

《票据法》第 13 条第 2 款规定，票据债务人可以对不履行约定义务的与自己有直接债权债务关系的持票人，进行抗辩。本题中，甲乙之间有直接的权利义务关系，甲是与乙有

直接债权债务关系的持票人，因甲没有履行办理房屋的过户登记义务，乙可以拒绝支付票据金额，选项B正确。

《票据法》第17条规定，持票人对支票出票人的权利，自出票日起六个月不行使而消灭，自出票日起算。本题中到2006年1月中旬，距离出票日并未超过六个月，所以甲对乙仍享有票据权利，乙仍须对甲承担票据责任。银行拒付后，甲可向乙行使票据权利，也可依据房屋买卖合同要求乙承担合同中约定的付款责任，选项C正确。

《票据法》第15条的规定可知，支票遗失后，甲可通过办理挂失止付等方式依法维护自己的权利，并不丧失票据权利，选项D错误

例3（真题） 关于票据丧失时的法律救济方式，下列哪一说法是错误的？

A. 通知票据付款人挂失止付

B. 申请法院公示催告

C. 向法院提起诉讼

D. 不经挂失止付不能申请公示催告或者提起诉讼

提示：《票据法》第15条规定："票据丧失，失票人可以及时通知票据的付款人挂失止付，但是，未记载付款人或者无法确定付款人及其代理付款人的票据除外。收到挂失止付通知的付款人，应当暂停支付。失票人应当在通知挂失止付后3日内，也可以在票据丧失后，依法向人民法院申请公示催告，或者向人民法院提起诉讼。"由此可见，挂失止付不是申请公示催告或诉讼的前置程序，所以选项ABC正确，选项D错误。

第四节 汇票

重要法条及司法解释

《票据法》第19~72条。

命题分析

汇票在票据法中居于核心地位，我国票据法是以汇票制度为核心展开的，汇票所包含的规则也是所有票据中最完整的，将汇票相关的考点综合考查是未来的出题方向。其中，背书行为、保证行为、追索权是重点考查的知识点。考生应当对背书行为的一般规则和限制情形、保证行为的保证事项和法律效果以及追索权的行使进行重点学习。

知识点精讲

一、汇票概述

（一）概念

汇票是出票人签发的，委托付款人在见票时或者在指定日期无条件支付确定的金额给

收款人或者持票人的票据。

（二）汇票的特征

汇票关系中有三个基本当事人	（1）三个基本当事人为出票人、付款人和收款人； （2）出票人和付款人可以是银行，也可以是公司、企业或个人。
汇票是委付票据	（1）汇票的出票人仅为签发票据的人，而非票据的付款人； （2）出票人另外委托他人止付汇票金额。（区别于本票）
通常需要付款人进行承兑	（1）通过承兑，以确认付款人愿意承担绝对的付款义务； （2）付款人未承兑时，汇票上所载的付款人并无绝对的付款义务。
到期日具有多样性	汇票不以见票即付为限，许多汇票有一定的到期日。

（三）汇票的种类

银行汇票和商业汇票	银行汇票：由出票银行签发的，由其在见票时按照实际结算金额无条件支付给收款人或持票人的票据。
	商业汇票：银行以外的其他主体签发的汇票。
即期汇票和远期汇票	即期汇票：也称“见票即付的汇票”，指汇票上没有记载到期日或见票即付，收款人或持票人一经向付款人提示汇票、请求付款，该汇票即为到期，付款人应当承担付款责任的汇票。
	远期汇票：汇票上记载了到期日，付款人在到期时承担付款责任的汇票。 （1）定日付款的汇票； （2）出票后定期付款的汇票； （3）见票后定期付款的汇票。
光票汇票和跟单汇票	光票汇票：进行付款时无须附随其他单据的汇票。
	跟单汇票：也称“信用汇票”“押汇汇票”，是指需要附随提单、仓单、保险单等单据才能进行付款的汇票。

（四）汇票的当事人

基本当事人	出票人	（1）签发票据，委托他人付款的人； （2）出票人应当具有完全民事行为能力。
	付款人	接受出票人委托，承担付款义务的人。
	收款人	从出票人处取得票据，并享有票据权利的人。
非基本当事人	背书人、保证人等。	

二、汇票的出票

汇票的出票是指出票人签发票据并将其交付给收款人的票据行为。

记载事项		法律后果
绝对必要记载事项	（1）表明“汇票”的字样； （2）无条件支付的委托； （3）确定的金额； （4）付款人名称； （5）收款人名称； （6）出票日期； （7）出票人签章。	（1）汇票上未记载前款规定事项之一的，汇票无效； （2）出票不得附条件，否则票据无效； （3）票据金额的中文大写与数码二者必须一致，不一致的，票据无效； （4）票据金额、日期、收款人名称不得更改，否则票据无效。
相对必要记载事项	付款日期。	未记载的，为见票即付。
	付款地。	未记载的，付款人的营业场所、住所地或经常居住地为付款地。
	出票地。	未记载的，出票人的营业场所、住所地或经常居住地为付款地。
若出票人票据上载有“不得转让”： （1）票据不能再依据票据法规定的背书方式转让； （2）出票人后手也不得以此票据进行贴现、质押； （3）后手的所有转让行为均不产生票据法上的效力。		

三、汇票的背书转让

概念	1. 背书是指在票据背面或粘单上记载有关事项并签章的票据行为； 2. 背书转让是指持票人在票据背面或粘单上记载有关事项，完成签章，并将其交付给相对人，从而将票据权利转让给他人或者将一定的票据权利授予他人行使的票据行为。
方式	1. 背书由背书人签章并记载背书日期。背书未记载日期的，视为在汇票到期日前背书； 2. 必须记载被背书人名称。
一般规则	1. 背书应当连续，转让汇票的背书人与受让汇票的被背书人在汇票上的签章依次前后衔接； 2. 背书转让无须经票据债务人同意，只需持票人完成背书行为； 3. 背书转让的转让人不退出票据关系；
限制情形	1. 出票人在汇票上记载“不得转让”字样的： （1）汇票不得转让； （2）持票人背书转让的，背书行为无效。 2. 背书人在汇票上记载“不得转让的”字样的： （1）其后手的再次背书为有效背书，具有普通背书的效力； （2）但原背书人对后手的被背书人不承担保证责任。
	背书不得附条件： 背书时附有条件的，所附条件不具有汇票上的效力。
	不得部分背书、分别背书： 将汇票金额的一部分转让的背书或者将汇票金额分别转让给二人以上的背书无效，票据权利不发生转移。
	期后背书无效： 1. 汇票被拒绝承兑、被拒绝付款或者超过付款提示期限的，不得背书转让； 2. 背书转让的，背书人应当承担汇票责任。
	委托收款背书： 1. 是指以委托他人代替自己形式票据权利、收取票据金额而进行的背书； 2. 委托收款背书的背书人进行背书时，必须记载“委托收款”字样； 3. 被背书人有权代背书人行使被委托的汇票权利。但被背书人不得再以背书转让汇票权利。

例 1（真题） 甲公司在交易中取得汇票一张，金额10万元，汇票签发人为乙公司，甲公司在承兑时被拒绝。其后，甲公司在一次交易中需支付丙公司10万元货款，于是甲公司将该汇票背书转让给丙公司，丙公司承兑时亦被拒绝。下列哪一选项是正确的？

A. 丙公司有权要求甲公司给付汇票上的金额

B. 丙公司有权要求甲公司返还交易中的对价

C. 丙公司有权向乙公司行使追索权要求其给付汇票上的金额

D. 丙公司应当请求甲公司承担侵权赔偿责任

提示：《票据法》第36条规定，汇票被拒绝承兑、被拒绝付款或者超过付款提示期限的，不得背书转让；背书转让的，背书人应当承担汇票责任。所以本题中，丙公司有权要求甲公司给付汇票上的金额，承担汇票责任，选项A正确。

票据关系是指票据当事人基于票据行为而发生的债权债务关系（其内容为票据权利义务关系，权利人行使权利以持有票据为必要），甲丙之间的交易属于非票据关系，即该关系是产生该票据关系的原因。因此，丙不能基于票据的瑕疵而向甲主张非票据关系的权利，选项BD错误。追索权存在的前提是汇票的背书转让合法，而本案汇票的背书转让是违法的，责任由甲公司承担，乙公司与此无关，因而丙公司并不能向乙公司行使追索权，选项C错误。

例 2（真题） 甲公司开具一张金额50万元的汇票，收款人为乙公司，付款人为丙银行。乙公司收到后将该汇票背书转让给丁公司。下列哪一说法是正确的？

A. 乙公司将票据背书转让给丁公司后即退出票据关系

B. 丁公司的票据债务人包括乙公司和丙银行，但不包括甲公司

C. 乙公司背书转让时不得附加任何条件

D. 如甲公司在出票时于汇票上记载有“不得转让”字样，则乙公司的背书转让行为依然有效，但持票人不得向甲行使追索权

提示：《票据法》第33条第1款规定：“背书不得附有条件。背书时附有条件的，所附条件不具有汇票上的效力。”所以选项C正确。背书并不是退出票据关系的行为，背书人签章后成为票据债务人，承担票据责任，所以选项A错误。

《票据法》第61条第1款规定：“汇票到期被拒绝付款的，持票人可以对背书人、出票人以及汇票的其他债务人行使追索权。”丁公司的票据债务人包括甲公司，所以选项B错误。

《票据法》第27条规定：“持票人可以将汇票权利转让给他人或者将一定的汇票权利授予他人行使。出票人在汇票上记载‘不得转让’字样的，汇票不得转让。”可知，乙公司转让行为无效，所以选项D错误。

四、汇票的质押

概念	以设定质权、提供债务担保为目的而进行的背书，由背书人通过背书的方式，将票据转移给质权人，以票据金额的给付作为对被背书人债务清偿保证的一种方式。
方式	以背书记载“质押”字样，并签章。

续表

法律效果	(1) 质押背书的被背书人在实现债权时，不限定在设质的债权范围内，可以依据票据请求全部票据金额的完全给付； (2) 被背书人以质押票据再行被背书或背书转让票据的，背书行为无效； (3) 出票人在汇票上记载“不得转让”字样的，其后手进行质押的，通过质押取得票据的持票人不享有票据权利； (4) 背书人在汇票上记载“不得转让”字样的，其后手进行质押的，原背书人对后手的被背书人不承担票据责任。

五、汇票的承兑

<table>
<tr><td>概念</td><td colspan="2">汇票付款人承诺在汇票到期日支付汇票金额的票据行为。
（承兑是远期汇票特有的规则）</td></tr>
<tr><td>一般原则</td><td colspan="2">(1) 自由承兑原则：付款人可以根据自己独立的意思，决定是否承兑，不受出票人指定其为付款人的限制。
(2) 完全承兑原则：付款人必须进行全额承兑；付款人进行部分承兑的，视为承兑附有条件，即视为拒绝承兑。
(3) 单纯承兑原则：付款人承兑汇票，不得附有条件；承兑附有条件的，视为拒绝承兑。</td></tr>
<tr><td rowspan="4">提示承兑</td><td>概念</td><td>是指汇票的持票人，向汇票上记载的付款人出示汇票，请求其承诺付款的行为。</td></tr>
<tr><td>期间</td><td>(1) 定日付款或出票后定期付款的汇票：持票人应当在汇票到期日前向付款人提示承兑；
(2) 见票后定期付款的汇票：持票人应当自出票日起1个月内，提示承兑。</td></tr>
<tr><td>法律效果</td><td>汇票未按照规定期限提示承兑的，持票人丧失对其前手的追索权；因此，提示承兑的作用在于保全追索权。</td></tr>
<tr><td>例外</td><td>见票即付的汇票无须承兑。</td></tr>
<tr><td>付款人的承兑程序</td><td colspan="2">(1) 付款人对向其提示承兑的汇票，应当自收到提示承兑的汇票之日起3日内承兑或者拒绝承兑；
(2) 付款人收到持票人提示承兑的汇票时，应当向持票人签发收到汇票的回单。回单上应当记明汇票提示承兑日期并签章；
(3) 付款人承兑汇票的，应当在汇票正面记载“承兑”和承兑日期并签章；未记载承兑日期的，以收到提示承兑汇票之日起第3日为承兑日期；
(4) 付款人承兑汇票，不得附有条件；承兑附有条件的，视为拒绝承兑。</td></tr>
</table>

六、汇票的保证

概念	汇票债务人以外的第三人，担保特定的票据债务人能够履行票据债务的票据行为。
保证事项	1. 保证人必须在汇票或者粘单上记载下列事项： (1) 表明“保证”的字样； (2) 保证人名称和住所； (3) 被保证人的名称；（未写明的，已承兑的汇票，承兑人为被保证人；未承兑的汇票，出票人为被保证人） (4) 保证日期；（未写明的，出票日期为保证日期） (5) 保证人签章。 2. 保证不得附有条件；附有条件的，不影响对汇票的保证责任。

续表

法律效果	1. 保证责任：保证人对合法取得汇票的持票人所享有的汇票权利，承担保证责任。但是，被保证人的债务因汇票记载事项欠缺而无效的除外。 2. 连带责任：被保证的汇票，保证人应当与被保证人对持票人承担连带责任。汇票到期后得不到付款的，持票人有权向保证人请求付款，保证人应当足额付款。 3. 即使被保证的票据债务因实质性原因而无效，已完成的票据保证仍然有效。 4. 保证人清偿汇票债务后，可以行使持票人对被保证人及其前手的追索权。

例3（真题） 张某为支付货款向李某开具了一张票面金额为10万的支票。李某担心张某的信用，于是张某让其朋友陈某在该支票上写上了“保证”字样，并签上了陈某的名字。李某接收该支票后，背书转让给了安某。下列哪些选项是正确的？

A. 如果张某的出票行为无效，则陈某的保证行为亦无效

B. 如果张某的出票行为无效，并不必然导致保证行为无效

C. 如果安某到银行要求付款被拒绝，其可以向李某、陈某、张某行使追索权

D. 如果陈某在签署保证时附加了承担保证责任的条件，则当该条件未成就时陈某不承担责任

提示：《票据法》第49条规定：“保证人对合法取得汇票的持票人所享有的汇票权利，承担保证责任。但是，被保证人的债务因汇票记载事项欠缺而无效的除外。”只有在张某的出票行为是由于汇票记载事项欠缺而无效时，陈某的保证行为才无效。其他行为并不导致保证行为无效，所以选项B正确，选项A错误。

《票据法》第61条规定：“汇票到期被拒绝付款的，持票人可以对背书人、出票人以及汇票的其他债务人行使追索权。汇票到期日前，有下列情形之一的，持票人也可以行使追索权：（一）汇票被拒绝承兑的；（二）承兑人或者付款人死亡、逃匿的；（三）承兑人或者付款人被依法宣告破产的或者因违法被责令终止业务活动的。”安某被银行拒绝付款的，其可以向背书人、出票人以及其他债务人行使追索权，选项C正确。

《票据法》第48条规定：“保证不得附有条件；附有条件的，不影响对汇票的保证责任。”对保证附有的条件不影响保证人的保证责任，选项D错误。

七、汇票的付款

概念	付款人或承兑人在票据到期时，对持票人所进行的票据金额的支付。
付款的程序	提示付款： 1. 持票人应当按照下列期限提示付款： （1）见票即付的汇票，自出票日起1个月内向付款人提示付款； （2）定日付款、出票后定期付款或者见票后定期付款的汇票，自到期日起10日内向承兑人提示付款。 2. 持票人未按照前款规定期限提示付款的，在作出说明后，承兑人或者付款人仍应当继续对持票人承担付款责任。

续表

付款的程序	1. 付款人即时足额付款的义务：持票人依据票据法规定的提示期限提示付款的，付款人必须在当日足额付款。 2. 持票人的签收： （1）持票人获得付款的，应当在汇票上签收，并将汇票交给付款人； （2）持票人委托银行收款的，受委托的银行将代收的汇票金额转账收入持票人账户，视同签收。 3. 付款人的审查义务：付款人及其代理付款人付款时，应当审查汇票背书的连续，并审查提示付款人的合法身份证明或者有效证件。 4. 付款的币种： （1）汇票金额为外币的，按照付款日的市场汇价，以人民币支付； （2）汇票当事人对汇票支付的货币种类另有约定的，从其约定。
付款损失的承担	1. 付款人履行法定审查义务后进行的付款即使属于错付，也可善意免责。 2. 但在以下情况下，付款人必须承担付款损失： （1）付款人或代理付款人以恶意或者重大过失付款的； （2）对定日付款、出票后定期付款或者见票后定期付款的汇票，付款人在到期日前付款的。

注意：1. 出票人是否在汇票到期前将票款足额交存其开户银行，出票人是否已经被宣告破产及有无能力交存票款，均不是付款人拒绝付款的理由。

2. 对于银行承兑汇票，只有在下列情形下才可以拒付：

（1）对不履行约定义务的与自己有直接债权债务关系的持票人；

（2）以欺诈、偷盗或者胁迫等手段取得票据的持票人；

（3）对明知有欺诈、偷盗或者胁迫等情形，出于恶意取得票据的持票人；

（4）明知债务人与出票人或者持票人的前手之间存在抗辩事由而取得票据的持票人；

（5）因重大过失取得不符合《票据法》规定的票据持票人；

（6）对取得背书不连续票据的持票人；

（7）符合《票据法》规定的其他抗辩事由。

八、汇票的追索权

概念	指持票人在提示承兑或者提示付款，而未获承兑或未获付款时，依法向其前手请求偿还票据金额及其他金额的权利。
追索权行使的原因	期前追索权： 对于定日付款的汇票、出票后定期付款的汇票及见票后定期付款的汇票，汇票到期日前，有下列情形之一的，持票人可以行使追索权： （1）汇票被拒绝承兑的； （2）承兑人或者付款人死亡、逃匿的； （3）承兑人或者付款人被依法宣告破产的或者因违法被责令终止业务活动的。
	期后追索权： 汇票到期后，被拒绝付款的，持票人可以对背书人、出票人以及汇票的其他债务人行使追索权。

续表

行使条件	1. 提供证明文件：持票人行使追索权时，应当提供被拒绝承兑或者被拒绝付款的有关证明。 2. 拒绝证明的代替： （1）持票人因承兑人或者付款人死亡、逃匿或者其他原因，不能取得拒绝证明的，可以依法取得其他有关证明。 （2）承兑人或者付款人被人民法院依法宣告破产的，人民法院的有关司法文书具有拒绝证明的效力。 （3）承兑人或者付款人因违法被责令终止业务活动的，有关行政主管部门的处罚决定具有拒绝证明的效力。 3. 拒绝事由的通知： （1）持票人应当自收到被拒绝承兑或者被拒绝付款的有关证明之日起 3 日内，将被拒绝事由书面通知其前手。 （2）其前手应当自收到通知之日起 3 日内书面通知其再前手。 4. 追索的限制： （1）持票人为出票人的，对其前手无追索权。 （2）持票人为背书人的，对其后手无追索权。
追索与再追索	1. 追索义务人的责任：汇票的出票人、背书人、承兑人和保证人对持票人承担连带责任。 2. 追索权利人的权利行使方式：多个追索义务人，任选一个或多个。 3. 再追索：被追索人清偿债务后，与持票人享有同一追索权利，可再向其他汇票债务人行使追索权，直至汇票上的债权债务关系因履行或其他法定原因而消灭为止。

例 4（真题） 甲公司在与乙公司交易中获得由乙公司签发的面额 50 万元的汇票一张，付款人为丙银行。甲公司向丁某购买了一批货物，将汇票背书转让给丁某以支付货款，并记载“不得转让”字样。后丁某又将此汇票背书给戊某。如戊某在向丙银行提示承兑时遭拒绝，戊某可向谁行使追索权？

A. 丁某　　　　B. 乙公司

C. 甲公司　　　　D. 丙银行

提示：《票据法》第 61 条第 1 款规定，汇票到期被拒绝付款的，持票人可以对背书人、出票人以及汇票的其他债务人行使追索权。本案中，乙公司是出票人，丁是背书人，戊在被拒绝付款后，可以向乙公司与丁某行使追索权。因此，选项 A、B 正确。

《票据法》第 34 条规定，背书人在汇票上记载“不得转让”字样，其后手再背书转让的，原背书人对后手的被背书人不承担保证责任。本题中，甲公司是在背书时记载了“不得转让”字样的背书人，根据法律的规定，甲对其后手丁的被背书人戊不承担保证责任。因此，戊不能向甲公司行使追索权。因此，选项 C 错误。另外，丙银行是付款人，在戊提示付款时丙银行已经拒绝了戊的付款请求，不是票据债务人，不属于被追索人员的范围。因此，选项 D 错误。

例 5（真题） 甲公司向乙公司签发了一张付款人为丙银行的承兑汇票。丁向乙公司出具了一份担保函，承诺甲公司不履行债务时其承担连带保证责任。乙公司持票向丙银行请求付款，银行以出票人甲公司严重丧失商业信誉为由拒绝付款。对此，下列哪一表述是正确的？

A. 乙公司只能要求丁承担保证责任

B. 丙银行拒绝付款不符法律规定

C. 乙公司应先向甲公司行使追索权，不能得到清偿时方能向丁追偿

D. 丁属于票据法律关系的非基本当事人

提示：《票据法》第61条第1款规定，汇票到期被拒绝付款的，持票人可以对背书人、出票人以及汇票的其他债务人行使追索权。乙在遭到丙拒绝付款时，可以行使追索权，请求出票人、保证人等承担票据责任，而不是只能要求丁承担保证责任，选项A错误。

票据上的法律关系具有无因性权利人享有票据权利只以持有符合票据法规的有效票据为必要。至于票据赖以发生的原因则在所不问。即使原因关系无效或有瑕疵，均不影响票据的效力。因此，本题中丙银行不能以出票人甲公司严重丧失商业信誉为由拒绝付款，该拒绝付款的理由不符合法律规定，选项B正确。

丁承担的是连带保证责任，乙公司可以直接要求丁承担责任，选项C错误。《票据法》第46条第（一）项规定，保证人必须在汇票或者粘单上记载表明“保证”的字样。本题中，丁的行为不是在票据上签章的票据行为，不属于票据保证，丁只承担民法上的保证责任，不属于票据法律关系的非基本当事人，选项D错误。

第十四章　保险法

第一节　保险合同的履行

重要法条及司法解释

《保险法》第14、16、17、21～27、49、51、52、57、65条。

《最高人民法院关于适用〈中华人民共和国保险法〉若干问题的解释（二）》第5～7条。

《最高人民法院关于适用〈中华人民共和国保险法〉若干问题的解释（三）》第5条。

《最高人民法院关于适用〈中华人民共和国保险法〉若干问题的解释（四）》第1～2、4、5、6、15条。

命题分析

本节知识点为保险法的高频考点。从考查内容来看，主要包括投保人的义务、保险人的义务以及索赔和理赔程序与规则，其中，索赔与理赔的程序与规则通常是重点考查对象。从考查方式来看，命题人习惯于将其与“人身保险合同”“财产保险合同当事人的权利与义务”结合考查，还望考生能够融会贯通，体系性把握之。

知识点精讲

由于保险合同是投保人与保险人约定保险权利义务关系的协议，所以保险合同的履行则主要通过合同当事人双方行使各自权利、承担各自义务来实现。因此，本章将保险合同的履行分为以下三部分阐述：投保人的义务、保险人的义务以及索赔和理赔的程序与规则。

一、投保人的义务

所谓“投保人”，是指与保险人订立保险合同，并按照合同约定负有支付保险费义务的人。

投保人的义务	
基本义务	具体规定
缴纳保险费的义务	1. 义务内容：保险合同成立后，投保人必须按照约定缴纳保险费。 2. 义务来源：保险合同是有偿合同，投保人缴纳保险费实际上是获取保险金的对价。 3. 缴纳要求：不同的保险条款对缴纳保险费的要求有所不同，保险费可以一次付清，也可以分期支付。

续表

<table>
<tr><th colspan="2">投保人的义务</th></tr>
<tr><th>基本义务</th><th>具体规定</th></tr>
<tr><td>缴纳保险费的义务</td><td>4. 保险费：
（1）概念：保险费又称保费，是投保人根据保险合同的规定，为被保险人取得因约定危险事故发生所造成的经济损失补偿（或给付）权利，支付给保险人的代价，是保险这种商品的价格。
（2）价格的确定：与其他商品一样，保险费也以成本加平均利润为基础，而且保险市场的竞争也对保险费的最终形成产生影响。
（3）种类：
①纯保险费或净保险费：保险费中用于赔款和保险金给付支出的部分；
②附加保险费：保险费中用于营业费用支出的部分。
注意：保险费是纯保险费和附加保险费加上保险公司税金和利润的总和。
（4）交付的意义：保险费的交付不构成保险合同发生效力的先决条件。
（5）保险费的增减：
①在保险合同期限内，因保险标的的危险增加，保险人要求增加保险费的，投保人应当缴纳增加的保险费；
②保险标的的危险降低的，投保人可以减交保险费；
③投保人、被保险人没有履行对保险标的的安全防损责任，保险人增加保险费的，投保人应当增加缴纳保险费；
④因投保人申报被保险人年龄不实而致使其缴纳的保险费少于应付的保险费的，投保人应当补交保险费。
（6）不依约缴纳的后果：
①保险人可以催告缴纳：投保人不依照保险合同的约定缴纳保险费，保险人可以催告投保人缴纳保险费和利息；
②保险人可以解除或者终止合同：
A. 原则：投保人不依照保险合同的约定缴纳保险费，保险人可以解除或者终止保险合同；
B. 例外：当法律规定保险人不得解除或者终止保险合同，或者保险法对保险合同的效力另有规定时，保险人不得解除或者终止保险合同。
（7）支付的义务主体：
①原则：通常应当由投保人支付。
②例外：在人身保险的场合，被保险人或者受益人可以代替投保人交付保险费，保险人对此不得拒绝。
（8）请求支付方式的限制：
保险人对人寿保险的保险费，不得用诉讼方式要求投保人支付。
说明：人寿保险具有储蓄性质，保险费不是保险人已经取得的利益，而是保险人对投保人的债务，在合同解除、终止或者期满时应当返还给被保险人或者受益人。</td></tr>
<tr><td>保险事故的通知义务</td><td>1. 义务内容：投保人、被保险人或者受益人知道保险事故发生后，应当及时通知保险人。
2. 目的：
（1）有利于保险人采取必要的措施，防止损失的扩大或者保全保险标的残余部分；
（2）有利于保险人及时调查损失发生的原因、收集证据、勘查现场。
3. 违反后果：
（1）原则：故意或者因重大过失未及时通知，致使保险事故的性质、原因、损失程度等难以确定的，保险人对无法确定的部分，不承担赔偿或者给付保险金的责任；
（2）例外：保险人通过其他途径已经及时知道或者应当及时知道保险事故发生的，仍然要承担赔偿或者给付保险金的责任。</td></tr>
</table>

续表

投保人的义务	
基本义务	具体规定
维护保险标的的安全的义务	1. 基于规定：被保险人应当遵守国家有关消防、安全、生产操作、劳动保护等方面的规定，维护保险标的的安全。 2. 基于约定： (1) 保险人可以按照合同约定对保险标的的安全状况进行检查，及时向投保人、被保险人提出消除不安全因素和隐患的书面建议。 (2) 保险人为维护保险标的的安全，经被保险人同意，可以采取安全预防措施。 3. 违反后果：投保人、被保险人未按照约定履行其对保险标的的安全应尽责任的，保险人有权要求增加保险费或者解除合同。
危险程度增加的通知义务	1. 危险程度增加的概念：是指订立保险合同时所未预料或未估计到的危险可能性的增加，它发生在保险合同的有效期内。 2. 义务内容：在合同有效期内，保险标的的危险程度显著增加的，被保险人应当按照合同约定及时通知保险人。 3. 保险人可以增加保费或者解除合同：保险人可以按照合同约定增加保险费或者解除合同。 4. 保险人解除合同的后果：保险人解除合同的，应当将已收取的保险费，按照合同约定扣除自保险责任开始之日起至合同解除之日止应收的部分后，退还投保人。 5. 违反的后果：被保险人未履行通知义务的，因保险标的的危险程度显著增加而发生的保险事故，保险人不承担赔偿保险金的责任。
采取必要措施防止或减少损失的义务	1. 义务内容：保险事故发生时，被保险人应当尽力采取必要的措施，防止或者减少损失。 2. 采取必要措施的费用承担： (1) 保险事故发生后，被保险人为防止或者减少保险标的的损失所支付的必要的、合理的费用，由保险人承担，保险人不得以被保险人采取的措施未产生实际效果为由进行抗辩。 (2) 保险人所承担的费用数额在保险标的损失赔偿金额以外另行计算，最高不超过保险金额的数额。
保险标的的转让	1. 义务内容：保险标的转让的，被保险人或者受让人应当及时通知保险人，但货物运输保险合同和另有约定的合同除外。 对于保险标的转让空档期的保险责任承担，被保险人、受让人依法及时向保险人发出保险标的转让通知后，保险人作出答复前，发生保险事故，被保险人或者受让人依照保险合同可以向保险公司进行索赔。 2. 保险标的转让的后果： (1) 合同继续有效：被保险人转让保险标的的，保险合同继续有效，保险标的的受让人承继被保险人的权利和义务。 (2) 保险标的已交付未登记时的权利行使主体：保险标的只要实际转让交付，受让人即有权行使被保险人的权利。 (3) 保险标的转让后说明义务问题：保险人已向投保人履行了保险法规定的提示和明确说明义务，保险标的受让人不得以保险标的转让后保险人未向其提示或者明确说明为由进行抗辩。 (4) 保险人可以增加保费或者解除合同：因保险标的转让导致危险程度显著增加的，保险人自收到前款规定的通知之日起 30 日内，可以按照合同约定增加保险费或者解除合同。 (5) 保险人解除合同的后果：保险人解除合同的，应当将已收取的保险费，按照合同约定扣除自保险责任开始之日起至合同解除之日止应收的部分后，退还被保险人。 3. 违反后果：被保险人、受让人未履行保险标的转让时的通知义务，因转让导致保险标的危险程度显著增加而发生的保险事故，保险人不承担赔偿保险金的责任。

续表

<table>
<tr><th colspan="2">投保人的义务</th></tr>
<tr><th>基本义务</th><th>具体规定</th></tr>
<tr><td>保险合同订立时的如实告知义务（先合同义务）</td><td>1. 概念：指在订立保险合同时，保险人就保险标的或者被保险人的有关情况提出询问的，投保人应当如实告知。
2. 如实告知的内容：保险合同订立时，投保人明知的与保险标的或者被保险人有关的情况。
3. 如实告知的范围：
（1）限于保险人询问的范围和内容。
（2）当事人对询问范围及内容有争议的，保险人负举证责任。
（3）投保人对投保单询问表中所列概括性条款没有如实告知义务，但该概括性条款有具体内容的除外。
4. 人身保险合同中，投保人如实告知义务与被保险人体检的关系：
（1）保险合同订立时，被保险人根据保险人的要求在指定医疗服务机构进行体检，不免除投保人的如实告知义务。
（2）保险人知道被保险人的体检结果，无权以投保人未就相关情况履行如实告知义务为由要求解除合同。
5. 违反后果：
（1）保险人有解除权：投保人故意或者因重大过失未履行如实告知义务，足以影响保险人决定是否同意承保或者提高保险费率的，保险人有权解除合同。
①故意不告知，不赔不退：投保人故意不履行如实告知义务的，保险人对于合同解除前发生的保险事故，不承担赔偿或者给付保险金的责任，并不退还保险费。
②重大过失不告知，不赔但退：投保人因重大过失未履行如实告知义务，对保险事故的发生有严重影响的，保险人对于合同解除前发生的保险事故，不承担赔偿或者给付保险金的责任，但应当退还保险费。
（2）保险人解除权的限制：
①超时不可解除：
A. 最短期间：自保险人知道有解除事由之日起，超过 30 日不行使而消灭。
B. 最长期间：自合同成立之日起超过 2 年的，保险人不得解除合同；发生保险事故的，保险人应当承担赔偿或者给付保险金的责任。
②明知不可解除：
A. 订立时明知：保险人在合同订立时已经知道投保人未如实告知的情况的，保险人不得解除合同；发生保险事故的，保险人应当承担赔偿或者给付保险金的责任。
B. 成立后明知且收费：保险人在保险合同成立后知道或者应当知道投保人未履行如实告知义务，仍然收取保险费，不得主张解除合同。
③未告知概括性条款不可解除：
保险人不得以投保人违反了对投保单询问表中所列概括性条款的如实告知义务为由请求解除合同，但该概括性条款有具体内容的除外。
（3）行使合同解除权与拒绝赔偿关系：
①原则：保险人未行使合同解除权，则不能以投保人故意或者过失未履行如实告知义务为由拒绝赔偿。
②例外：当事人就拒绝赔偿事宜及保险合同存续另行达成一致的情况除外。</td></tr>
</table>

例 1（真题） 2007 年 7 月，陈某为其母投保人身保险时，为不超过保险公司规定的承保年龄，在申报被保险人年龄时故意少报了二岁。2009 年 9 月保险公司发现了此情形。对此，下列哪些选项是正确的？

A. 保险公司有权解除保险合同，但需退还投保人已交的保险费

B. 保险公司无权解除保险合同

C. 如此时发生保险事故，保险公司不承担给付保险金的责任

D. 保险人有权要求投保人补交少交保险费，但不能免除其保险责任

提示：本题的关键在于正确地适用法律。考生切不可以题目中“陈某在申报被保险人年龄时故意少报了二岁”直接适用投保人故意违反如实告知义务的规定——即保险人“不退不赔”。实际上，上表中的投保人如实告知义务是一般规定，本题中人身保险合同投保人虚报年龄的情形属于特殊情形，根据“特别法优于一般法”的规则，应当优先适用人身保险合同投保人虚报年龄的相关规定；当特别法无规定时，再适用一般法处理。

《保险法》第32条第1款规定：“投保人申报的被保险人年龄不真实，并且其真实年龄不符合合同约定的年龄限制的，保险人可以解除合同，并按照合同约定退还保险单的现金价值。保险人行使合同解除权，适用本法第16条第3款、第6款的规定。”《保险法》第16条第3款规定：“前款规定的合同解除权，自保险人知道有解除事由之日起，超过三十日不行使而消灭。自合同成立之日起超过二年的，保险人不得解除合同；发生保险事故的，保险人应当承担赔偿或者给付保险金的责任。”由此可知，本题中虽然陈某申报的被保险人年龄不真实，并且其真实年龄不符合合同约定的年龄限制，但是由于保险人发现此情形时保险合同已经成立超过两年，所以，保险公司无权解除合同，此时发生保险事故，保险公司仍然需要承担给付保险金的责任。所以，选项A、C错误，选项B正确。

《保险法》第32条第2款规定：“投保人申报的被保险人年龄不真实，致使投保人支付的保险费少于应付保险费的，保险人有权更正并要求投保人补交保险费，或者在给付保险金时按照实付保险费与应付保险费的比例支付。”由此可知，选项D正确。

二、保险人的义务

所谓“保险人”，是指与投保人订立保险合同，并按照合同约定承担赔偿或者给付保险金责任的保险公司。

（一）保险人的义务

保险人的义务	
基本义务	具体规定
给付保险金的义务	1. 地位：给付保险金是保险人应当履行的基本的保险义务。 2. 给付条件： （1）必须是保险标的受到损害（在财产保险合同中）； （2）必须是在保险合同承保范围内： ①就财产保险而言，对于未承保的财产及间接损失，保险人不负赔偿责任； ②就人身保险而言，必须是保险人承保并在保险合同中列明的被保险人； （3）必须是由保险事故引起的； （4）保险金的给付，必须在保险合同规定的限额内； （5）保险标的的损失必须是在保险期限内发生的。

续表

<table>
<tr><th colspan="2">保险人的义务</th></tr>
<tr><th>基本义务</th><th>具体规定</th></tr>
<tr><td>给付保险金的义务</td><td>3. 给付期限：
（1）一般规定
①保险人收到被保险人或者受益人的赔偿或者给付保险金的请求后，应当及时作出核定；
②情形复杂的，应当在30日内作出核定，但合同另有约定的除外；
③保险人应当将核定结果通知被保险人或者受益人；
④对属于保险责任的，在与被保险人或者受益人达成赔偿或者给付保险金的协议后10日内，履行赔偿或者给付保险金义务。
⑤保险合同对赔偿或者给付保险金的期限有约定的，保险人应当按照约定履行赔偿或者给付保险金义务。
（2）超期给付的法律后果
保险人未及时履行上述义务的，除支付保险金外，应当赔偿被保险人或者受益人因此受到的损失。</td></tr>
<tr><td>保险人的先予支付义务</td><td>1. 保险人自收到赔偿或者给付保险金的请求和有关证明、资料之日起60日内，对其赔偿或者给付保险金的数额不能确定的，应当根据已有证明和资料可以确定的数额先予支付；
2. 保险人最终确定赔偿或者给付保险金的数额后，应当支付相应的差额。</td></tr>
<tr><td>拒赔时的通知义务</td><td>保险人依法作出核定后，对不属于保险责任的，应当自作出核定之日起3日内向被保险人或者受益人发出拒绝赔偿或者拒绝给付保险金通知书，并说明理由。</td></tr>
<tr><td rowspan="2">订合同时保险人的说明义务</td><td>1. 义务来源：诚实信用原则。
2. 格式条款的说明：订立保险合同，采用保险人提供的格式条款的，保险人向投保人提供的投保单应当附格式条款，保险人应当向投保人说明合同的内容。</td></tr>
<tr><td>3. 免责条款的说明：
（1）概括性要求：对保险合同中免除保险人责任的条款，保险人在订立合同时应当在投保单、保险单或者其他保险凭证上作出足以引起投保人注意的提示，并对该条款的内容以书面或者口头形式向投保人作出明确说明。
①保险人履行提示义务的认定
保险合同订立时，保险人在投保单或者保险单等其他保险凭证上，对保险合同中免除保险人责任的条款，以足以引起投保人注意的文字、字体、符号或者其他明显标志作出提示的，可以认定。
②保险人履行明确说明义务的认定
A. 保险人对保险合同中有关免除保险人责任条款的概念、内容及其法律后果以书面或者口头形式向投保人作出常人能够理解的解释说明的，可以认定。
B. 投保人对保险人履行了符合相关要求的明确说明义务在相关文书上签字、盖章或者以其他形式予以确认的，可以认定；但另有证据证明保险人未履行明确说明义务的除外。
③线上订立的保险合同，保险人履行了提示和明确说明义务的认定
通过网络、电话等方式订立的保险合同，保险人以网页、音频、视频等形式对免除保险人责任条款予以提示和明确说明的，可以认定。</td></tr>
</table>

续表

保险人的义务	
基本义务	具体规定
订合同时保险人的说明义务	④免责条款的认定 A. 属于免责条款的：保险人提供的格式合同文本中的责任免除条款、免赔额、免赔率、比例赔付或者给付等免除或者减轻保险人责任的条款； B. 不属于免责条款的：保险人因投保人、被保险人违反法定或者约定义务，享有解除合同权利的条款。 （2）违反后果：未作提示或者明确说明的，该免责条款不产生效力。 （3）举证责任的归属：保险人对其履行了明确说明义务负举证责任。 （4）法律禁止性规定作为免责事由的处理： 保险人将法律、行政法规中的禁止性规定情形作为保险合同免责条款的免责事由，保险人对该条款作出提示后，投保人、被保险人或者受益人不得以保险人未履行明确说明义务为由主张该条款不生效。

（二）保险金给付请求权的诉讼时效

	人寿保险	人寿保险以外的其他保险
性质	属于人身保险的一种。	并非仅指财产保险，还包括其他非人寿保险的人身保险，例如健康保险、伤害保险等。
诉讼时效期间	5 年	2 年
诉讼时效起算点	自被保险人或者受益人知道或者应当知道保险事故发生之日起计算。	

例 2（真题） 丁某于 2005 年 5 月为其九周岁的儿子丁海购买一份人身保险。至 2008 年 9 月，丁某已支付了三年多的保险费。当年 10 月，丁海患病住院，因医院误诊误治致残。关于本案，下列哪一表述是正确的？

A. 丁某可以在向保险公司索赔的同时要求医院承担赔偿责任

C. 丁某应先向医院索赔，若医院拒绝赔偿或无法足额赔偿，再要求保险公司支付保险金

D. 丁某不能用诉讼方式要求保险公司支付保险金

提示：《保险法》第 46 条规定：“被保险人因第三者的行为而发生死亡、伤残或者疾病等保险事故的，保险人向被保险人或者受益人给付保险金后，不享有向第三者追偿的权利，但被保险人或者受益人仍有权向第三者请求赔偿。”由此可知，本题中丁某可以在向保险公司索赔的同时要求医院承担赔偿责任，且索赔没有先后顺序之分，选项 A 正确，选项 C 错误。《保险法》第 26 条规定：“人寿保险的被保险人或者受益人向保险人请求给付保险金的诉讼时效期间为五年，自其知道或者应当知道保险事故发生之日起计算。”本题中丁某向保险公司索赔的诉讼时效期间并未经过，丁某有权以诉讼方式要求保险公司支付保险金。此外，对当事人采用诉讼方式主张合法权益有限制的是《保险法》第 38 条的规定——保险人对人寿保险的保险费，不得用诉讼方式要求投保人支付。而投保人与保险人就保险金的支付发生争议的，投保人当然有权用诉讼方式要求保险人支付保险金，选项 D 错误。考生应注意区分，避免混淆。

（三）保险人的责任

保险人的违约责任	保险人没有及时依法或者依照保险合同履行给付保险金义务的，除继续履行支付保险金的义务外，还应当赔偿被保险人或者受益人因此所遭受的损失。
保险人的除外责任	1. 除外责任的概念：是指保险人依法不承担保险责任的情形。 2. 具体情形： （1）在保险合同成立前，被保险人已知保险标的已经发生保险事故的，保险人不承担保险责任； （2）投保人或被保险人故意造成保险标的损害的： ①保险人有权解除合同，保险人不承担保险责任； ②除非人身保险合同中投保人已交足 2 年以上保险费的（此时保险人应当按照合同约定向其他权利人退还保险单的现金价值），保险人不退还保险费。 （3）未发生保险事故，被保险人或者受益人谎称发生了保险事故，向保险人提出赔偿或者给付保险金请求的，保险人不承担保险责任，有权解除合同，并不退还保险费。 （4）保险事故发生后，投保人、被保险人或受益人以伪造、变造的有关证明、资料或其他证据，编造虚假的事故原因或者夸大损失程度的，保险人对其虚报的部分不承担赔偿或给付保险金的责任； （5）因被保险人不履行防灾减损义务而造成保险标的扩大损失的，对于扩大的损失，保险人不承担保险责任； （6）在合同有效期内，保险标的危险程度增加，被保险人未履行及时通知义务的，因保险标的危险程度显著增加而发生的保险事故，保险人不承担保险责任； （7）对于保险标的因其性质或者瑕疵或者其自然消耗而发生的损失，保险人不承担保险责任。

三、索赔和理赔程序与规则

（一）索赔

1. 概念

索赔是指被保险人在保险标的出险后，按照保险合同的有关规定，向保险人要求支付保险金的行为。

2. 索赔的程序

基本程序	具体要求
提出出险通知	保险事故发生后，投保人、被保险人或受益人应将发生保险事故的时间、地点、原因及其他有关情况尽快通知保险人并提出索赔要求。 同时，应当采取合理的施救、整理措施，并保护出险现场，接受保险人的检验，以便保险人能够正确、迅速地审核损失，给付赔偿。
提出索赔证明	投保人、被保险人或者受益人应当向保险人提供其所能提供的与确认保险事故的性质、原因、损失程度等有关的证明和资料，如保险单、保险标的的原始单据、出险报告、损失鉴定证明、财产损失清单和施救整理费用等索赔单证。
提出索赔请求	被保险人必须在法定的时间内行使索赔权，否则，将丧失对保险人的索赔请求权。
领取保险金	略

（二）理赔

1. 概念

理赔是指保险人依据规定的工作程序处理被保险人所提出的索赔要求的行为。

2. 理赔的程序

基本程序	具体要求
立案检验	保险人接到出险通知后，应立即核对保险单，立案并派人到现场查勘，了解损失情况及原因。
审核责任	(1) 保险人须审核被保险人提供的单证是否齐全、真实，审核损失是否发生在保险有效期内，所受损失是否属于保险财产，是否在责任范围之内。 (2) 保险人按照合同的约定，认为有关的证明和资料不完整的，应当及时一次性通知投保人、被保险人或者受益人补充提供。
核算损失，给付赔偿金	(1) 保险人收到被保险人或者受益人的赔偿或者给付保险金的请求后，应当及时作出核定，并将核定结果通知被保险人或者受益人。 (2) 对属于保险责任的，在与被保险人或者受益人达成有关赔偿或者给付保险金额的协议后10日内，履行赔偿或者给付保险金义务。 (3) 保险合同对保险金额及赔偿或者给付期限有约定的，保险人应当依照保险合同的约定履行赔偿或者给付保险金的义务。 (4) 保险人未及时履行前款规定义务的，除支付保险金外，应当赔偿被保险人或者受益人因此受到的损失。
损余处理	(1) 出险的保险标的有时还有一定的价值，保险公司在全部赔偿后，取得损余财产的所有权。 (2) 如果出险的保险财产失而复得或者恢复价值（如在车辆盗抢险中，被盗的车辆被追回），则保险标的归保险人所有。

重点补充：责任保险

概念	责任保险又称为“第三者责任保险”，是指以被保险人依法对第三者应负的赔偿责任为保险标的的保险。
特征	1. 责任保险属于财产保险的范围。 2. 责任保险的保险标的是一定范围内的侵权损害赔偿责任。 3. 责任保险不能及于被保险人的人身及财产。 责任保险的目的是转移被保险人对第三者应当承担的赔偿责任，所以，当被保险人的人身或者财产发生损失时，保险人不承担保险责任。 4. 保险最高限额给付。 由于保险事故所造成的损害具有不确定性，所以在订立保险合同时，投保人与保险人只能约定保险责任的最高限额，而保险人给付保险金额均是以此为限。
优势	1. 可以保障被保险人因为履行损害赔偿责任所受到的利益减损。 2. 可以保护被保险人的侵权行为的直接受害者，使受害者获得及时的赔偿。
种类	1. 以责任保险发生效力的方式予以划分： (1) 自愿责任保险：投保人可以根据自己的意愿自由决定是否投保的责任保险。 (2) 强制责任保险：法律规定投保人必须投保的责任保险，例如机动车辆第三者责任险、航空运输险等。 2. 以责任保险承保的范围和对象予以划分：企业责任保险、职业责任保险、个人责任保险。 3. 以责任保险承保的险别予以划分：产品责任保险、公众责任保险、雇主责任保险、展览会责任保险等。

续表

履行	1. 责任保险的被保险人给第三者造成损害，保险人直接向该第三者赔偿保险金的具体规则： （1）法律有规定的或者保险合同事先有约定的，保险人可以直接向第三者赔偿保险金。 （2）法律未规定或者保险合同事先无约定的，且被保险人对第三者应负的赔偿责任是确定的，则按照以下顺序进行： 第一步：被保险人有权请求保险人直接向该第三者赔偿保险金； 第二步：只有当被保险人怠于请求时，第三者才有权就其应获赔偿部分直接向保险人请求赔偿保险金（即被保险人不履行向第三者的赔偿责任，且第三者以保险人或者以保险人与被保险人为共同被告提起诉讼时，被保险人仍未向保险人提出直接向第三者赔偿的，视为被保险人怠于请求，第三者可以直接向保险人主张赔偿请求）。 2. 保险人向被保险人赔偿保险金的条件： 责任保险的被保险人给第三者造成损害，被保险人未向该第三者赔偿的，保险人不得向被保险人赔偿保险金。
费用的分担	责任保险的被保险人因给第三者造成损害的保险事故而被提起仲裁或者诉讼的，被保险人支付的仲裁或者诉讼费用以及其他必要的、合理的费用，按照如下规则分担： （1）合同对费用的分担另有约定的，从其约定。 （2）合同未另有约定的，由保险人承担。

扩展说明：1. 责任保险的被保险人因共同侵权依法承担连带责任的情形

责任保险的被保险人因共同侵权依法承担连带责任，保险人不得以该连带责任超出被保险人应当承担的责任份额为由进行抗辩。

保险人承担保险责任后，可以针对超出被保险人责任部分向其他责任人行使代为求偿权，但保险人需举证证明。

2. 第三者诉被保险人所取得的生效判决虽进入破产执行程序但未获得执行时保险人的保险责任

第三者可以选择以被保险人为被告起诉，也可以选择以保险人为被告起诉，还可以选择以被保险人和保险人为共同被告起诉。当第三者选择以被保险人为被告起诉，判决后经强制执行仍未获得全部赔偿的情形下，第三者仍可以依据《保险法》第 65 条直接请求保险人支付赔偿金，保险人不得以自己并非案件当事人或者案件已进入执行程序为由拒绝赔付。

3. 责任保险的保险人和解参与权、诉讼时效起算等

责任保险的被保险人与第三者就被保险人的赔偿责任达成和解协议且经保险人认可，被保险人可以主张保险人在保险合同范围内依据和解协议承担保险责任。被保险人与第三者就被保险人的赔偿责任达成和解协议，未经保险人认可，保险人可以主张对保险责任范围以及赔偿数额重新予以核定。

商业责任险的被保险人向保险人请求赔偿保险金的诉讼时效期间，自被保险人对第三者应负的赔偿责任确定之日起计算。

例3（真题） 甲参加乙旅行社组织的沙漠一日游，乙旅行社为此向红星保险公司购买了旅行社责任保险。丙客运公司受乙旅行社之托，将甲运送至沙漠，丙公司为此向白云保险公司购买了承运人责任保险。丙公司在运送过程中发生交通事故，致甲死亡，丙公司负事故全责。甲的继承人为丁。在通常情形下，下列哪些表述是正确的?

A. 乙旅行社有权要求红星保险公司直接对丁支付保险金

B. 丙公司有权要求白云保险公司直接对丁支付保险金

C. 丁有权直接要求红星保险公司支付保险金

D. 丁有权直接要求白云保险公司支付保险金

提示：《保险法》第65条第1、2款规定："保险人对责任保险的被保险人给第三者造成的损害，可以依照法律的规定或者合同的约定，直接向该第三者赔偿保险金。责任保险的被保险人给第三者造成损害，被保险人对第三者应负的赔偿责任确定的，根据被保险人的请求，保险人应当直接向该第三者赔偿保险金。被保险人怠于请求的，第三者有权就其应获赔偿部分直接向保险人请求赔偿保险金。"本题中丙公司负事故全责，则此时被保险人对第三者所负的责任是确定的，并且法律和保险合同对保险人向第三人直接赔偿保险金并没有规定和约定。由此可知，作为被保险人的旅行社和丙公司有权要求保险公司直接向该第三者赔偿保险金。所以，选项A、B正确。只有当作为被保险人的旅行社和丙公司怠于请求时，丁才能直接要求保险公司支付保险金，选项C、D错误。

第二节　保险人的代位求偿权

重要法条及司法解释

《保险法》第46、60～63条。

《最高人民法院关于适用〈中华人民共和国保险法〉若干问题的解释（二）》第19条。

《最高人民法院关于适用〈中华人民共和国保险法〉若干问题的解释（四）》第7～14条。

命题分析

"保险人的代位求偿权"是保险法中的高频考点。从考查内容来看，此知识点中的"代位求偿权的行使""被保险人放弃对第三人请求权的后果""代位求偿权在人身保险中的适用禁止"是历年考试中命题人比较青睐的重点内容，还望考生重点把握之。

知识点精讲

一、代位求偿权的概述

（一）代位求偿权的概念

代位求偿权也称"代位追偿权"，是指财产保险中保险人赔偿被保险人的损失后，可以取得在其赔付保险金的限度内，要求被保险人转让其对造成损失的第三人享有的追偿的权利。

具体而言，在财产保险中，当保险标的发生保险责任范围内的损失，而该项损失应当由第三人负赔偿责任时，投保人既可以要求该第三人即责任人赔偿，也可以要求保险人赔偿，如果投保人选择了后者，保险人承担了保险金赔付责任，便取得了对第三人即责任人的追偿权利。

（二）代位求偿权的法理说明

1. 基本说明：代位求偿权是由保险法的基本原则——损失补偿原则派生出来的。当第三人的行为造成保险标的的损害而引起保险事故时，被保险人一方面因保险事故的发生而取得对保险人的保险赔偿请求权，另一方面又作为第三人行为的受害者而取得对第三人的损害赔偿请求权。为了贯彻损失补偿原则，被保险人若行使保险赔偿请求权，就必须将其对第三人的损害赔偿请求权让渡给保险人代位行使。

2. 损失补偿原则①：

（1）概念：当保险事故的发生使投保人或者被保险人遭受损失时，保险人必须在责任范围内对投保人或者被保险人所受的实际损失进行补偿。

（2）目的：

①保护投保人或者被保险人的合法权益，弥补受害人的损失，保证其获得全面、充分的赔偿；

②禁止被保险人或者受益人因保险合同的存在而获得超出其损失的利益。

（3）损失补偿的范围：

①保险事故发生时，保险标的的实际价值。

②必要合理的施救费用。施救费用数额在保险标的的损失赔偿金额以外另行计算，最高不超过保险金额的数额。

③其他费用。主要是指为确定保险责任范围内的损失所支付的查勘、检验、估价等费用以及法定应由保险人承担的仲裁和诉讼费用。

（4）与民法上的民事损害赔偿原则：

	损失补偿原则	民事损害赔偿原则
确定依据	依据保险合同的约定，并以约定的赔偿金额为限。	因违约或者侵权行为而产生，由债务人赔偿全部损失。
	损失补偿原则	民事损害赔偿原则
范围	最高限额为保险事故造成的实际损失，与保险金额相等。	除补偿实际损失外，还可以有惩罚性赔偿及赔偿精神损失。

（三）代位求偿权的性质

代位求偿权源于被保险人对第三人的损害赔偿请求权，实质上是这种权利的法定转移，由法律强制性地转移给保险人，从而转化为保险人的一项独立的法定权利。

1. 独立性

（1）代位求偿权不以被保险人同意或者单独地转移对第三人的损害赔偿请求权于保险

① 赵旭东主编：《商法学》，高等教育出版社 2015 年 12 月第三版，第 379—380 页。

人为条件；

（2）被保险人获得保险赔偿后未经保险人同意放弃对第三人的赔偿请求权的行为无效。

2. 依附性

（1）由于代位求偿权对被保险人的该项权利具有依附性，第三人得对抗被保险人的事由仍然可以对保险人主张；

（2）保险人行使代位求偿权时，被保险人应当向保险人提供必要的文件或者其所知道的有关情况协助其行使。

（四）代位求偿权的适用范围

1. 合同类型的限制

（1）代位求偿权的行使范围仅限于财产保险合同；

（2）在人身保险合同中，保险人不得享有代位求偿权。

2. 行使对象（第三者）的限制

（1）原则：保险人不得对被保险人的家庭成员或者其组成人员行使代位请求赔偿的权利。

投保人和被保险人为不同主体，因投保人对保险标的的损害而造成保险事故，保险人可以依法主张代位求偿权，但法律领域规定或者保险合同另有约定的除外。

（2）例外：被保险人的家庭成员或者其组成人员故意损害保险标的而造成保险事故的，保险人有权对其行使代位请求赔偿的权利。

（3）说明：

①家庭成员：包括与被保险人共同生活的配偶和亲等较近的血亲或者姻亲；

②组成人员：为被保险人的利益或者受被保险人的委托与被保险人存在某种特殊法律关系而进行活动的人，包括代理人、合伙人。

（五）代位求偿权纠纷的管辖

保险人向第三者提起代位求偿权之诉时，以被保险人与第三者之间的侵权或合同法律关系确定管辖法院，即根据请求权基础，可在侵权行为实施地、保险事故发生地、被告所在地、合同签订地、合同履行地等有管辖权的法院提起诉讼。

二、代位求偿权的行使

（一）代位求偿权的行使条件

因第三者对保险标的的损害而造成保险事故的，保险人自向被保险人赔偿保险金之日起，在赔偿金额范围内代位行使被保险人对第三者请求赔偿的权利。由此可知，保险人行使代位求偿权的要件为：

基本要件	具体说明
保险事故是由第三人的行为引起。	第三人的行为是违约或者侵权等。
保险人已经向被保险人支付保险赔偿。	（1）保险金额可以是全部的，也可以是部分的。 （2）保险人在未向被保险人支付赔偿前，不得行使。
保险人行使代位求偿权的数额，以其给付的保险金额为限。	对于超过保险人已支付的保险金额以外的部分，保险人无权要求第三人赔偿，求偿权仍然由被保险人所享有。

（二）代位求偿权的行使规则

代位求偿权的行使规则	
索赔对象的选择	保险法赋予被保险人以决定权： 财产保险事故发生后，被保险人可以自由选择赔偿的责任主体——既可以向第三人索赔，也可以向保险人索赔。
行使代位求偿权的名义	保险人应当以自己的名义行使代位求偿权。
诉讼时效计算起点	代位求偿权的诉讼时效期间自保险人取得代位求偿权之日起算。
行使代位求偿权的范围	保险人行使代位求偿权的数额的范围以其支付给被保险人的保险赔偿金为限，超过部分，保险人无权向第三人主张，仍由被保险人享有。
被保险人的协助义务	保险人向第三者行使代位请求赔偿的权利时，被保险人应当向保险人提供必要的文件和所知道的有关情况。
被保险人已经得到部分赔偿的处理	（1）已经得到第三人的部分赔偿：保险事故发生后，被保险人已经从第三者取得损害赔偿的，保险人赔偿保险金时，可以相应扣减被保险人从第三者已取得的赔偿金额。 （2）已经得到保险人的部分赔偿：保险人行使代位请求赔偿的权利，不影响被保险人就未取得赔偿的部分向第三者请求赔偿的权利。
第三者赔偿与保险人赔偿的关系	（1）财产保险事故发生后，被保险人就其所受损失从第三者取得赔偿后的不足部分，有权提起诉讼，请求保险人赔偿。 （2）保险事故发生后，被保险人或者受益人起诉保险人，保险人不得以被保险人或者受益人未要求第三者承担责任为由抗辩不承担保险责任。
被保险人放弃对第三人请求权的后果	（1）赔偿前放弃，保险人与第三人就此部分均免责： 保险事故发生后，保险人未赔偿保险金之前，被保险人放弃对第三者请求赔偿的权利的，保险人不承担赔偿保险金的责任。 （2）赔偿后放弃，保险人放弃行为无效： 保险人向被保险人赔偿保险金后，被保险人未经保险人同意放弃对第三者请求赔偿的权利的，该行为无效。 （3）代位求偿权放弃或者限制赔偿有效的例外及救济措施 在保险人以第三者为被告提起的代位求偿权之诉中，第三者以被保险人在保险合同订立前已放弃对其请求赔偿的权利为由抗辩，人民法院认定上述放弃行为合法有效，保险人不得就相应部分主张行使代位求偿权。 但是，保险人可以依据《保险法》第16条，以投保人未履行如实告知义务为由拒绝支付保险金，已经支付保险金的，保险人可以请求被保险人返还。但保险人知道或者应当知道上述情形仍同意承保的除外。 （4）注意：被保险人放弃的形式不限： 被保险人无论以何种方式放弃对第三人的赔偿请求权，如通过和解协议的形式，或者单方声明放弃的方式，均产生上述后果。
被保险人导致保险人不能行使代位求偿权的后果	被保险人故意或者重大过失致使保险人不能行使代位请求赔偿的权利的： （1）保险人尚未支付保险赔偿金的：保险人可以相应地扣减部分保险金。 （2）保险人已经支付保险赔偿金的：保险人可以要求被保险人返还其支付的相应保险金。

例1（真题） 张三向保险公司投保了汽车损失险。某日，张三的汽车被李四撞坏，花去修理费5000元。张三向李四索赔，双方达成如下书面协议：张三免除李四修理费1000

元，李四将为张三提供3次免费咨询服务，剩余的4000元由张三向保险公司索赔。后张三请求保险公司按保险合同支付保险金5000元。下列哪一说法是正确的?

A. 保险公司应当按保险合同全额支付保险金5000元，且不得向李四求偿

B. 保险公司仅应当承担4000元保险金的赔付责任，且有权向李四求偿

C. 因张三免除了李四1000元的债务，保险公司不再承担保险金给付责任

D. 保险公司应当全额支付5000元保险金，再向李四求偿

提示:《保险法》第60条第1款规定:“因第三者对保险标的的损害而造成保险事故的，保险人自向被保险人赔偿保险金之日起，在赔偿金额范围内代位行使被保险人对第三者请求赔偿的权利。”《保险法》第61条第1款规定:“保险事故发生后，保险人未赔偿保险金之前，被保险人放弃对第三者请求赔偿的权利的，保险人不承担赔偿保险金的责任。”由此可知，张三免除1000元修理费的行为，不仅对张三有效，对保险公司也有效。所以，保险公司仅需承担剩余的4000元修理费即可，且保险公司在支付了保险赔偿金之后有权就已经支付的4000元赔偿金向张三请求代位赔偿。因此，选项B正确。

例2（真题） 王某将自己居住的房屋向某保险公司投保家庭财产保险。保险合同有效期内，该房屋因邻居家的小孩玩火而被部分毁损，损失10万元。下列哪些选项是错误的?

A. 王某应当先向邻居索赔，在邻居无力赔偿的前提下才能向保险公司索赔

B. 王某可以放弃对邻居的赔偿请求权，单独向保险公司索赔

C. 若王某已从邻居处得到10万元的赔偿，其仍可向保险公司索赔

D. 若王某从保险公司得到的赔偿不足10万元，其仍可向邻居索赔

提示:财产保险事故发生后，被保险人可以自由选择赔偿的责任主体——既可以向第三人索赔，也可以向保险人索赔，选项A错误，当选。《保险法》第60条第1款规定:“保险事故发生后，保险人未赔偿保险金之前，被保险人放弃对第三者请求赔偿的权利的，保险人不承担赔偿保险金的责任。”由此可知，王某若放弃了对邻居的赔偿请求权，同时也免除了保险公司的赔偿责任，也就无权向保险公司索赔，选项B错误，当选。《保险法》第60条第2款规定:“前款规定的保险事故发生后，被保险人已经从第三者取得损害赔偿的，保险人赔偿保险金时，可以相应扣减被保险人从第三者已取得的赔偿金额。”由此可知，若王某已从邻居处得到10万元的赔偿，则其损失已经完全弥补，自然无权向保险公司索赔，选项C错误，当选。《保险法》第60条第3款规定:“保险人依照本条第一款规定行使代位请求赔偿的权利，不影响被保险人就未取得赔偿的部分向第三者请求赔偿的权利。”由此可知，若王某从保险公司得到的赔偿不足10万元，就尚未弥补的损失，仍可向邻居索赔，选项D正确，不当选。

例3（真题） 甲向某保险公司投保人寿保险，指定其秘书乙为受益人。保险期间内，甲、乙因交通事故意外身亡，且不能确定死亡时间的先后。该起交通事故由事故责任人丙承担全部责任。现甲的继承人和乙的继承人均要求保险公司支付保险金。下列哪一选项是正确的?

D. 某保险公司承担保险责任后有权向丙追偿

提示：《保险法》第46条规定："被保险人因第三者的行为而发生死亡、伤残或者疾病等保险事故的，保险人向被保险人或者受益人给付保险金后，不享有向第三者追偿的权利，但被保险人或者受益人仍有权向第三者请求赔偿。"由此可知，代位求偿权的行使范围仅限于财产保险合同。在人身保险合同中，保险人不得享有代位求偿权。本题中甲向某保险公司投保的是人寿保险，所以，保险公司承担责任后无权向第三人丙追偿，选项D错误，不当选。

本节小结

	具体规定
适用情形	1. 财产保险合同的特有制度，人身保险合同无该制度： (1) 前者的标的是被保险人的财产权，不允许双重赔偿。 (2) 后者的标的是人的生命与健康，允许双重赔偿。 2. 发生于第三人造成的财产保险事故的场合，由"损失补偿原则"派生而来。 由保险人以自己的名义行使代位求偿权。 "第三人"不包括被保险人的家庭成员或者其组成人员。
被保险人得到部分赔偿后的处理	1. 财产保险事故发生后，被保险人可以自由选择赔偿的责任主体，尚未取得赔偿的部分按照本框第2点和第3点处理。 2. 得到第三者的部分赔偿：保险人赔偿保险金时，可以相应扣减被保险人从第三者已取得的赔偿金额。 3. 得到保险人的部分赔偿：就保险赔偿金尚未弥补的损失而言，被保险人仍然有权向第三者请求赔偿。
被保险人放弃向第三人求偿权的处理	1. 在保险人赔偿前放弃的，保险人不承担赔偿保险金的责任。 2. 在保险人赔偿后放弃的，该放弃行为无效，保险人仍然可以对第三人行使代位求偿权。 3. 被保险人在保险合同订立前已放弃对第三者请求赔偿的权利时，该放弃行为有效，但保险人可以投保人未履行如实告知义务请求被保险人返还所支付的保险金。
被保险人导致保险人不能行使代位求偿权的后果	被保险人故意或者因重大过失致使保险人未能全部行使代位请求赔偿的权利的，保险人（赔偿前）可以主张在其损失范围内扣减或者（赔偿后）要求返还相应的保险金。

扩展说明：第三者赔偿行为的善意与否

（1）第三者赔偿行为的善意

因第三者对保险标的的损害而造成保险事故，保险人获得代位请求赔偿的权利的情况未通知第三者或者通知到达第三者前，第三者在被保险人已经从保险人处获赔的范围内又向被保险人作出赔偿，保险人不得主张行使被保险人对第三者请求赔偿的权利。但保险人可以就相应的保险金主张被保险人返还。

（2）第三者赔偿行为的非善意

保险人获得代位请求赔偿的权利的情况已经通知到第三者，第三者又向被保险人作出赔偿，保险人可以向第三者主张代位求偿权。

第三节　保险合同分论

重要法条及司法解释

《保险法》第14、16、21～30、32～38、42～45、52～66条。

《最高人民法院关于适用〈中华人民共和国保险法〉若干问题的解释（二）》第5～8、11～17条。

《最高人民法院关于适用〈中华人民共和国保险法〉若干问题的解释（三）》第3、5、6、8、14、15、21、23、24条。

《最高人民法院关于适用〈中华人民共和国保险法〉若干问题的解释（四）》第4条。

命题分析

“保险合同分论”是保险法部分的分值占比最高的部分。从考查内容来看，保险合同的解除是人身保险合同及财产保险合同的共同重点。考生需对保险人行使解除权的各类情形作全面的掌握，并且对两类保险合同的解除权的细微差别也应准确理解。此外，人身保险保险订立中的“被保险人年龄误报”问题和财产保险合同中的代位求偿权也均是近年的命题热门。“人身保险合同当事人的权利义务”内容较多，知识点较为琐碎，且通常会与保险合同的履行、保险合同的解除制度等内容结合考查。

知识点精讲

一、人身保险合同的特征

（一）概念

1. 人身保险合同是以人的寿命和身体为保险标的的保险合同。

2. 人身保险合同可以分为：人寿保险合同、伤害保险合同、健康保险合同。

3. 依照人身保险合同，投保人向保险人支付保险费，保险人对被保险人在保险起见内因保险事故遭受人身伤亡，或者在保险期届满时符合约定的给付保险金条件时，影响被保险人或受益人给付保险金。

（二）特点

保险标的的人格化	被保险人的寿命或者身体是人身保险合同的保险标的，这属于被保险人的人身利益（或人格利益）。
保险金额的定额性	人身保险合同的保险标的无法用金钱衡量，因此人身保险的保险金额只能由投保人与保险人协商确定，以此作为保险事故发生时保险人给付保险金的最高限额。 【注意】人身保险不存在超额保险问题。
保险费不得强制请求	保险人不得以诉讼的方式要求人寿保险的投保人支付保险费。
不适用代位求偿权	（1）人身保险的被保险人因第三者的行为而发生死亡、伤残或者疾病等保险事故的，保险人向被保险人或者受益人给付保险金后，不得享有向第三人追偿的权利。 （2）但此种情况下，被保险人或者受益人仍有权向第三人请求赔偿。

二、人身保险合同当事人的权利和义务

（一）人身保险的保险利益

保险利益原则是保险法的基本原则之一，人身保险合同的生效要求投保人必须对保险标的具有保险利益，否则该合同不发生法律效力。所谓“保险利益”，是指投保人或者被保险人对保险标的具有的法律上承认的利益。具体而言，人身保险合同的保险利益有如下要点需要掌握：

基本要求	1. 具有保险利益的时间要求：保险合同订立之时。 ①人身保险的投保人在保险合同订立时，对被保险人应当具有保险利益。②保险合同订立之后，不具有保险利益，不影响合同的效力。 2. 法院的主动审查义务：人民法院审理人身保险合同纠纷案件时，应主动审查投保人订立保险合同时是否具有保险利益。
违反后果	1. 订立合同时，投保人对被保险人不具有保险利益的，合同无效。 2. 合同无效的，保险人在扣除手续费之后应当退还保费。
具体规定	投保人对下列人员具有保险利益： （1）本人； （2）配偶、子女、父母； （3）前项以外与投保人有抚养、赡养或者扶养关系的家庭其他成员、近亲属； （4）与投保人有劳动关系的劳动者。 除前款规定外，被保险人同意投保人为其订立合同的，视为投保人对被保险人具有保险利益。

（二）年龄误报的后果

所谓“年龄误报”，是指投保人申报的被保险人的年龄不真实。人身保险合同的订立过程中，投保人有义务如实申报被保险人的年龄，这是因为被保险人的实际年龄是影响保险人决定是否承保以及确定保费费率的重要因素。因此，当投保人申报的被保险人年龄不真实，则会导致相应的法律后果，具体区分以下不同情况进行处理。

情形	保险人的权利义务	备注
申报的年龄不真实，真实年龄不符合保险合同约定的年龄限制	保险人有权解除合同，并按照合同约定退还保险单的现金价值。	以下情形保险人无解除权： ①自保险人知道有解除事由之日起，超过30日不行使； ②自合同成立之日起超过2年的； ③保险合同订立时，保险人明知投保人未如实告知真实年龄。
申报的年龄不真实，真实年龄符合保险合同约定的年龄限制	保险人无权解除合同	保费应当按照真实年龄重新核算，已付保费少于应付保费的，应当补交；或者在给付保险金时按照实付保险费与应付保险费的比例支付。
		保费应当按照真实年龄重新核算，已付保费多于应付保险费的，应当将多收部分退还投保人

（三）保险费及其缴纳

人身保险合同一般期限较长，且兼具储蓄性质，因此投保人支付保险费可以一次性完

成，也可以分期进行。合同约定分期支付保险费的，投保人应当于保险合同成立之时支付首期保险费，并按照约定的日期定期足额缴纳保险费。

（四）保险合同的中止与复效

1. 保险合同的效力中止

合同约定分期支付保险费，投保人支付首期保险费后，除合同另有约定外，投保人自保险人催告之日起超过 30 日未支付当期保险费，或者超过约定的期限 60 日未支付当期保险费的，合同效力中止，或者由保险人按照合同约定的条件减少保险金额。此外，保险人不得以诉讼方式要求投保人支付人寿保险的保险费。

被保险人在上述期限内发生保险事故的，保险人应当按照合同约定给付保险金，但可以扣减欠交的保险费。

2. 保险合同的复效

（1）概念

所谓复效，是指合同效力因上述情形的出现而中止的，经保险人与投保人协商并达成协议，在投保人补交保险费后，合同效力恢复。

（2）处理：法律赋予投保人以主动权

A. 保险合同效力中止的，若投保人提出复效申请并同意补交保险费，除非被保险人的危险程度在中止期间显著增加外，保险人应当同意。

B. 保险人在收到复效申请后应当尽快予以答复，超过 30 日未明确拒绝的，则视为同意恢复效力。

C. 依据上述规定保险合同复效的，其复效日期为投保人补交保险费之日，保险人有权要求投保人补交中止期间相应的利息。

D. 但是若自合同效力中止之日起满 2 年双方未达成协议，保险人有权解除合同，并应当按照合同约定退还保险单的现金价值。需要注意的是，2 年时间的起算是从合同效力中止之日起计算，而非投保人欠缴保费之日。

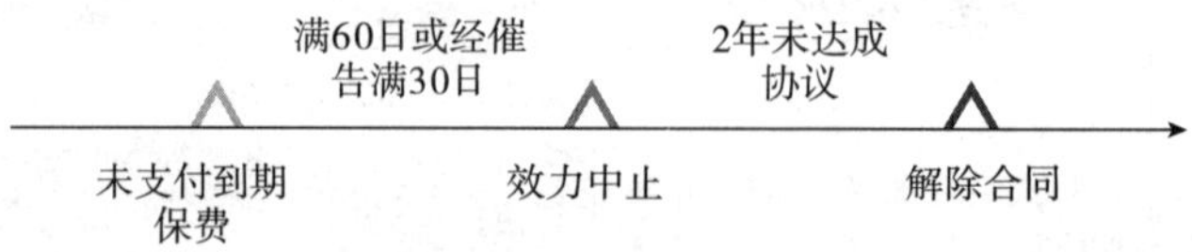

（五）保险金给付

1. 保险金的给付是指当发生保险合同约定的保险事故或符合其他给付保险金的条件时，保险人有义务按照保险法的规定及保险合同的约定，向被保险人或者受益人支付相应的保险金。

2. 保险合同约定或者投保人或者被保险人指定有受益人的，在发生保险事故时，保险人应当按照约定向受益人支付保险金。

（六）人身保险合同的除外责任

在实践中，虽然发生了人身保险合同约定的情况，但鉴于此类情况的出现为法律所禁止或是为防止道德风险的出现，所以，此时保险人不承担保险责任。

1. 投保人故意造成被保险人死亡、伤残或者疾病的：

（1）保险人不承担给付保险金的责任。

（2）投保人已交足 2 年以上保险费的，保险人应当按照合同约定向其他权利人退还保险单的现金价值。

2. 受益人故意造成被保险人死亡、伤残或者疾病的，或者故意杀害被保险人未遂的：该受益人丧失受益权。

3. 以被保险人死亡为给付保险金条件的合同，自合同成立或者合同效力恢复之日起 2 年内，被保险人自杀的，保险人不承担给付保险金的责任，但被保险人自杀时为无民事行为能力人的除外。保险人应当按照合同的约定退还保险单的现金价值。

（1）保险人以被保险人自杀为由拒绝给付保险金的，由保险人承担举证责任。

（2）受益人或者被保险人的继承人以被保险人自杀时无民事行为能力为由抗辩的，由其承担举证责任。

（3）如果自杀发生在保险合同成立或效力恢复 2 年以后，则保险人应当承担给付保险金的责任。法律之所以以 2 年为界划分保险人是否承担责任，主要是为了防止被保险人发生道德风险，即购买保险的动机是通过保险理赔为自杀买单。但通常情况下，2 年时间足以打消一个人自杀的念头。

4. 被保险人故意犯罪或者抗拒依法采取的刑事强制措施导致其伤残或者死亡的：

（1）保险人不承担给付保险金的责任。

（2）投保人已交足 2 年以上保险费的，保险人应当按照合同约定退还保险单的现金价值。

（3）保险人主张不承担给付保险金责任的，应当证明被保险人的死亡、伤残结果与其实施的故意犯罪或者抗拒依法采取的刑事强制措施的行为之间存在因果关系。但被保险人在羁押、服刑期间因意外或者疾病造成伤残或者死亡，不属于这里的免责事由。

情形	处理
投保人故意伤害	1. 保险人不给付保险金。 2. 保费已经交足 2 年以上，保险人应当退还保单现金价值。
受益人故意伤害	该受益人丧失受益权。
被保险人自杀	1. 合同成立满 2 年自杀：保险人给付保险金。 2. 合同成立两年内，正常人自杀：保险人不给付保险金，但应退还保单现金价值；由保险人对此举证。 3. 合同成立两年内，无民事行为能力人自杀：保险人给付保险金；受益人或者被保险人的继承人对此举证。
被保险人故意犯罪或者抗拒合法的刑事强制措施	1. 保险人不承担给付保险金的责任。 2. 投保人已交足 2 年以上保险费的，保险人应当按照合同约定退还保险单的现金价值。 3. （1）保险人主张不承担给付保险金责任的，应当证明被保险人的死亡、伤残结果与其实施的故意犯罪或者抗拒依法采取的刑事强制措施的行为之间存在因果关系。 (2) 但被保险人在羁押、服刑期间因意外或者疾病造成伤残或者死亡，不属于这里的免责事由。

（七）保险金的继承

被保险人死亡，继承保险标的的当事人可以主张承继被保险人的权利和义务。

被保险人死亡后，有下列情形之一的，保险金作为被保险人的遗产，由保险人依照我国《继承法》的有关规定履行给付保险金的义务：

（1）没有指定受益人，或者受益人指定不明无法确定的；

（2）受益人先于被保险人死亡，没有其他受益人的；

（3）受益人依法丧失受益权或者放弃受益权，没有其他受益人的。

受益人与被保险人在同一事件中死亡，且不能确定死亡先后顺序的，推定受益人死亡在先；当受益人与被保险人存在继承关系时，同样推定受益人死亡在先，并按照保险法及其解释的相关规定确定保险金归属。

上述被保险人的继承人要求保险人给付保险金，保险人若已经向持有保险单的被保险人的其他继承人给付保险金，则可以此为由进行抗辩，不再承担给付义务。

现将保险法的推定死亡顺序与继承法的推定死亡顺序进行对比，方便考生记忆：

保险法	继承法
《保险法》第42条第2款："受益人与被保险人在同一事件中死亡，且不能确定死亡先后顺序的，推定受益人死亡在先。"	《最高人民法院关于〈中华人民共和国继承法〉若干问题的意见》第2条："相互有继承关系的几个人在同一事件中死亡，如不能确定死亡先后时间的，推定没有继承人的人先死亡。死亡人各自都有继承人的，如几个死亡人辈分不同，推定长辈先死亡；几个死亡人辈分相同，推定同时死亡，彼此不发生继承，由他们各自的继承人分别继承。"

例1（真题） 甲向某保险公司投保人寿保险，指定其秘书乙为受益人。保险期间内，甲、乙因交通事故意外身亡，且不能确定死亡时间的先后。该起交通事故由事故责任人丙承担全部责任。现甲的继承人和乙的继承人均要求保险公司支付保险金。下列哪一选项是正确的？

A. 保险金应全部交给甲的继承人

B. 保险金应全部交给乙的继承人

C. 保险金应由甲和乙的继承人平均分配

提示：本题中甲乙作为被保险人与受益人在同一事件中死亡，不能确定死亡的先后顺序，故推定受益人乙先于被保险人甲死亡。由于没有其他受益人，故保险金将成为甲的遗产，由甲的继承人全部继承。选项A正确，选项B、C错误。

（八）死亡险

1. 概念

死亡险是指以被保险人在保险期间内死亡为给付保险金条件的人身保险，属于人寿险的一种。

2. 宣告死亡的处理

死亡包括自然死亡和宣告死亡，若被保险人宣告死亡之日在保险责任期间之外，但有证据证明下落不明之日在保险责任期间之内，当事人亦有权要求保险人给付保险金。

3. 死亡险合同订立的限制

因其直接以被保险人死亡作为理赔的前提条件，因此极易诱发道德风险，为防止投保人或受益人故意杀害被保险人的事故的发生，法律对死亡险合同的订立做出严格的规定。

（1）保险主体资格的限制

A. 原则：法律原则上禁止投保人为无民事行为能力人订立以死亡为给付保险金条件的人身保险，保险人也不得承保。

B. 例外：①父母可以为其未成年子女投保死亡险，且无须被保险人同意并认可保险金额，但保险金总额不得超过国务院保险监督管理机构规定的限额；

②未成年人父母之外的其他履行监护职责的人为未成年人订立以死亡为给付保险金条件的合同，需要经过未成年人父母的同意方为有效。

> **易混淆点提示：**此处关于父母为子女订立死亡险合同仅针对未成年子女，如果是父母为成年子女或者子女为父母投保死亡险，均需按照下文所述的死亡险合同订立的一般规则。

（2）通常情况下死亡险合同的订立

A. 原则：需要经过被保险人同意并认可保险金额，否则无效。

①同意的形式：书面、口头或者其他形式均可；

②同意的时间：合同订立时作出或者合同订立后追认均可；

③同意的推定：

A. 被保险人明知他人代其签名同意而未表示异议；

B. 被保险人同意投保人指定的受益人的；

C. 有证据足以认定被保险人同意投保人为其投保的其他情形。

④同意的撤销：被保险人撤销其同意并认可保险金额的意思表示的，必须以书面形式通知保险人和投保人。此时，可以认定保险合同解除。

B. 例外：如上所述，父母为其未成年子女投保的人身保险除外。

C. 法院的主动审查义务：法院审理此类案件的纠纷时，对此应当主动审查。

（3）对于保险单转让或质押的限制

以死亡为给付保险金条件的合同所签发的保险单，未经被保险人书面同意，不得转让或者质押。

> **易混淆点提示：**订立死亡险合同时，被保险人同意即可，可以口头形式或书面形式；同意可在事先做出，也可是事后追认。但转让或质押保险单，要求必须是书面同意。

（九）健康险

1. 概念

健康保险，又称为“疾病保险”，是指双方当事人约定，投保人向保险人缴纳保险费，当被保险人由于疾病、分娩以及由于疾病或者分娩致残或者失去劳动能力时，由保险人给付保险金的保险。

2. 种类

健康保险包括医疗费给付保险、工资收入保险、业务所得保险以及残疾、死亡保险。现重点探讨医疗费给付保险：

（1）与公费医疗或者社会医疗保险的对接

保险人给付费用补偿型的医疗费用保险金时，主张扣减被保险人从公费医疗或者社会医疗保险取得的赔偿数额的，应当证明该保险产品在厘定医疗费用保险费率时已经将公费医疗或者社会医疗保险部分相应扣除，并按照扣减后的标准收取保险费。

（2）医疗费用的赔付

A. 保险合同约定按照基本医疗保险的标准核定医疗费用，保险人以被保险人的医疗支出超出基本医疗保险范围为由拒绝给付保险金的，人民法院不予支持。

B. 保险人有证据证明被保险人支出的费用超过基本医疗保险同类医疗费用标准，要求对超出部分拒绝给付保险金的，人民法院应当支持。

（3）定点医疗机构的选择

保险人以被保险人未在保险合同约定的医疗服务机构接受治疗为由拒绝给付保险金的，人民法院应予支持；但被保险人因紧急情况必须立即就医的除外。

（十）人身保险合同的受益人制度

受益人是指人身保险合同中由被保险人或者投保人指定的享有保险金请求权的人。根据概念可知，受益人具有以下特征：

（1）受益人仅仅存在于人身保险合同之中。

（2）受益人享有保险金请求权。

A. 该权利属于受益人的固有权利，受益人基于该权利而领取的保险金不能作为被保险人的遗产，也就不存在相应的继承问题。

B. 受益人有权将保险金请求权的全部或者部分转让给第三人，但合同的性质、当事人的约定或者法律明文规定不得转让的除外。

（3）受益人身份的取得不受行为能力和保险利益的限制。

补充：受益人的指定

1. 人身保险的受益人可以由被保险人或者投保人指定

（1）投保人指定受益人的：

①须经被保险人同意；否则，其指定行为无效。

②投保人为与其有劳动关系的劳动者投保人身保险，不得指定被保险人及其近亲属以外的人为受益人。

（2）监护人指定受益人的：

限于被保险人为无民事行为能力人或者限制民事行为能力人的情形。

2. 人身保险受益人的人数

（1）被保险人或者投保人可以指定一人或者数人为受益人。

（2）受益人为数人的，被保险人或者投保人可以确定受益顺序和受益份额；未确定受益份额的，受益人按照相等份额享有受益权。

（3）受益人为数人的，部分受益人在保险事故发生前死亡、放弃受益权或者依法丧失受益权的，该受益人应得的受益份额按照保险合同的约定处理；保险合同没有约定或者约定不明的，该受益人应得的受益份额按照以下情形分别处理：

①未约定受益顺序及受益份额的，由其他受益人平均享有；

②未约定受益顺序但约定受益份额的，由其他受益人按照相应比例享有；

③约定受益顺序但未约定受益份额的，由同顺序的其他受益人平均享有；同一顺序没有其他受益人的，由后一顺序的受益人平均享有；

④约定受益顺序和受益份额的，由同顺序的其他受益人按照相应比例享有；同一顺序没有其他受益人的，由后一顺序的受益人按照相应比例享有。

补充1：受益人的变更

1. 被保险人可以单独变更受益人。

2. 投保人有权变更受益人，但是必须经被保险人同意。否则，其变更行为无效。

3. 投保人或者被保险人变更受益人，当事人主张变更行为自变更意思表示发出时生效的，人民法院应予支持。

4. 投保人或者被保险人变更受益人未通知保险人，保险人主张变更对其不发生效力的，人民法院应予支持。

5. 投保人或者被保险人在保险事故发生后变更受益人，变更后的受益人请求保险人给付保险金的，人民法院不予支持。

补充2：受益人存在争议的解决

当事人对保险合同约定的受益人存在争议，除投保人、被保险人在保险合同之外另有约定外，按以下情形分别处理：

1. 受益人约定为“法定”或者“法定继承人”的：

以继承法规定的法定继承人为受益人。

2. 受益人仅约定为身份关系的：

（1）投保人与被保险人为同一主体的，根据保险事故发生时与被保险人的身份关系确定受益人；

（2）投保人与被保险人为不同主体的，根据保险合同成立时与被保险人的身份关系确定受益人；

3. 受益人的约定包括姓名和身份关系，保险事故发生时身份关系发生变化的，认定为未指定受益人。

（十一）投保人的如实告知义务

1. 概述

基于保险合同最大诚信原则的要求，投保人在订立保险合同时有如实告知义务。具体而言，就是在保险合同订立时，投保人有义务就其明知的与保险标的或被保险人有关的情况，根据保险人的询问范围和内容而如实告知。当双方对询问范围和内容有争议时，保险人对此负有举证责任。

保险人不得仅以投保人违反投保单中的概括性条款的如实告知义务为由请求解除合同，除非该概括性条款中包含具体内容。

人身保险中，即使被保险人依照保险人的要求在指定医疗机构进行了体检，亦不免除当事人的如实告知义务。但基于诚信原则的考虑，若保险人已经明知被保险人的体检结果而进行承保，则不能就此有关情况主张投保人未履行告知义务。

2. 违反如实告知义务的后果

保险人有权解除保险合同，即对于投保人故意或者因重大过失未履行如实告知义务，足以影响保险人决定是否同意承保或者提高保险费率的，保险人有权解除合同。

（1）故意不履行："不赔不退"。投保人故意不履行如实告知义务的，保险人对于合同解除前发生的保险事故，不承担赔偿或者给付保险金的责任，并不退还保险费。

（2）重大过失不履行："不赔但退"。投保人因重大过失未履行如实告知义务，对保险事故的发生有严重影响的，保险人对于合同解除前发生的保险事故，不承担赔偿或者给付保险金的责任，但应当退还保险费。

（3）总结：主观上无论是故意的还是重大过失，都会导致保险人不承担保险责任，但区别在于是否退还保险费。

保险人解除保险合同的限制，为平衡双方利益，避免投保人长期处于不利的境地，保险法对保险人的解除权行使做了如下限制。在以下三种情形下，保险人无解除权：

（1）自保险人知道有解除事由之日起，超过30日不行使而消灭；

（2）自合同成立之日起超过2年的，保险人不得解除合同；

（3）保险人在合同订立时已经知道投保人未如实告知的情况的，保险人不得解除合同。

易混淆点：订立保险合同的告知义务与保险标的危险程度显著增加的通知义务

	订立保险合同的告知义务	危险程度显著增加的通知义务
共同点	均是《保险法》最大诚信原则的体现。	
发生阶段	发生在保险合同订立阶段。	发生在合同生效履行阶段。
义务内容	1. 在订立保险合同时，投保人应当将其明知的与保险标的有关或者被保险人有关的情况如实告知保险人； 2. 限于保险人询问的范围和内容； 3. 投保单问询表中的概括性条款可以免于告知，但其中有具体内容的除外。	1. 保险标的用途的改变； 2. 保险标的使用范围的改变； 3. 保险标的所处环境的变化； 4. 保险标的因改装等原因引起的变化； 5. 保险标的使用人或者管理人的改变； 6. 危险程度增加持续的时间； 7. 其他可能导致危险程度显著增加的因素。注：保险标的的危险程度虽然增加，但增加的危险属于保险合同订立时保险人预见或者应当预见的保险合同承保范围的，不构成危险程度显著增加。
违反后果	1. 投保人故意或者因重大过失未履行前款规定的如实告知义务，足以影响保险人决定是否同意承保或者提高保险费率的，保险人有权解除合同； 2. 对于合同解除前发生的保险事故： （1）投保人故意不履行的，保险人“不赔不退”：不承担赔偿或者给付保险金的责任，并不退还保险费； （2）投保人因重大过失未履行的，对保险事故的发生有严重影响的，保险人“不赔但退”：不承担赔偿或者给付保险金的责任，但应当退还保险费。	1. 保险人可以按照合同约定增加保险费或者解除合同； 2. 保险人解除合同的，应当将已收取的保险费，按照合同约定扣除自保险责任开始之日起至合同解除之日止应收的部分后，退还投保人； 3. 被保险人未履行前款规定的通知义务的，因保险标的的危险程度显著增加而发生的保险事故，保险人不承担赔偿保险金的责任。

例如，甲订立人身保险合同时隐瞒了自己患有心脏病的事实，保险公司乙在不知情的情况下同甲订立保险合同。后甲心脏病发作而死亡，则保险公司乙有权拒绝给付保险金，且基于甲故意隐瞒的事实而不退还保险费。但若乙在订立保险合同时通过医院的体检证明已经获知甲患有心脏病而仍然与甲订立了保险合同，则不得以甲未履行告知义务为由而解除合同。

三、人身保险合同的解除

（一）概念

人身保险合同的解除是指，人身保险合同成立后，基于法定的或约定的事由，保险合同当事人行使解除权，从而使人身保险合同发生自始无效的后果的法律行为，分为任意解除、法定解除和约定解除三种。

（二）任意解除

任意解除是指法律规定保险合同当事人有权根据自己的意愿解除合同。

《保险法》第 15 条：除本法另有规定或者保险合同另有约定外，保险合同成立后，投保人可以解除合同，保险人不得解除合同。

（三）法定解除

法定解除是指法律规定的原因出现时，保险合同当事人一方依法行使解除权，消灭已生效的保险合同关系。

保险人的法定解除权	对保险人法定解除权的限制
投保人故意或者因重大过失未履行如实告知义务，足以影响保险人决定是否同意承保或者提高保险费率的，保险人有权解除合同。	自保险人知道有解除事由之日起，超过30日不行使而消灭。自合同成立之日起超过2年的，保险人不得解除合同。 保险人在合同订立时已经知道投保人未如实告知的情况的，保险人不得解除合同。
未发生保险事故，被保险人或者受益人谎称发生了保险事故，向保险人提出赔偿或者给付保险金请求的，保险人有权解除合同，并不退还保险费。	
投保人、被保险人故意制造保险事故的，保险人有权解除合同，不承担赔偿或者给付保险金的责任，不退还保险费（除本法第43条规定外）。	投保人已交足2年以上保险费的，保险人应当按照合同约定向其他权利人退还保险单的现金价值。
投保人申报的被保险人年龄不真实并且真实年龄不符合合同约定的年龄限制的，保险人可以解除合同，保险人按照合同约定退还保险单的现金价值。	自保险人知道有解除事由之日起，超过30日不行使而消灭。自合同成立之日起超过2年的，保险人不得解除合同。
合同约定分期支付保险费，除合同另有约定外，投保人自保险人催告之日起超过30日未支付当期保险费，或者超过约定的期限60日未支付当期保险费的，合同效力中止，或者由保险人按照合同约定的条件减少保险金额。自合同效力中止之日起满2年双方未达成协议的，保险人有权解除合同。	

（四）约定解除

约定解除又称“协议注销”，是指双方当事人依约定解除条件解除保险合同关系。

总结1：被保险人年龄误报

对比：投保人申报的被保险人的真实年龄与保险合同约定的年龄限制	
符合	不符合
保险人不可以解除合同	保险人有权解除合同
保费按照真实年龄重新核算： （1）少付保费的，更正或者补交，或者在给付保险金时按实付/应付的比例支付； （2）多付保费的，退还多余保费。	限制： （1）自知道解除事由起30日内行使； （2）自合同成立之日起2年内行使； （3）保险人在合同订立时不知情，为善意。

总结2：被保险人自杀

前提：该人身保险合同是以被保险人死亡未给付保险金条件的合同。	
时间	保险人责任
自合同成立或者合同效力恢复之日起2年内，被保险人自杀的。	保险人不承担给付保险金的义务，但应当按照合同约定退还保险单的现金价值。
自合同成立或者合同效力恢复之日起2年后，被保险人自杀的。	正常赔付（给付保险金 + 退还现金价值）。
被保险人自杀时为无民事行为能力人的。	正常赔付（给付保险金 + 退还现金价值）。

例2（真题） 依据《保险法》规定，保险合同成立后，保险人原则上不得解除合同。下列哪些情形下保险人可以解除合同？

A. 人身保险中投保人在交纳首期保险费后未按期交纳后续保费

B. 投保人虚报被保险人年龄，保险合同成立已1年6个月

C. 投保人在投保时故意未告知投保汽车曾遇严重交通事故致发动机受损的事实

D. 投保人未履行对保险标的安全维护之责任

提示：选项A错误。《保险法》第36条规定，合同约定分期支付保险费，投保人支付首期保险费后，除合同另有约定外，投保人自保险人催告之日起超过三十日未支付当期保险费，或者超过约定的期限六十日未支付当期保险费的，合同效力中止，或者由保险人按照合同约定的条件减少保险金额。被保险人在前款规定期限内发生保险事故的，保险人应当按照合同约定给付保险金，但可以扣减欠交的保险费。第37条规定，合同效力依照本法第三十六条规定中止的，经保险人与投保人协商并达成协议，在投保人补交保险费后，合同效力恢复。但是，自合同效力中止之日起满二年双方未达成协议的，保险人有权解除合同。保险人依照前款规定解除合同的，应当按照合同约定退还保险单的现金价值。人身保险中投保人在交纳首期保险费后未按期交纳后续保费的，保险人不可以立即解除保险合同，选项A错误。

《保险法》第32第1款规定，投保人申报的被保险人年龄不真实，并且其真实年龄不符合合同约定的年龄限制的，保险人可以解除合同，并按照合同约定退还保险单的现金价值。保险人行使合同解除权，适用本法第十六条第三款、第六款的规定。第16条第3款规定，前款规定的合同解除权，自保险人知道有解除事由之日起，超过三十日不行使而消灭。自合同成立之日起超过二年的，保险人不得解除合同；发生保险事故的，保险人应当承担赔偿或者给付保险金的责任。该条第六款规定，保险人在合同订立时已经知道投保人未如实告知的情况的，保险人不得解除合同；发生保险事故的，保险人应当承担赔偿或者给付保险金的责任。投保人虚报被保险人年龄，保险人在订立合同时不知道且保险合同成立未超过2年的，保险人可以解除合同，选项B正确。

《保险法》第16条第2款规定，投保人故意或者因重大过失未履行前款规定的如实告知义务，足以影响保险人决定是否同意承保或者提高保险费率的，保险人有权解除合同，

投保汽车曾遇严重交通事故致发动机受损的事实足以影响保险人决定是否同意承保，因此选项C正确。《保险法》第51条第3款规定，投保人、被保险人未按照约定履行其对保险标的的安全应尽责任的，保险人有权要求增加保险费或者解除合同，因此，选项D正确。

四、财产保险合同当事人的权利和义务

（一）投保人/被保险人的权利和义务

1. 投保人/被保险人的权利

投保人的任意解除权	（1）保险合同成立后，投保人可以解除合同。 （2）货物运输保险合同以及运输工具航程保险合同，在保险责任开始后，投保人（被保险人）均不得解除保险合同。
请求给付保险金	在发生保险事故时，或者在保险合同约定的给付保险金的条件具备时，被保险人有权依照约定要求保险人给付保险金。

2. 投保人/被保险人的义务

如实告知义务	在保险合同订立过程中，保险人就保险标的或被保险人的有关情况提出询问的，投保人应当如实告知。
缴纳保险费	财产保险合同成立后，投保人须按照约定缴纳保险费。
维护保险标的安全	（1）被保险人应当遵守国家有关消防、安全、生产操作、劳动保护等方面的规定，维护保险标的的安全。 （2）保险人可以按照合同约定对保险标的的安全状况进行检查，及时向投保人、被保险人提出消除不安全因素和隐患的书面建议。 （3）投保人、被保险人未按照约定履行其对保险标的的安全应尽责任的，保险人有权要求增加保险费或者解除合同。 （4）保险人为维护保险标的的安全，经被保险人同意，可以采取安全预防措施。
保险事故的通知	（1）投保人、被保险人或者受益人知道保险事故发生后，应当及时通知保险人。 （2）故意或者因重大过失未及时通知，致使保险事故的性质、原因、损失程度等难以确定的，保险人对无法确定的部分，不承担赔偿或者给付保险金的责任。 （3）但保险人通过其他途径已经及时知道或者应当及时知道保险事故发生的除外。
危险增加的通知	（1）保险标的的危险程度显著增加的，被保险人应当按照合同约定及时通知保险人，保险人可以按照合同约定增加保险费或者解除合同。 （2）被保险人未履行通知义务的，因保险标的的危险程度显著增加而发生的保险事故，保险人不承担赔偿保险金的责任。
采取必要措施防止或者减少损失	（1）保险事故发生时，被保险人应当尽力采取必要的措施，防止或者减少损失。 （2）保险事故发生后，被保险人为防止或者减少保险标的的损失所支付的必要的、合理的费用，由保险人承担；保险人所承担的费用数额在保险标的损失赔偿金额以外另行计算，最高不超过保险金额的数额。
保险标的转让的通知	（1）保险标的转让的，保险标的的受让人承继被保险人的权利和义务。 （2）保险标的转让的，被保险人或者受让人应当及时通知保险人。 （3）被保险人、受让人未履行保险标的转让的通知义务的，因转让导致保险标的的危险程度显著增加而发生的保险事故，保险人不承担赔偿保险金的责任。

（二）保险人的权利和义务

1. 保险人的权利

<table>
<tr><td>解除合同</td><td colspan="2">（1）投保人故意或者因重大过失未履行如实告知义务，足以影响保险人决定是否同意承保或者提高保险费率的，保险人有权解除合同。
（2）未发生保险事故，被保险人或者受益人谎称发生了保险事故，向保险人提出赔偿或者给付保险金请求的，保险人有权解除合同，并不退还保险费。
（3）投保人、被保险人故意制造保险事故的，保险人有权解除合同，不承担赔偿或者给付保险金的责任，不退还保险费（除本法第 43 条规定外）。
（4）投保人、被保险人未按照约定履行其对保险标的的安全应尽责任的。
（5）在合同有效期内，保险标的危险程度增加，被保险人未及时通知保险人的。</td></tr>
<tr><td>要求支付保费</td><td colspan="2">保险人有权要求投保人支付保险费用。</td></tr>
<tr><td rowspan="2">保险人的代位求偿权</td><td>概念</td><td>财产保险合同中保险人赔偿被保险人的损失后，第三人对保险事故的发生或保险标的的损失负有责任的，保险人有权在其赔付保险金的范围内，要求被保险人向其转让对造成损失的第三人享有的追偿的权利。（详见第二节“保险人的代位求偿权”）</td></tr>
<tr><td>条件</td><td>（1）导致损害的事故属于保险事故。
（2）保险事故是由第三者的行为引起。
（3）保险人已向被保险人支付保险赔偿。
（4）保险人行使代位求偿权的数额以其给付的保险金额为限。</td></tr>
</table>

2. 保险人的义务

<table>
<tr><td>说明提示义务</td><td>1. 订立保险合同，采用保险人提供的格式条款的，保险人向投保人提供的投保单应当附格式条款，保险人应当向投保人说明合同的内容。
2. 对保险合同中免除保险人责任的条款，保险人在订立合同时应当在投保单、保险单或者其他保险凭证上作出足以引起投保人注意的提示，并对该条款的内容以书面或者口头形式向投保人作出明确说明；未作提示或者明确说明的，该条款不产生效力。
3. “免责条款”
（1）保险人的法定解除权，不属于免责条款。
（2）保险人将法律、行政法规中的禁止性规定情形作为保险合同免责条款的免责事由，保险人对该条款作出提示后，投保人、被保险人或者受益人以保险人未履行明确说明义务为由主张该条款不生效的，人民法院不予支持。</td></tr>
<tr><td>说明提示义务</td><td>“足以引起投保人注意的提示”
人民法院应当认定保险公司履行了义务的情形：
（1）在投保单或保险单等保险凭证上，对免责条款以足以引起投保人注意的文字、字体、符号或者其他明显标志作出提示的。
（2）保险人对保险合同中有关免除保险人责任条款的概念、内容及其法律后果以书面或者口头形式向投保人作出常人能够理解的解释说明的。
（3）通过网络、电话等方式订立的保险合同，保险人以网页、音频、视频等形式对免除保险人责任条款予以提示和明确说明的。
（4）投保人对保险人履行了说明提示义务在相关文书上签字、盖章或者以其他形式予以确认的；但另有证据证明保险人未履行说明义务的除外。</td></tr>
</table>

续表

赔偿或给付保险金	在发生保险事故时，或者在保险合同约定的给付保险金的条件具备时，保险人依照约定向被保险人或者受益人给付保险金。 1. 给付保险金的条件： （1）保险标的受到损害。 （2）必须是在承保范围内的财产。 （3）必须是由保险事故引起的损失。 （4）保险金的赔偿或者给付，必须在保险合同规定的限额内。 （5）保险标的的损失在保险期限内发生。 2. 保险金的给付期限： （1）保险人收到给付保险金的请求后，应当及时作出核定。 （2）情形复杂的，应当在30日内作出核定，但合同另有约定的除外。 （3）保险人应当将及时通知核定结果。 （4）保险合同对给付期限有约定的，按约定；没有约定的，在双方达成赔偿或者给付保险金的协议后10日内，保险人履行赔偿或者给付保险金义务。 3. 保险人的先予支付义务： （1）保险人自收到赔偿或者给付保险金的请求和有关证明、资料之日起60日内，对其赔偿或者给付保险金的数额不能确定的，应当根据已有证明和资料可以确定的数额先予支付。 （2）保险人最终确定赔偿或者给付保险金的数额后，应当支付相应的差额。 4. 保险金给付请求权的诉讼时效： 自被保险人或受益人知道或应当知道保险事故发生之日起2年。 5. 拒赔的通知： 保险人做出核定后，对不属于保险责任的，应当自做出核定之日起3日内向被保险人或受益人发出拒绝赔偿或者拒绝给付保险金通知书，并说明理由。
及时签单	保险合同成立后，保险人应及时向投保人签发保险单或其他保险凭证。
保密义务	1. 在保险合同订立过程中，保险人就保险标的或被保险人的有关情况提出询问的，投保人应当如实告知。 2. 但保险人及其工作人员不得在业务活动中故意泄露其通过合法方式所获取的投保人、被保险人的商业秘密和其他个人信息。

例3（真题） 潘某向保险公司投保了一年期的家庭财产保险。保险期间内，潘某一家外出，嘱托保姆看家。某日，保姆外出忘记锁门，窃贼乘虚而入，潘某家被盗财物价值近5000元。下列哪一表述是正确的？

A. 应由保险公司赔偿，保险公司赔偿后无权向保姆追偿

B. 损失系因保姆过错所致，保险公司不承担赔偿责任

C. 潘某应当向保险公司索赔，不能要求保姆承担赔偿责任

D. 潘某只能要求保姆赔偿，不能向保险公司索赔

提示：潘某向保险公司投保了一年期的家庭财产保险，在保险期内发生了保险事故，虽然是第三人引起的，但是保险公司依然负有支付保险金的责任。因此，选项B、D错误。

《保险法》第60条第1款规定，因第三者对保险标的的损害而造成保险事故的，保险人自向被保险人赔偿保险金之日起，在赔偿金额范围内代位行使被保险人对第三者请求赔偿的权利。《保险法》第62条规定，除被保险人的家庭成员或者其组成人员故意造成本法第60条第1款规定的保险事故外，保险人不得对被保险人的家庭成员或者其组成人员行使

代位请求赔偿的权利。本题中保姆属于潘某家庭的其他组成人员，且保姆对保险事故的发生仅存在过失，而非故意，因此，保险公司不得对保姆行使代位请求赔偿的权利。所以，选项A正确。潘某一家外出，嘱托保姆看家。潘某与保姆之间形成了保管合同关系，标的物是家中的财产。因保姆的过错导致潘某家财产被盗，保姆虽然不用承担保险法上的保险责任，但是应当承担民法中的违约责任。因此，选项C错误。

例4（真题） 甲将自己的汽车向某保险公司投保财产损失险，附加盗抢险，保险金额按车辆价值确定为20万元。后该汽车被盗，在保险公司支付了全部保险金额之后，该车辆被公安机关追回。关于保险金和车辆的处置方法，下列哪一选项是正确的？

A. 甲无须退还受领的保险金，但车辆归保险公司所有

B. 车辆归甲所有，但甲应退还受领的保险金

C. 甲无须退还保险金，车辆应归甲所有

D. 应由甲和保险公司协商处理保险金与车辆的归属

提示：《保险法》第59条规定：保险事故发生后，保险人已支付了全部保险金额，并且保险金额等于保险价值的，受损保险标的的全部权利归于保险人；保险金额低于保险价值的，保险人按照保险金额与保险价值的比例取得受损保险标的的部分权利。本题中，保险金额按车辆价值确定为20万元，即保险金额等于保险价值。在该车被盗后，保险公司支付了全部保险金额，按照规定，保险公司成为该汽车的法律上的所有人，不管公安机关是否追回被盗汽车，甲都不能主张汽车的所有权，自然也无须退还保险金。所以选项A正确，选项B、C错误。此外，该规定并没有赋予投保人和保险人协商保险事故处理方案的权利，所以选项D错误。

第十五章　船舶

重要法条及司法解释

《海商法》第2、3、9～26条。

命题分析

“船舶”是《海商法》方向的重点考查内容。针对该知识点的考查内容十分明确，所有权转移、抵押权设定的登记对抗主义，船舶优先权的受偿顺序等为本章的高频考点。此外，命题人比较偏向于将该知识点与《物权法》的相关考点结合进行考查。因此，考生需要在对《物权法》基本制度有所掌握的前提下，学习记忆本章的知识点，尤其是《海商法》的特别规定。

知识点精讲

一、船舶的概念和《海商法》的适用范围

（一）船舶的概念

所谓“船舶”，是指海船和其他海上移动式装置，但是用于军事的、政府公务的船舶和20总吨以下的小型船艇除外。

（1）所谓“海船”，是指具有完全的海上航行能力并作为海船进行船舶登记的船舶。

（2）所谓“海上移动式装置”，是指不具备船舶的外形和构造特点，但具有自航能力，可以在海上移动的装置，如用于海上石油开采的浮动平台。

（3）军事船、政府公务船由于其从事的活动性质特殊，不同于一般的商业活动，因此被排除在海商法调整的船舶之外。

（4）20吨以下的小型船艇，由于其体积小、风险大，不宜被鼓励在海上航行，而且其遭遇的问题与一般大型海船所遭遇的问题多有不同，因此也被排除在海商法调整的范围之外。

（二）《海商法》的适用范围

《海商法》明确规定其适用范围排除我国港口之间的海上货物运输，故其只适用于我国港口和外国港口之间的海上旅客运输和海上货物运输，以及我国港口之间的海上旅客运输。

二、船舶登记与船舶国籍

（一）船舶登记

船舶登记是指对船舶享有某种权利的人向国家授权的船舶登记机关提出申请，并提交

相应文件，船舶登记机关经审查，对符合法定条件的船舶予以注册并以国家的名义签发相应证书的法律行为。

（二）船舶国籍

1. 船舶国籍的概念

船舶国籍是指船舶与特定国家在法律上的隶属关系。船舶只有经过登记，才能取得一国国籍，从而取得悬挂一国国旗的权利。

2. 悬挂国旗对船舶的意义

（1）它是船舶在公海上航行的前提条件。因为根据国籍公约，没有悬挂船旗的船舶不能在公海上航行，否则将作为海盗船被攻击。

（2）取得一国国籍对船舶在国内法上也有重要的意义。它是船舶享受国内航运经济政策优惠措施的前提条件，也是船舶在领海和内河自由航行的前提条件。

3. 对船舶登记的条件限制

根据条件的宽严不同，船舶登记可分为严格登记制度和开放登记制度。

（1）严格登记制度：要求船舶必须与本国具有相当程度的紧密联系，如船舶所属人是本国国民等，才能在本国登记并取得国籍；

（2）开放登记制度：对船舶与本国之间的联系要求很宽松，甚至任何船舶只要提出申请并交注册费就予以登记；

4. 方便旗船与方便旗

（1）概念：在执行开放登记制度的国家进行登记并取得该国国籍、悬挂该国国旗的船舶被称为“方便旗船”，而其悬挂的国旗则被称为“方便旗”。

（2）现状：虽然世界上绝大多数航运国家都执行严格登记制度，但由于方便旗船在税收方面可以得到优惠，在管理方面可以得到通融，许多船舶都选择不在本国登记而在执行开放登记制度的国家进行登记。

三、船舶所有权

（一）概念

1. 船舶所有权的概念：船舶所有权是指船舶所有权人依法对其船舶享有的占有、使用、收益和处分的权利。

2. 船舶所有权的主体：

（1）船舶所有权人可以是自然人，也可以是法人。

（2）如果是国家所有的船舶，由国家授予具有法人地位的全民所有制企业经营管理的，海商法有关船舶所有人的规定适用于该法人。

（二）所有权变更标准

1. 作为动产，船舶所有权的移转与否以交付为判断标准。

2. 作为特殊动产，船舶所有权的取得、转让和消灭，应当向船舶登记机关登记；未经登记的，不得对抗第三人。即我国船舶所有权的变动标准采取登记对抗主义，而非登记生效主义。

3. 船舶所有权的转让，应当签订书面合同。

4. 船舶可以由两个以上的法人或者个人共有；船舶共有的，应当向船舶登记机关登记；未经登记的，不得对抗第三人。

四、船舶担保物权

（一）船舶抵押权

1. 船舶抵押权的概念

船舶抵押权是指债权人对于债务人或第三人提供的作为债务担保的船舶，在债务人不履行债务的时，可以采取法定措施，从船舶的变价中优先受偿的权利。

2. 船舶抵押权的标的

（1）船舶抵押权的标的是船舶，包括旧船和正在建造中的船舶（在建船）。

（2）正在建造中的船舶可以设定船舶抵押权，其主要原因在于帮助在建船舶融资。

3. 船舶抵押权的设定：登记对抗主义

（1）设权主体：有权设定船舶抵押权的是船舶所有权人、船舶所有权人授权的人或船舶共有人。

> **注意：** 船舶所有人授权的人通常是船舶所有人的代理人，他可以以船舶所有人的名义设定船舶抵押权。

（2）设定方式：

①船舶抵押权由当事人自愿设定；

②当事人设定船舶抵押权，应当签订书面合同，并由抵押权人和抵押人共同向船舶登记机关办理抵押登记；未经登记的，不具有对抗第三人的效力；

③船舶抵押合同的成立和生效，应适用合同法的有关规定。

（3）在建船舶抵押权的设定：建造中的船舶亦可设定抵押，在进行抵押登记时需提供船舶建造合同。

（4）共有船舶抵押权的设定：

①船舶共有人是指对同一船舶共同享有所有权的数人；

②船舶共有人就共有船舶设定抵押权，应当取得持有 2/3 以上份额的共有人的同意，共有人之间另有约定的除外；

③船舶共有人设定的抵押权，不因船舶的共有权的分割而受影响。

（5）对抵押船舶的保险：对船舶设定抵押权时，由于海上风险较大，基于保护抵押权人的考量，防止抵押物灭失且无代位物时抵押权人处于不利境地，因此，除了合同另有约定外，抵押人应当对被抵押船舶进行保险；未保险的，抵押权人有权对该船舶进行保险，保险费由抵押人负担。

4. 实现顺序

同一船舶上设定多个抵押权的，抵押权人的受偿顺序如下：

（1）第一，抵押权已经登记的，按照登记的先后顺序清偿；顺序相同的，按照债权比例清偿；

（2）第二，抵押权已经登记的先于未登记的受偿；

（3）第三，抵押权未登记的，按照债权比例清偿。

5. 法律效力

（1）优先受偿的效力：抵押权人有权在抵押人不履行到期债务时就抵押船舶的拍卖价款优先受偿。

（2）限制处分的效力：未经抵押权人同意，抵押人不得将抵押船舶转让给他人。

（3）随担保债权移转的效力：抵押权人将被抵押船舶所担保的债权全部或者部分转让给他人的，抵押权随之移转。

（4）被抵押船舶灭失，抵押权随之消灭。由于船舶灭失得到的保险赔偿，抵押权人有权优先于其他债权人受偿。

例 1（真题） 依照我国《海商法》的规定，下列哪项是正确的？

B. 上海至广州的货物运输应当适用海商法

C. 天津至韩国釜山的货物运输应当适用海商法

D. 海商法与民法规定不同时，适用民法的规定

提示： 选项 B 为我国港口之间的货物运输，不属于海商法的调整范围。海商法调整我国港口和外国港口之间的海上货物运输和海上旅客运输，及我国港口之间的海上旅客运输，故选项 C 正确；海商法是民法的特别法，应当优先于民法适用，故选项 D 错误。

（二）船舶优先权

1. 概念

（1）船舶优先权是指海事请求人依照海商法的规定，向船舶所有人、光船承租人、船舶经营人提出海事请求，对产生该海事请求的船舶具有优先受偿的权利。

（2）船舶优先权是《海商法》上一项特有的权利，属于法定担保物权的一种。

2. 船舶优先权的特点

（1）法定性：船舶优先权是一种法定的担保物权，其产生要基于法律的规定，当事人不能通过约定创设船舶优先权，同时其实现也必须通过法院依法行使职权进行。

（2）秘密性：

①虽然船舶优先权是一种物权，但不受物权公示性的约束。

②船舶优先权的产生和存续既无须当事人做任何意思表示，也无须在船舶登记机关进行登记，从而也无从查知。

（3）随附性：

①船舶优先权一经产生就附着在船舶上，随船舶的转移而转移，只有法定原因发生才消灭。船舶的合法受让人不能以对受让船舶以前的债务无责任为由抗辩船舶优先权；

②但为了限制这种权利、保护船舶买受人，海商法规定，船舶转让时，船舶优先权自法院应受让人申请予以公告之日起满 60 日不行使而消灭。

3. 法定事由及受偿顺序

船舶优先权基于以下事由而发生，并按照下表所列顺序进行受偿：

①	船长、船员和在船上工作的其他在编人员根据劳动法律、行政法规或者劳动合同所产生的工资、其他劳动报酬、船员遣返费用和社会保险费用的给付请求。
②	在船舶营运中发生的人身伤亡的赔偿请求。
③	船舶吨税、引航费、港务费和其他港口规费的缴付请求。
④	海难救助的救助款项的给付请求。
⑤	船舶在营运中因侵权行为产生的财产赔偿请求，但载运2000吨以上的散装货油的船舶，持有有效的证书，证明已经进行油污损害民事责任保险或者具有相应的财务保证的，对其造成的油污损害的赔偿请求，不属于此项涵盖的范围。

（1）一般受偿顺序：以上海事请求权优先于其他请求受偿。同属船舶优先权的，受偿顺序按照上列第①项至第⑤项的顺序排列；但是，第④项关于救助款项的请求例外。

（2）特殊情况下的受偿顺序：

第一，第④项海难救助款后于前三项发生的，可先于前三项受偿；

第二，第④项海难救助款有两个以上的，后发生的海难救助款应当先受偿；

第三，同一优先项目中，如有两个海事请求，应当不分先后，同时受偿；受偿不足的，按比例受偿。

之所以作上述特殊顺序的安排，是考虑到海难救助使得船舶避免灭失的命运，从而挽救了船舶和其上已存在的优先权，因此，保全他人者应当优先于被保全者受偿。即在顺序上，后发生的海难救助款项优先于船舶上已经发生的其他优先权获得受偿是公平合理的。

（3）行使船舶优先权的费用应先行拨付：因行使船舶优先权产生的诉讼费用，保存、拍卖船舶和分配船舶价款产生的费用，以及为海事请求人的共同利益而支付的其他费用，应当从船舶拍卖所得价款中先行拨付。

4. 移转与消灭

（1）移转：

①船舶优先权与船舶所有权密不可分，随船舶所有权的移转而移转。

②船舶优先权与海事请求权密不可分，海事请求权发生移转的，船舶优先权亦随之移转。

（2）消灭：船舶优先权因以下四种情况而消灭：

①船舶灭失：船舶优先权因船舶灭失而消灭。船舶灭失是指船舶沉没、失踪或拆解完毕。

②怠于行使权利：

A. 船舶转让时，船舶优先权自法院应受让人申请予以公告之日起满60日不行使；

B. 具有船舶优先权的海事请求，自优先权产生之日起满1年不行使而消灭。此处的1年期限不得以任何理由中止或中断；

③司法拍卖：船舶经法院强制出售后，本来附着在船上的船舶优先权消灭；

④其他原因：船舶优先权还会因为债权清偿、弃权、已经提供了其他担保、主权豁免等原因消灭。

（三）船舶留置权

1. 船舶留置权的概念

海商法上的船舶留置权，特指占有船舶的造船人或修船人，在合同另一方未履行支付价款等合同义务时，可以留置所占有的船舶，以保证造船费用或者修船费用得以偿还的权利。

2. 船舶留置权的性质

船舶留置权也是一种法定的担保物权，与一般留置权不同的是，海商法所指的船舶留置权的权利人只限于造船人和修船人。其他人因为其他原因占有船舶不能行使船舶留置权。

3. 船舶留置权的消灭

船舶留置权因造船人、修船人失去占有所造或者所修的船舶时消灭。

（四）船舶担保物权相互之间的关系

1. 受偿顺序

（1）如果一个船舶上同时存在抵押权、优先权和留置权，则其担保的债权的受偿顺序，从先到后依次是：船舶优先权、船舶留置权、船舶抵押权。

（2）只有当顺序在先的担保物权所担保的债权获得足额清偿后，后位序的担保物权所担保的债权才得以清偿。

注意：船舶优先权的受偿位序靠前，但并非总能最先受偿。因行使船舶优先权产生的诉讼费用，保存、拍卖船舶和分配船舶价款产生的费用，以及为海事请求人的共同利益而支付的其他费用，应当从船舶拍卖所得价款中先行拨付。

2. 上述顺序的立法考量

法律之所以如此规定，主要基于以下考量：

第一，法定担保物权优于约定担保物权受偿。所以，优先权和留置权优于抵押权受偿；

第二，船舶抵押权非经登记不得对抗第三人，而船舶优先权和船舶留置权无须登记；

第三，船舶优先权是《海商法》特别规定的担保物权，基于海事请求而发生，根据特别法优于一般法的规则，船舶优先权应当优于留置权而受偿。

例2（真题）　关于船舶担保物权及针对船舶的请求权的表述，下列哪些选项是正确的？

A. 海难救助的救助款项给付请求，先于在船舶营运中发生的人身伤亡赔偿请求而受偿

B. 船舶在营运中因侵权行为产生的财产赔偿请求，先于船舶吨税、引航费等的缴付请求而受偿

C. 因保存、拍卖船舶和分配船舶价款产生的费用，应从船舶拍卖所得价款中先行拨付

D. 船舶优先权先于船舶留置权与船舶抵押权受偿

提示：海难救助的救助款项只有在后于人身伤亡赔偿请求发生的，才先于其而受偿，故选项A以偏概全。船舶吨税、引航费等的缴付请求先于船舶在营运中因侵权行为产生的财产赔偿请求，选项B错误。在行使船舶优先权时，因行使船舶优先权产生的诉讼费用，保存、拍卖船舶和分配船舶价款产生的费用，以及为海事请求人的共同利益而支付的其他费用，应当从船舶拍卖所得价款中先行拨付，选项C正确。船舶担保物权的清偿顺序为优先权、留置权、抵押权，故选项D正确。

例3（真题） 南岳公司委托江北造船公司建造船舶一艘。船舶交付使用时南岳公司尚欠江北公司费用200万元。南岳公司以该船舶抵押向银行贷款500万元。后该船舶不慎触礁，需修理费50万元，有多名船员受伤，需医药费等40万元。如以该船舶的价值清偿上述债务，下列哪些表述是正确的？

A. 修船厂的留置权优先于银行的抵押权

B. 船员的赔偿请求权优先于修船厂的留置权

C. 造船公司的造船费用请求权优先于银行的抵押权

D. 银行的抵押权优先于修船厂的留置权

提示：船舶担保物权的清偿顺序为：优先权、留置权、抵押权，故选项A正确。船员的赔偿请求权属于船舶优先权，故其优先于留置权，选项B正确。留置权优先于抵押权，但是由于江北公司已将船舶交付，故其不享有留置权，造船费用请求权属于普通债权，劣后于抵押权，选项C错误。留置权优先于抵押权，选项D错误。